中国社会科学院
经济研究所
INSTITUTE OF ECONOMICS

经济所人文库

樊纲集

中国社会科学院经济研究所学术委员会 组编

中国社会科学出版社

图书在版编目（CIP）数据

樊纲集/中国社会科学院经济研究所学术委员会组编.
—北京：中国社会科学出版社，2019.1
（经济所人文库）
ISBN 978-7-5203-3553-9

Ⅰ.①樊… Ⅱ.①中… Ⅲ.①经济学—文集
Ⅳ.①F0-53

中国版本图书馆 CIP 数据核字（2018）第 254334 号

出 版 人	赵剑英
责任编辑	王 曦
责任校对	王洪强
责任印制	戴 宽
出 版	中国社会科学出版社
社 址	北京鼓楼西大街甲 158 号
邮 编	100720
网 址	http://www.csspw.cn
发 行 部	010-84083685
门 市 部	010-84029450
经 销	新华书店及其他书店
印刷装订	北京君升印刷有限公司
版 次	2019 年 1 月第 1 版
印 次	2019 年 1 月第 1 次印刷
开 本	710×1000 1/16
印 张	22
字 数	296 千字
定 价	99.00 元

凡购买中国社会科学出版社图书，如有质量问题请与本社营销中心联系调换
电话：010-84083683
版权所有 侵权必究

中国社会科学院经济研究所
学术委员会

主　任　高培勇

委　员　（按姓氏笔画排序）

龙登高　朱　玲　刘树成　刘霞辉
杨春学　张　平　张晓晶　陈彦斌
赵学军　胡乐明　胡家勇　徐建生
高培勇　常　欣　裴长洪　魏　众

总　序

作为中国近代以来最早成立的国家级经济研究机构，中国社会科学院经济研究所的历史，至少可上溯至1929年于北平组建的社会调查所。1934年，社会调查所与中央研究院社会科学研究所合并，称社会科学研究所，所址分居南京、北平两地。1937年，随着抗战全面爆发，社会科学研究所辗转于广西桂林、四川李庄等地，抗战胜利后返回南京。1950年，社会科学研究所由中国科学院接收，更名为中国科学院社会研究所。1952年，所址迁往北京。1953年，更名为中国科学院经济研究所，简称"经济所"。1977年，作为中国社会科学院成立之初的14家研究单位之一，更名为中国社会科学院经济研究所，仍沿用"经济所"简称。

从1929年算起，迄今经济所已经走过了90年的风雨历程，先后跨越了中央研究院、中国科学院、中国社会科学院三个发展时期。经过90年的探索和实践，今天的经济所，已经发展成为以重大经济理论和现实问题为主攻方向、以"两学一两史"（理论经济学、应用经济学和经济史、经济思想史）为主要研究领域的综合性经济学研究机构。

90年来，我们一直最为看重并引为自豪的一点是，几代经济所人孜孜以求、薪火相传，在为国家经济建设和经济理论发展作出了杰出贡献的同时，也涌现出一大批富有重要影响力的著名学者。他们始终坚持为人民做学问的坚定立场，始终坚持求真务实、脚踏实地的优良学风，始终坚持慎独自励、言必有据的学术品格。他们是经济所人的突出代表，他们的学术成就和治学经验是经济所最宝贵的财富。

抚今怀昔，述往思来，在经济所迎来建所90周年之际，我们编选出版《经济所人文库》（以下简称《文库》），既是对历代经济所人的纪念和致敬，也是对当代经济所人的鞭策和勉励。

《文库》的编选，由中国社会科学院经济研究所学术委员会负总责，在多方征求意见、反复讨论的基础上，最终确定入选作者和编选方案。

《文库》第一辑凡40种，所选作者包括历史上的中央研究院院士，中华人民共和国成立后的中国科学院学部委员、中国社会科学院学部委员、中国社会科学院荣誉学部委员、历任经济所所长以及其他学界公认的学术泰斗和资深学者。在坚持学术标准的前提下，同时考虑他们与经济所的关联。入选作者中的绝大部分，都在经济所度过了其学术生涯最重要的阶段。

《文库》所选文章，皆为入选作者最具代表性的论著。选文以论文为主，适当兼顾个人专著中的重要篇章。选文尽量侧重作者在经济所工作期间发表的学术成果，对于少数在中华人民共和国成立之前已成名的学者，以及调离经济所后又有大量论著发表的学者，选择范围适度放宽。为好中选优，每部文集控制在30万字以内。此外，考虑到编选体例的统一和阅读的便利，所选文章皆为中文著述，未收入以外文发表的作品。

《文库》每部文集的编选者，大部分为经济所各学科领域的中青年学者，其中很多都是作者的学生或再传弟子，也有部分系作者本人。这样的安排，有助于确保所选文章更准确地体现作者的理论贡献和学术观点。对编选者而言，这既是一次重温经济所所史、领略前辈学人风范的宝贵机会，也是激励自己踵武先贤、在学术研究道路上砥砺前行的强大动力。

《文库》选文涉及多个历史时期，时间跨度较大，因而立意、观点、视野等难免具有时代烙印和历史局限性。以现在的眼光来看，某些文章的理论观点或许已经过时，研究范式和研究方法或许已经陈旧，但为尊重作者、尊重历史起见，选入《文库》时仍保持原貌而未加改动。

《文库》的编选工作还将继续。随着时间的推移，我们还会将更多经济所人的优秀成果呈现给读者。

尽管我们为《文库》的编选付出了巨大努力，但由于时间紧迫，工作量浩繁，加之编选者个人的学术旨趣、偏好各不相同，《文库》在选文取舍上难免存在不妥之处，敬祈读者见谅。

入选《文库》的作者，有不少都曾出版过个人文集、选集甚至全集，这为我们此次编选提供了重要的选文来源和参考资料。《文库》能够顺利出版，离不开中国社会科学出版社领导和编辑人员的鼎力襄助。在此一并致谢！

一部经济所史，就是一部经济所人以自己的研究成果报效祖国和人民的历史，也是一部中国经济学人和中国经济学成长与发展历史的缩影。《文库》标示着经济所90年来曾经达到的学术高度。站在巨人的肩膀上，才能看得更远，走得更稳。借此机会，希望每一位经济所人在感受经济所90年荣光的同时，将《文库》作为继续前行的新起点和铺路石，为新时代的中国经济建设和中国经济学发展作出新的更大的贡献！

是为序。

于 2019 年元月

编者说明

《经济所人文库》所选文章时间跨度较大,其间,由于我国的语言文字发展变化较大,致使不同历史时期作者发表的文章,在语言文字规范方面存在较大差异。为了尽可能地保持作者个人的语言习惯、尊重历史,因此有必要声明以下几点编辑原则:

一、除对明显的错别字加以改正外,异形字、通假字等尽量保持原貌。

二、引文与原文不完全相符者,保持作者引文原貌。

三、原文引用的参考文献版本、年份等不详者,除能够明确考证的版本、年份予以补全外,其他文献保持原貌。

四、对外文译名与今译名不同者,保持原文用法。

五、对原文中数据可能有误的,除明显的错误且能够考证或重新计算者予以改正外,一律保持原貌。

六、对个别文字因原书刊印刷原因,无法辨认者,以方围号□表示。

作者小传

樊纲，男，1953年9月生于北京，1988年进入经济所工作。

樊纲1992—1993年任《经济研究》编辑部主任，1994—1995年任经济研究所副所长，现任中国经济体制改革研究会副会长、国民经济研究所所长、中国（深圳）综合开发研究院院长，兼北京大学、中国社会科学院研究生院经济学教授。

1969年樊纲赴黑龙江生产建设兵团务农，1975年转到河北省围场县；1978年考入河北大学经济系（七七级）政治经济学专业，1982年毕业后，考入中国社会科学院研究生院经济系，主攻"西方经济学"专业；1985年至1987年赴美国国民经济研究局及哈佛大学访问研究；1988年获经济学博士学位。

樊纲的主要著作有《现代三大经济理论体系的比较与综合》、《公有制宏观经济理论大纲》（主笔）、《市场机制与经济效率》、《渐进之路——对经济改革的经济学思考》、《中国渐进改革的政治经济学》等学术专著和《经济文论》《樊纲集》《走进风险的世界》《发展的道理》等论文集，在《经济研究》等中国学术刊物上发表了《灰市场理论》《论改革过程》《改革的动态理论》等学术论文近百篇，在理论界产生了较大的影响；1991年、2005年获孙冶方经济学优秀论文奖。1992年破格提升为中国社会科学院研究员，被评为国家级有突出贡献的中青年专家；1993年成为中国社会科学界最年轻的博士生导师之一。近年来的主要研究领域为宏观经济学、发展经济学、制度经济学暨"转轨经济学"。

樊纲经常受中央政府各部委的邀请就各种经济政策问题进行决

策咨询，曾任外经贸部顾问、劳动社会保障部顾问、国家外汇管理局专家顾问等，并就各种经济政策问题向各地方政府提供咨询和建议，担任广东等多个地方政府的经济顾问，并在国内担任多种社会职务。2006—2010年任中国人民银行货币委员会委员，2015年6月再次被国务院任命为该委员会委员至今。

樊纲在过去二十年的时间里，被世界银行、UNDP、ESCAP、OECD等国际组织聘为经济研究顾问，任哈佛大学国际发展研究中心国际顾问理事会理事、香港金融局研究中心顾问，应邀到许多国家讲学访问、参加学术会议与合作研究，在国际经济学刊物上发表英文论文20余篇。应邀经常在世界经济论坛等国际财经会议上发表演讲。他的有关中国经济问题的论点经常被国内外报纸杂志、电视传媒所引用。2004年被法国奥弗涅大学、2010年被加拿大皇家大学授予荣誉博士学位；2005年、2008年和2010年，樊纲连续三次被美国《外交政策研究》与英国《观点》杂志评选为"世界最受尊敬的100位公共知识分子"之一（2010年为"世界100位思想家"之一）。

目　录

灰市场理论 …………………………………………………… 1
改革、调整、增长与摩擦性通货膨胀 ………………………… 17
非帕累托改变:既得利益与改革阻力 ………………………… 40
更积极地发展非国有经济 …………………………………… 68
论发展市场经济与产权关系的改革 ………………………… 80
两种改革成本与两种改革方式 ……………………………… 92
公共选择与改革过程
　　——不同改革道路实现原因的一种比较研究 ………… 115
当前改革过程中的宏观调控问题 …………………………… 131
论市场中的政府 ……………………………………………… 140
双轨过渡与"双轨调控"
　　——改革以来我国宏观经济波动特点研究 …………… 155
中华文化、理性化制度与经济发展 ………………………… 188
渐进与激进:制度变革的若干理论问题 …………………… 201
论作为一种公共选择过程的体制改革 ……………………… 210
改革与开放的"一致性"
　　——过渡经济学的一个一般理论问题及其特例 ……… 223
论体制转轨的动态过程
　　——非国有部门的成长与国有部门的改革 …………… 227
"循序渐进"还是"平行推进"?
　　——论体制转轨最优路径的理论与政策 ……………… 249
过渡性杂种:最优改革方式的理论与实践 ………………… 270

中国经济的内外均衡与财税改革……………………………………… 293
中国市场化进程对经济增长的贡献……………………………………… 310
中国经验与理论创新……………………………………………………… 334
编选者手记………………………………………………………………… 338

灰市场理论

"灰市场"一词来源于一些有关苏联经济的报道。据称，国营商业为"红市场"，自由市场为"黑市场"，而那种靠关系或"后门"购到商品的交易方式为"灰市场"。

本文将"灰市场"或"灰市关系"作为通常所谓"走后门"等一类经济关系的经济学"学名"加以使用，并赋予其特定的理论含义。在分析、揭示灰市场在运行方式及经济后果方面的特点之前，在此先对其下一个"否定式"的描述性定义，以明确考察的范围。所谓灰市场，是指现实中存在的一类既不是按照国营商业流通的原则和方式进行的（比如，就短缺消费品而言，不是以排队方式或按定量购买），也不是按照竞争市场的原则和方式进行的物品交易关系。

灰市场形成的基本前提显然是相对于国家固定计划价格（以下通称"牌价"）的市场短缺。这个条件中既包含物质条件（短缺），也包含制度条件（牌价）；而在"牌价"这一条件的背后包含着的更具体的内容是，由于短缺商品在一定范围内（甚至全部）可以出售给任何消费者，因此就存在着掌握商品销售权的个人得以在销售过程中给予特定的消费者以购物优惠的客观可能性。

灰市场概念的一个优点，就在于"灰色"这个修饰词在这里颇为适用。从客观上说，灰市关系本身是"合法"还是"非法"，在一定程度上是"不清不白"的：既然把商品批给谁或卖给谁都可以，就很难说批给或卖给某一特定买者就是不合法的。从主观上说，灰市场一词较少"定性"色彩，它是中性的，因而可以使我们首先避免价值判断而集中于实证分析。不过，在使用灰市场概念的同时，我们并不采用"红市场"和"黑市场"的概念（这些概念显然是特定历史条件下的产物），而仍使用经济学已有明确界定的概念：国营商业和竞争市场（广义地说，竞争市场包括垄断市场，非垄断市场则称为完全竞争市场）。

迄今经济学理论已经为我们提供了：（1）国营商业或计划流通的理论，包括现代非均衡理论中关于计划市场的理论；（2）竞争市场理论，即现代一般均衡理论；（3）二元经济理论，即关于计划市场与竞争市场同时存在的经济理论。但至今我们尚未见到对灰市场这种既不属于国营商业，又不属于竞争市场，也不是二者并存，但又与二者有一定联系的特殊经济关系进行分析的经济理论。本文的任务便是将"走后门"一类交易行为当作与国营商业和竞争市场一样的一种客观存在的经济关系来进行实证性研究。它在目前已是一种不断重复发生的、在全部"交易额"中占有相当大比重的客观存在——大量商品就是按照这种方式实际流通的，因而在整个经济中有其特殊的经济后果，许多重大的宏观经济问题都与之有直接的联系。经济学必须建立起相应的理论对其进行实证性的分析，才能科学地说明相关的经济问题。

一　互惠式灰市关系：市场分割与短缺集聚

（一）互惠关系

假定甲、乙两人，甲可以搞到在国营商店柜台上买不到的"平价云烟"，乙可以搞到同样在国营商店买不到的"平价汾酒"。二者相识后，双方根据对方的需要量，甲为乙搞云烟，乙为甲搞汾酒，我们称此为"互惠关系"。这种互惠关系是灰市场的一个具体形式。它的特点是不涉及供给方面的问题，因此对它的分析有利于我们首先说明灰市场的某些性质和它在需求方面的经济后果。

（二）"灰市交易权"

并不是随便什么人都能进入灰市关系。这在互惠关系中表现得最为明显——一个人必须能够"搞到点什么"，这是他进入这种特殊关系的前提。因此，对国营紧缺商品（既包括消费品，也包括生产资料产品）的批售权构成了"灰市交易权"，或者说构成灰市关系的"入场券"。当然，批售权本身只是一种潜在的或可能的灰市交易权，只在有人利用它从事灰市交易时才构成实际的灰市交易权。

在非互惠的场合（这是下一节的分析对象），有一方不能为对方提供什么紧缺商品。这时，对他来说，能进入灰市关系是由于他与对方"认识"。也就是说，"与能搞到紧缺商品的人有个人关系"构成了另一种灰市交易权。对仅拥有这种交易权的人来说，他或许要为对方"送礼"。但这是他对对方给予的优惠所支付的代价，而"送礼"本身并不构成交易权——"送礼也要有门"，若不认识对方，礼再多也不能进入灰市场，可见关键在于"认识"。一个人花费时间精力去"找后门"、拉关系，或者为介绍自己与某人相识的第三者送礼，可以认为是为"购买入场券"的付费，但这显然是另一回事（本文中我们对这种付费及其收入效应和替代效应，不予考察）。在互惠的场合，实际仍有上述两种灰市交易权的存在，只不过是"双边的"：甲、乙双方既都能提供某种紧缺商品，又相互认识。

我们称在灰市交易中提供商品的一方为"灰市卖方"，称购得商品的一方为"灰市买方"。

（三）互惠无须加价

一般地说，灰市卖方为买方搞到了紧俏商品，是对买方的一种特殊优惠或照顾；作为回报，买方或是要事前送礼，或是要事后还情。从买方来看，所送的"礼"（无论是实物形式的还是货币形式的）是他的收入中的一部分扣除，亦是他为购得一物而多支出的一个价值量。因此，无论形式如何，理论上可将这"礼物"视为购买一物时的一种"加价",我们将其称为"灰市加价"。

然而,在互惠情况下,送礼这项额外支出一般来说却是不必要的。投桃报李,互济互利,所欠"人情"在交易全过程中相互抵消;即使双方相互送礼,也是有得有失,对双方不产生任何收入效应。无须加价,可视为互惠式灰市关系的一个主要特征。

(四) 均衡局部与市场分割

由互惠无须加价可以立刻引出两点结论:第一,在这种互惠交易中,对这特定的甲、乙双方来说,国家计划牌价就是交换的均衡价格;第二,在此交换过程中,非均衡理论中所说的"理想的需求"与供给相等;对交易中任何一方来说,短缺并没有使他们对有关商品的需求发生任何减少或限制,也不发生任何"外溢效应"。

这样,在互惠条件下,我们例子中的甲、乙二人,在整体上短缺的经济体系中,构成了一个均衡交换部分,我们称其为非均衡体系中的"均衡局部"。由于所涉及的至少有两种商品,这种均衡具有一般交换均衡的性质;但它又仅是整个经济中的一个部分,因此,我们称这种均衡为"局部一般均衡"①。相应地,这时的国家牌价具有"局部均衡价格"的性质。

于是,在互惠式灰市场存在情况下,整个经济被分割为两个部分:由灰市场构成的均衡局部和由经济其他部分构成的非均衡局部。

关于这种在非均衡体系中存在均衡局部以及市场分割的情况,尚未有与之相适应的经济理论加以分析。这是灰市场理论与一般的非均衡理论的一个区别。

(五) 短缺集聚

我们主要关心的问题在于:均衡局部的存在对经济其他部分的

---

① 我们用这个概念来与一般用于单个产品市场分析的"局部均衡"概念相区别,此外,这里的"一般均衡"都应理解为交换一般均衡。

经济影响如何?

假定正常商品的个人需求函数 $d_i(P)$ 满足 $d'_i(P) < 0$（i 表示第 i 个消费者，i = 1, 2, …, n），某种商品的总市场需求为

$$D(P) = \sum_{i=1}^{n} d_i(P) \qquad (1)$$

灰市场的存在使总需求分为两部分。假定在经济中全部 n 个购买者中，有 m 人（m < n）处在灰市关系中，则有

$$D(P) = \sum_{j=1}^{m} d_j(P) + \sum_{i=m+1}^{n} d_i(P) \qquad (2)$$

同时，总供给 S 也因此可以分为两个部分：$S = S_g + S_o$ (3)

其中，S_g 表示灰市场上的供给；S_o 则为经济其他部分的供给。

根据灰市场存在的一般条件——短缺，则有

$$D(\bar{P}) - S = E(\bar{P}) > 0 \qquad (4)$$

其中，$\bar{P}$ 为国家牌价；$D(\bar{P})$ 为"理想需求"；$E(\bar{P})$ 为超额需求。

而在灰市场中供求是均衡的，理想的需求得到满足，即

$$S_g = \sum_{j=1}^{m} d_j(\bar{P}) \qquad (5)$$

从总需求中减去灰市场需求，总供给中减去灰市场供给，由于减数相同，差 $E(\bar{P})$ 不变，即

$$[D(\bar{P}) - \sum_{j=1}^{m} d_j(\bar{P})] - [S - \sum_{j=1}^{m} d_j(\bar{P})]$$

$$= \sum_{i=m+1}^{n} d_i(\bar{P}) - S_o = E(\bar{P}) \qquad (6)$$

这表明，总超额需求即短缺这时被全部"挤到了"经济的其他部分中去；原来由全部 n 个人共同承受的短缺，现在只由较少的 n − m 人来承受，在经济的非均衡部分，短缺相对来说加重了。我们称此现象为"短缺集聚"——它全部集聚到灰市场之外的经济其他部分中去。进入灰市场的人"享受"均衡，社会上其他人则承受全部短缺。

（六）短缺集聚的两种表现形式

在不同的经济机制下，短缺集聚有不同的表现形式。我们仅分析两种典型情况。

第一，国营商业门市脱销，购买机会进一步减少。这是在国家控制商品流通和价格时短缺集聚的表现。由于在灰市交易中每个人得到的是理想的需求量，大于人均供给量，于是剩下的能拿到门市上出售的就更少甚至完全没有，其他人再也不可能买到。如果实行定量限购。则会表现为限购定额减少。在我国这种情况过去经常可见。

第二，竞争市场上的竞争价格升高。这是在国营商业仅控制一部分（牌价）商品，其余部分允许在竞争市场上买卖时发生的情况（即所谓"双轨价格制"）。由于部分平价商品满足了少数人相对于牌价的较高的理想需求，国营商店平价供应减少，更多的需求转向自由市场，使竞争价格比不存在灰市场情况下要高。

以上两种情况可由图 1 表示。为简化分析和较清楚地说明问题，我们假定：（1）存在 n 个同质消费者，对某商品的个人需求函数完全相同；（2）线性需求函数；（3）灰市场购物人数 $m = \dfrac{n}{2}$。这样，在图中的两条需求曲线，D 为总需求线；d 则既可看成灰市场上的需求曲线，又可看成经济其他部分的需求曲线。我们分别在两个图中表示两种情况。

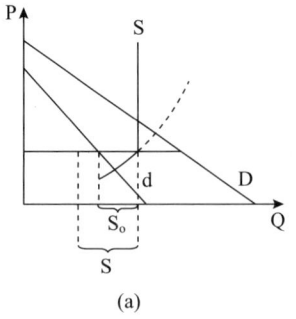 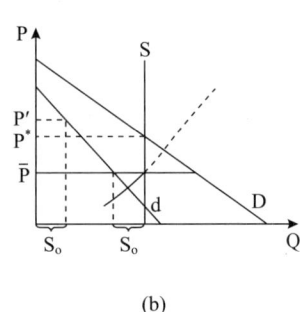

(a)　　　　　　　　　　(b)

图1

图中表明，在灰市场中 m 人的理想需求得到满足的条件下，价格线 $\bar{P}$ 与需求线 d 的切点即为灰市均衡点；而灰市场外，供给量只剩下 S_0，小于不存在灰市场情况下的供给量 S（图 a）；若这部分 S_0 在竞争市场上买卖，竞争价格 P′ 高于不存在灰市场时的竞争价格 P^*（图 b）。

以上结论是我们在互惠无加价、灰市需求完全满足的特殊假定下得出的。但即使放松上述假定，比如假定存在一定的加价（但总价格仍低于竞争价格），灰市需求也不能完全满足，"灰市交易的存在使得经济其他部分的短缺加重"这个一般性结论，仍是能够成立的。

（七）灰市规模及其决定因素

我们称灰市交易量占社会总交易量①的比重为"灰市相对规模"，可简称为"灰市规模"，因为有意义的仅仅是相对量，绝对规模可以不提。它可定义为

$$g \equiv \frac{\sum_{i=1}^{m} d_g(\bar{P})}{S} \quad 0 \leq g \leq 1$$

比率 g 不妨称为"灰色系数"。如果我们可以观察、测量到这个系数值，对于宏观经济分析将大有益处。但我们这里要先研究这个系数的大小取决于哪些因素。

第一，短缺程度，由 $E(\bar{P})$ 表示，为一内生变量。按牌价可随意购到的商品，不会成为灰市交易的对象。严重的短缺会促使人们千方百计去建立关系网，导致灰市规模扩大；给定供给量，进入灰市场的人多了，g 便增大，甚至出现 g=1，比如国营副食店中一定量的瘦猪肉可能全部从后门溜掉。反之，短缺程度越低，自然会减弱找后门的动机和减少找后门的人数。灰市规模既是短缺的结

---

① 在短缺条件下，根据"短边规则"，总交易量等于总供给量 S。

果，也是短缺程度的指标。①

第二，灰市交易行为被当前社会、制度所能接受的程度，它被视为"非法"的标准和作为非法行为被"查处"的频率及查处的严厉程度。这可以说是一些具体的"制度因素"，统一以 i 表示，可视为外生变量。据经验可知，i 的大小在不同的年代乃至在一年中的不同时期都是不同的。

第三，前期灰市规模，即 g_{-1}。这种关系是由几方面的因素决定的。(1) 人的"关系网"是逐步扩展的，前期甲与乙相识，下一期才能通过乙认识丙，等等。(2) 根据前面的分析，既存的灰市规模会导致经济其他部分的短缺程度提高，这会使那些被排挤在灰市场圈外的人努力在下一期中进入灰市场。(3) 灰市关系具有"传染性"：一方面，偶然尝到"甜头"，以后便可能会去自觉地扩大关系网；另一方面，看到大家都在干，原来的犹豫不决者或鄙夷不屑者会改变态度，加入进去，如此等等。总之，灰市关系本身具有自我加强、累积扩大的趋势。

g 与上述诸因素之间的关系可总括地表示为下列函数形式：

$$g = g(E(\overline{P}), i, g_{-1})$$

此函数具有如下性质：

$$\frac{\partial g}{\partial E} > 0, \frac{\partial g}{\partial i} < 0, \frac{\partial g}{\partial g_{-1}} > 0。$$

二 灰市加价：灰市供给刚性与消费者剩余转移

在非互惠的场合，灰市交易一般要伴随有灰市加价。普遍的现象是"不送礼办不成事"。

---

① 科尔奈将"排队的人数和时间""寻找的次数和时间"等作为"短缺指标"。而若存在灰市场，且 g=1，门市上会完全无货，人们也根本不再去寻找，从而以上两个指标全为 0，但这恰恰不表明短缺消失，而是表明短缺严重。因此，加上一个灰市规模作为短缺指标是很有必要的。

（一）灰市加价与加价区间

首先，灰市加价来源于买者为获得一定量的某种商品所愿支付的价格 P_d（需求价格）与国家牌价 $\overline{P}$ 之间的差额。这个差额在理论上正是相对于国家牌价的"消费者剩余"。因此，一个直接而简单的结论就是：灰市加价来源于相对于国家牌价的消费者剩余。①

然而，灰市加价却并不一定等于这个消费者剩余。事实上，消费者剩余在这里的量的意义仅在于它构成了灰市加价的一个界限：超过这一点，购买有关商品对消费者来说是不合算的，他就不会去走后门、送礼等以从事灰市交易。这个界限可一般地以下式表示：

$$\Delta P \leq P_d - \overline{P}$$

ΔP 表示灰市加价。这里，$\overline{P}$ 和 P_d 构成了一个闭区间，即 [$\overline{P}$, P_d]，灰市价格就落在这个区间内；相应的一个闭区间 [O, $P_d - \overline{P}$]，我们称为"灰市加价区间"。

灰市加价的一个重要特点是，它究竟落在上述区间的哪一点上，在理论上是不确定的，在实践中是不统一的。这是因为，在灰市交易过程中，加价的多少往往取决于一些特殊的、具体的因素。比如，它可能取决于"人情关系"的远近，亲朋好友不送礼也行，间接相识则一般要送"厚礼"。另一个因素是"批条子"者本身的"贪欲"大小。再一个因素是灰市交易被视为非法而受到查处的"风险"，但这个因素的作用往往是很模糊的，如有人会因怕加价太高容易被视为非法而只收少量礼物，有的人却会因考虑到风险损失而提高加价。而灰市交易的另一个特点，即它的不公开性，则导致人们往往相互保守"交易秘密"，阻碍统一价格的形成。事实上，灰市场从本质上说并不是一个统一的整体，而是由无数个别的、一对一的交易关系构成的集合，尽管在它的较为发展的形态上

---

① "消费者剩余"的概念最初由马歇尔定义为一定量的"效用"，后来一般只在货币价值量的意义上使用，简单地说就是指消费者为获得一件商品最多所愿支付的价格与市场实际价格之间的差额；在图形内，市场上所有消费者的消费者剩余，表现为需求曲线以下、价格线以上的一块面积。

（我们在第三节分析）可能会形成某种"行市"。

总之，灰市关系的分散性、个别性决定了灰市加价取值的不确定性，从而我们在理论上只能首先以一个确定的区间对其加以描述。在存在灰市加价的场合，价格无论落在这一区间的哪一点上，都具有灰市均衡（至少是暂时均衡）价格的性质。

（二）灰市加价与供给刚性

无论灰市加价取值如何，有一点是相同的，即灰市加价都不构成生产者收入。① 灰市加价是消费者价格的组成部分，但并不构成生产者价格的组成部分。

生产者价格与消费者价格相分离本身并不是灰市交易的特殊现象。在国营商业的场合，两种价格也是可以分离的，其差额为国家的利税收入（或价格补贴）。但在国有制经济中，由于企业本身是国有的，国家对其生产规模扩大、更新改建等负有一定责任，因此，无论从原则上说还是从实践上说，生产者价格与消费者价格之间的差额并未归第三者所有。而在灰市交易的场合，获得加价的既不是生产者，也不是国家；消费者支付的价格提高了，但生产者的收入却没有改变：生产者仍然只得到国家牌价。在价格提高的场合，提高的部分是否构成生产者（或国家）收入，可以作为判别灰市关系存在与否的一个基本标准。加价归属的差别是灰市关系与其他经济关系的一个本质差别。

由此产生的最重要的结果是：消费者支付了较高的价格，却不能起到引导生产行为的作用，不产生任何扩大生产或改变社会生产结构、改变资源配置状况的直接效应。在竞争市场上，较高的价格使生产者获得超额利润，这会产生两种效应：一方面，较高的生产者收入使生产者积累能力提高，即扩大生产的能力提高；另一方面，较高的利润率诱使原生产者和其他生产者投资于该种商品的生

---

① 灰市加价不是商业加价，也不是对商业性活动或服务的付费。在本文中，商业加价一般是被抽象掉而不予考察的。

产，从而使生产扩大，供给增加。而在灰市场情况下，这种机制、这样的过程是不存在的。尽管消费者支付的价格高了，但生产者收入不变，生产不会扩大；从而灰市场上的供给具有"刚性"（即对灰市价格无反应），短缺被维持在原有水平；对于竞争市场来说是"暂时均衡"或短期均衡的状态，对于灰市场来说就是"长期均衡"[①]，因为生产供给在长期内并不会发生变化，短缺仍作为"常态"存在。灰市场的这种特点可由图2表明。

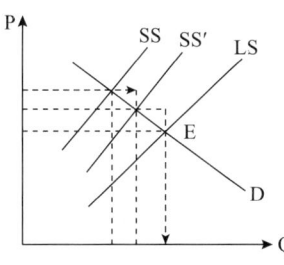 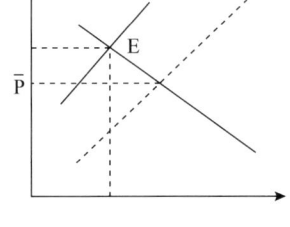

（a）竞争市场上短期供给线向　　（b）灰市场稳定的短期供给线等于
　　长期供给线过渡　　　　　　　　长期供给线，点E即为短缺均衡点

图 2

图中 SS 表示短期供给线；LS 表示长期供给线；GSS 和 GLS 表示灰市场上的供给线。

短缺在灰市场机制下得以维持，作为常态存在；反之，灰市关系也就因维持了短缺而使自身得以维持——只要有关的制度条件存在，灰市场不仅自我扩张，而且自我维系，这就是消费者价格上涨而生产结构却长期得不到调整，短缺仍然持续存在的一个重要原因。

[①] 这里均衡的含义就在于：灰市场上消费者不具有改变购买量的意向，而生产者也不具有改变产量的动机。这是满足最大化意义上的均衡条件；但作为灰市场均衡，同时又包含着短缺，因而是一种"短缺均衡"。

(三) 消费者剩余的转移

灰市加价来源于消费者剩余，又不构成生产者的收入。在灰市场中一部分人失去的消费者剩余构成了另一部分非生产者的收入。这里发生的不是消费者剩余减少使生产者利润增加，而只是消费者之间的一种收入再分配。我们把这种现象称为"消费者剩余转移"。这是经济理论尚未分析过的一个现象。

在一般的市场理论中，抽象掉政府之后，生产者与消费者在市场上相互对立；消费者剩余减少时，伴随着生产者利润增大（不一定成比例）；二者的相互作用导致市场趋于均衡和资源最佳配置。但这种理论显然不适用于灰市关系的分析。在灰市关系中，消费者与生产者之间还存在着商品批售者，他们与生产过程无关，也不提供商业性服务（商业性服务仍由国营商业机构提供），并未垫付任何商业资本，但正是他们割断了消费者与生产者的直接联系，并且截留了消费者多支出的一部分价值，使这部分"加价"不能对供给的变化产生任何直接的影响（图3）。

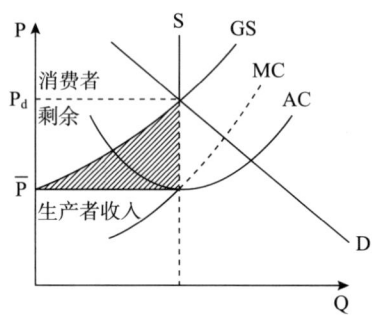

图 3

注：阴影部分即为灰市交易中转移的相对于 $\bar{P}$ 的消费者剩余，GS 为灰市供给线，它应根据"（一）灰市加价与加价区间"的分析加以理解。

消费者剩余转移，作为一种收入再分配，就意味着"购买力转移"——一部分消费者实际收入的降低导致另一部分人实际收入的提高，因此有支付能力的社会总需求并不因消费者价格提高而减少。对灰市交易的分析，为我们解释现实中一方面消费者价格提高、另一方面社会消费需求规模并不减少反而扩大（这会进一步拉动价格）的情况，提供了一个重要理论依据。

在灰市交易中聚集起的财富，有一部分也可能（不一定）在以后被用于生产性投资，从而一方面减少消费需求，另一方面扩大生产供给。这种生产积累在灰市场的发展形态中（见后）是可以观察到的。但这种积累与一般经济理论中的积累具有不同的性质，它不是利润的积累，也不是劳动者为了明天的消费而进行的收入储蓄，而是（被转移并集中了的）"消费者剩余的积累"。这是积累的一种新的形态。

三 灰市关系的发展形态

（一）灰市中间人

在以上关于灰市关系的分析中暗含的一个假定是灰市卖方直接将有关商品批给消费者（包括生产资料的消费者）。但现实中往往不是这样。比如消费者丙需要甲所掌握的商品，但不认识甲，只能要求认识甲的乙从中帮忙。在这种扩展了的灰市关系中，乙处在中间人的地位。我们称乙为"灰市中间人"，在初级形态上，其经济职能仅为"搭桥"。

灰市中间人由于与灰市卖方认识，从而拥有牌价商品的间接批售权，在与消费者的关系中，也就处于灰市卖方的地位，消费者也要对他所提供的间接优惠支付一定的灰市加价。于是，在扩展了的灰市关系中，总加价由灰市中间人和最终灰市卖方所收取的两部分加价的总和构成。理论上，这笔总加价不超过消费者需求价格与牌价之差，即

$$\Delta P = \sum_{i=1}^{k+1} \Delta P_i \leqslant P_d - \bar{P}$$

其中，k为中间商人数。上式表明，各 ΔP_i 的取值和 k 的取值越大，便越是只有需求较高（从而 P_d 较高）的消费者才能成为灰市买者，否则他就不会绕那么多弯、多付那么多加价去获得那种商品。同时，反过来也就可以说明，短缺越严重，P_d 与 $\bar{P}$ 的差额越大，不仅各笔加价 ΔP_i 可以越大，而且灰市场所能容纳的中间人也能越多。

（二）灰市中间商

从灰市中间人过渡到灰市中间商，经济关系的发展演变在于两个方面：第一，中间商从灰市最终卖方手中批发出大量牌价商品，或是经过下一级中间商，或是直接"零售"给各消费者，其经济职能已是典型的"炒卖"；第二，处在交易最后阶段即零售阶段的中间商面对大量的买者，由于买者之间的竞争，导致形成统一灰市价格，并且等于竞争市场上的需求价格（不再是"小于、等于"）。这里比较典型的例子是当前名牌香烟市场的情况。

灰市中间商在经营方式上也会与灰市中间人有所差别：他需要将批量商品一次买下，因此需要垫付流动资本。在实践中，大笔资金的过户必须有"公司"的名义，在银行开有公司账户。因此，灰市中间商必须是自己登记开公司，或是必须有公司账户为依托。事实上，现实中的许多"公司"是典型的"灰市公司"，就是说，它们主要从事灰市交易。

（三）市场上灰市关系的辨识

在灰市关系的发展形态上，它在两个方面变得容易与一般竞争市场关系相混淆：（1）商品的灰市售价等于竞争价格；（2）在某些阶段，特别是零售阶段，灰市交易过程中也包含着一般商业性服务，在此阶段中的加价可能包含着一般商业加价，甚至全部是商业加价。事实上，零售活动既可是灰市关系的最后环节，也可是一般竞争市场关系的最后环节。

不过，抽象的分析已经为我们提供了在复杂的市场现象中辨识不同经济关系的理论和方法，最主要的就是要运用前面已经提到的一个判别方法，即考察市场价格与生产者收入的关系，考察市场价格变化与生产供给变化的关系。比如，对于钢材市场，同样按市价出售的钢材，由厂家自己"计划外"销售的，由于收入归生产者所有，市场价格提高导致利润提高，便属于竞争市场关系；而通过物资计划部门的内部关系批条子搞出牌价钢材，再按市价"倒卖"，不会使生产者收入有任何增加，也不会促使生产供给增长，便属于灰市关系。在同样的市场销售价格背后，是完全不同的经济关系、不同的经济机制。

四 小结

（一）方法论的小结

在结束本文的时候，我们要再次强调理论实证方法对经济学的重要意义。经济学要研究的是客观存在的经济关系，即不是从观念出发推论出"应该"存在怎样的关系，也不是只研究那些"合法"的关系。现实中存在怎样的经济关系和经济行为，就需要经济学建立起相应的理论对其加以分析，针对新的现象提出新的理论，然后才可能对各种经济问题作出科学的、全面的解答，并针对问题的症结提出有效的对策。对待灰市关系应该是这样，对于其他种种经济关系也同样应该是这样。

（二）政策含义

本文的理论分析表明，当前经济中的一些重要问题，如在物价上涨的同时社会经济结构长期得不到根本的调整，短缺持续存在等，都是与灰市关系的存在有直接联系的（但绝不可认为灰市关系是这些问题的唯一原因）。而无论是灰市关系本身还是"短缺集聚""供给刚性"等灰市场产生的经济后果，都是以低于竞争价格的牌价的存在为前提的。可见，如果我们认为灰市场应该取消，那么就要从根本上取消牌价本身——不仅仅是取消一种价格或一种价差，而是革除这种价格所体现的一整套经济机制。"后门"堵了多少年，却越堵越大，原因就在于后门赖以存在的客观经济条件仍然存在，并且在某些环节上还有所发展。

（原载《经济研究》1988 年第 8 期）

改革、调整、增长与摩擦性通货膨胀

改革遇到的一个重大难题是通货膨胀。这种通货膨胀显然是有其特殊性的，基于资本主义经济现实运动而形成的诸种通货膨胀理论（需求拉动说、需求转移说、成本推动说、理性预期说等）都不能圆满、确切地说明正在进行经济改革的社会主义国家发生的通货膨胀现象。然而，任何进行经济改革的社会主义国家都必然要发生通货膨胀以及其他一组相关的经济现象，又说明这种通货膨胀是有其内在必然性的。经济理论的任务就是要基于我们的特殊实践把那个特殊的内在必然性揭示出来。

任何通货膨胀都是一个复杂的经济现象，有着社会经济关系和经济运行机制方面的深刻原因；要说明经济改革中发生的通货膨胀，就必须把经济改革过程中整个宏观经济的运行机制以及各种宏观经济基本因素之间的相互关系说明一遍。因此，本文将通过一个抽象的理论模型，在传统机制与改革后形成的机制的对比中，着力于对公有制经济中机制改革、结构调整、经济增长和价格运动之间的基本关系进行较为系统的理论实证研究，然后在此基础上提出"二元主权机制""摩擦性通货膨胀"等理论概念，作为对我们当前面临的一系列经济问题的理论概括。[1] 改革十年，经济运动的某些客观规律已经显现出来，本文也是对这种支配着改革和改革过程中经济运行的客观规律进行理论总结的一个尝试。

---

[1] 由理论模型的抽象性所决定，它只能说明一些主要的、基本的经济现象和经济问题，而不能说明所有的经济现象和经济问题。

一 结构调整成本与"实际生产可能性边界收缩"

经济理论分析中通常假定一个处处平滑外凸的生产可能性边界（如图1中虚线所示）。但在这当中所包含的假定是：（1）固定资产是可以随意在不同生产部门之间转移的；（2）为达到生产结构调整目的而进行的这种设备转移，是不需花费成本的。显然，这只是一种理论假定：它只适用于生产结构局部、边际的调整问题。

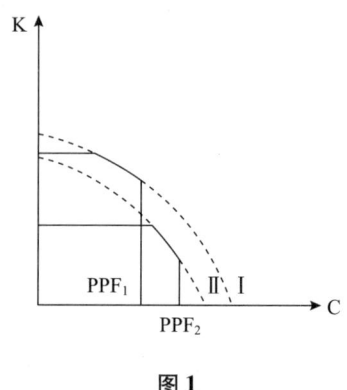

图1

在现实中，特别是在面临生产结构重大调整问题的时候（这是我们所面临的问题），上述假定是不适用的。第一，由于固定生产要素结构的限制，生产可能性边界虽然不完全是直角式的，但只有一部分是外凸的（如图1中实线所示）。我们称这样的曲线为"实际生产可能性边界"。它所突出表明的一点是，社会生产若落在它的垂直或水平部分上，是无生产效率的。换言之，不进行固定生产要素配置结构的调整，就不能有效率地生产出任意一种比例的产品组合。第二，从一种生产结构调整到另一种结构，对社会来说是要花费成本的，这包括：（1）重新配置、改装生产设备的费用，包括搬运、改造所需的人力、物力等；（2）转产改造过程中的设备闲置期（这可以具体表现为"无订货"的被迫闲置）；（3）资源的绝对损失，这指的是有些厂房、设备绝对不能再经过转移场所或改造而用于其他生产目的,只能报废,即所谓"沉淀成本",所有这些成本都是对资源和社会生产能力的一个净扣除。当一部分资源被用于结构调整或在结构调整中闲置、报废时,能够用于生产产品的资源就必然减少,从而社会总的净产出就必然减少。① 而这就意味着:给定技术条件和劳动生产率,结构调整必然导致社会生产可能性边界收缩。

这种结构调整过程中发生的生产可能性边界收缩,也在图 1 中表示。在物质生产资源配置结构由 PPF_1 调整至 PPF_2 的动态过程中,发生结构调整成本,从而使理论边界由 Ⅰ 收缩至 Ⅱ;PPF_2 只能实现在 Ⅱ 中(图中表现的特殊情况是由 K 部门较大的结构转向 C 部门较大的结构,这将是我们重点分析的情况)。

在动态过程中,社会生产可能性边界的收缩也就意味着经济增长速度降低。从理论上说,只要社会生产在同一条(理论)生产可能性边界上进行,社会总产值的增长率就是一样的,都是充分利用了资源,实现了"潜在的增长率";但若生产是沿着另一条边界进行,便出现了生产规模或增长率的差别。而生产可能性边界收缩则必然意味着经济增长率下降。

这样,我们从物质生产条件本身得出:高增长率与经济结构调整是相矛盾的。②

二 传统经济机制:计划者主权与实际生产者价格

1. 计划者偏好与传统的"计划者主权机制"

典型、纯粹的国有制经济传统运行机制具有以下基本特征:

---

① 相应地,我们可以注意到社会生产的"非结构性边际调整"的特点是无调整成本。这种调整由于仅发生在实际边界的外凸部分上,属于实际生产结构本身容许的范围,因而不发生成本,也不出现边界收缩。任何一个经济中这种边际调整都是日常现象,但它不属于我们所要考察的重大调整问题的范围。

② 请注意增长率是由多种因素决定的。若技术进步、劳动生产率提高等造成的生产可能性边界的"扩张"大于结构调整导致的"收缩",结构调整也会伴随着增长率提高。

(1) 资源配置、社会生产在计划当局的统一计划下进行；(2) 资源分配和生产活动以实物量为主要指标；(3) 物资调拨和流通中所依据的核算标准是固定的计划价格；(4) 消费者由其所处的"非所有者"经济地位所决定的，不必考虑积累。还有一条，即国有企业的（货币）预算软约束，但这一条不过是上面前三条特征的一个逻辑结果。

以上各种规定性在我们以下的分析中都将起作用，但这里具有首要意义的是第一条，即资源配置和社会生产是按照计划当局的统一计划进行的，并且，生产计划本身是按照计划者选择的比例结构制订的；经济学将计划者进行选择时所依据的优劣标准称为"计划者偏好"，我们称这样的经济机制为"计划者主权机制"。在这里，"计划者"这一概念指的既是国有制的所有权代表，也是国民经济的管理者和经济计划的制订者。

我们将涉及的主要是投资物品与消费品生产比例的选择问题。计划者根据自己的偏好尺度和对未来各种情况的预期，对该比例进行选择，我们称其为"计划者积累倾向"。若计划者认为社会应较多消费，则说其"积累倾向较低"；若计划者认为经济应保持较高的增长速度，则说其"积累倾向较高"。在图2中，我们用曲线J表示计划者积累倾向（经济学文献中通常以一条直线K表示计划者偏好，称为"康德洛维奇射线"）。

2. 计划者积累倾向的历史特点与"投资偏重型"经济结构

计划者究竟有怎样的积累倾向，是由许多具体的历史社会条件决定的。就制度因素说，国家作为生产资料的所有者，必须考虑生产资料的积累问题；从物质因素说，公有制经济迄今为止都是建立在较为落后的经济基础上的，经济增长的压力特别强烈、明显。因此，计划者历史地具有较高的积累倾向，并往往把增长速度放在各项目标之首，并为此而把国民消费压在较低的水平。在图2中，这表现为曲线J的斜率较大。同时，我们将J线画成上凸形，其理论含义是：经济越落后，计划者会越强调积累和增长。

由这种积累倾向引导（命令）运行的经济，必然将较多的资源投入生产资料的生产，使得经济结构中生产资料生产部门占有较大的比重。我们称以此为特征的经济结构为"投资偏重型"结构。图 2 中的实际生产可能性边界 PPF 便体现了这种结构。在此我们看到，以往的计划者积累倾向会体现在今天的实际生产可能性边界上。

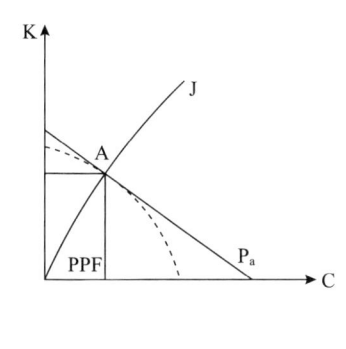

图 2

3. 生产者与计划者的一致性

深入的分析能够表明，即使在最高度集中的计划体制下，企业（以及地方和专业部门）都不仅仅是中央的"棋子"，它们也有自己的特殊经济利益，并为了追求这些利益而采取行动，干预计划决策。但是，在我们所讨论的问题当中，国营经济中作为生产者的企业的偏好，与计划者偏好在基本点和作用方向上是一致的：一方面，地方、企业的管理者具有中央"基层代表"的规定性，是中央计划者的微观化、基层化，否则中央计划就谈不上落实；另一方面，在追求高积累和生产规模扩大这一点上，生产者与计划者也是一致的，基层的规模扩大，符合基层的特殊利益。特别是，在计划者积累倾向引导下投资偏重型经济结构一旦形成，基层利益本身也由这种结构所规定，比如经常谈到的所谓传统体制中的"重工业集团"（利益集团）及其在经济决策过程中的较大影响，就是以特定的经济结构为基础而形成的。这种利益的一致性和偏好的一致性构成传统机制下"投资饥渴"或"扩张冲动"普遍性的根本原因之一。

4. 体现计划者偏好的收入分配

生产计划的背面就是分配计划。要把有限的资源更多地用于积累，就必须把较少的资源用于当前消费。因此，传统的经济机制下无一例外地都必须将国民的消费水平长期限制在较低的水平上：工人是几十年不变的低工资，农民是几十年不变的低卖粮收入。

5. 体现计划者偏好的"实际生产者价格体系"

在开始涉及价格这个复杂问题，特别是涉及公有制计划经济中历史地形成的"谜一般"的价格体系的时候，以下几个理论要点需要首先明确。

第一，生产者价格与消费者价格可以是不同的。

第二，产品价格对于生产者的实际经济意义在于它构成生产者收入；生产者实际上面对的产品价格由生产者的实际收入构成；产品的名义价格（即批发价或调拨价）减去上缴税利或者加上亏损补贴，才构成"实际的生产者价格"。

第三，最重要的问题是，在传统机制下几十年不变的固定价格体系，并不是在这种机制之下形成的，而是在这种机制建立之前历史地遗留下来的。这种后来成为固定的名义价格的东西，既不反映几十年来变化了的资源构成和技术水平，也不反映引导经济运行的计划者偏好——它不是传统机制运行的结果。而我们这里要研究的却正是在传统的计划者主权机制下形成了什么。显然，在这种机制下形成的恰恰是在固定名义价格之外的、经常处于变动之中的复杂的区别税利和补贴体系，传统机制下经济管理者把自己钉在固定价格的石柱上，客观规律却通过变化的税利、补贴来为自己开辟道路。

给定社会生产可能性边界，任何一种计划者偏好都必然有一特殊的实际生产者价格体系（比价关系）与之相对应。这是因为，实际价格是资源和产品相对稀缺程度和产品"机会成本"的指示器；而在给定的资源、技术条件下，引导资源配置的计划者偏好便决定着资源和产品的相对稀缺程度，它必然要在实际价格中体现出来；若没有这样一种实际价格与之相适应，计划者偏好便不可能在实际中得到贯彻，按计划进行的生产就无法维持。在图2中，与计划者积累倾向相交的生产可能性边界上那一点的斜率的绝对值（两种产品的"边际转换率"），即为按这一比例进行生产时所必要的生产者价格体系；这一点的切线 P_a 即为价格线，或称为"比价线"。在平滑外凸的曲线上，任意一点的切线是唯一的，这就是说，相对于任何一种计划者偏好，比价线是唯一的。计划者偏好与实际的生产价格体系一一对应。

这就意味着，在计划者更偏重投资、增长的情况下，经济运行的结果必然是生产资料的实际生产者价格相对较高，[①] 而消费品的实际生产者价格则相对较低，这表现为比价线斜率较小（这不仅是现代经济学理论所证明的一个基本原理，而且研究社会主义经济问题的理论家如道布、兰格、布鲁斯等也早已有所论述）。只要我们不是仅看到那些根本不是在传统机制下形成的名义价格和名义账目，而是注意到那些在国民经济总会计账上"多余少补"之后的最终结果，这一点是很明显的。

三 传统机制中的劳动者积累倾向和两种积累倾向的差异与矛盾

1. 传统机制中的劳动者积累倾向

我们这里所谓的"劳动者积累倾向"，指的不是劳动者在工资收入中拿出多少进行个人储蓄（工资收入者的"储蓄倾向"），而

[①] 生产资料产品实际较高的生产者价格，往往体现在不断增长的补贴当中，这恰恰表现出补贴才是传统机制本身的运行结果。

是指劳动者所希望的国民收入总额中积累所占的比例；反之，指的就是他们所希望在国民收入中有多少用于当前消费。"储蓄倾向"只是积累倾向的一个构成部分，但不是全部。若假定储蓄倾向为0，劳动者将全部工资收入用于消费，但若他们认为全部国民收入中应有30%用于积累，工资收入占70%，则积累倾向仍为3∶7。这里，个人收入总和不等于国民收入，因而储蓄倾向不等于积累倾向，是国有制经济的特殊情况。

传统的采取国家所有制形式的全民所有制的一个本质特征是：由于人人都拥有平等的所有权，每个个别人便不能拥有特殊的所有权；普遍的平等的所有权必须由一个统一并唯一的机构即国家来代表；而当每个人的所有权都外化、对象化到国家身上之后，每个个别人实际上便都不再处在所有者的经济地位上，而只是观念的所有者；同时，国家成为所有者的唯一化身。这不仅是一个思辨的结论，也是客观的逻辑事实。这一逻辑事实具有许多逻辑后果。在我们此处所关心的范围内，一个重要的经济后果是：在国家面前，每个社会成员都不是生产资料的所有者，从而只有国家全权负责物质生产资料的积累；而其他人都不是积累者，不必为此操心，而只关心如何更多地消费。同时，个人消费的源泉即收入又都仅表现为工资，与生产资料的积累没有直接的关系，消费品使用价值的另一个源泉即生产资料的作用被掩盖了；历史上传统机制下无论国家积累多少，经济增长率如何，劳动者收入、消费水平长期不变的事实，也更加从实践上割裂了消费与积累的联系。当然，劳动者仍是生产资料的观念的所有者。但这却又从另一方面加重了轻视积累、追求当前消费的倾向：作为观念的所有者，他是必须"被国家雇佣"的——他"法定"地要与生产资料相结合并取得收入。既无须为自己和子孙去积累，也不必为可能的失业而储蓄，即使有储蓄，也是为了"攒钱买大件",而不是为了积累。① 这就意味着,由其经济地位所决定,他的当前收入与当前消费是统一的——劳动者追求高收入即是在追求高消费。

以一条与计划者积累倾向线不同的曲线 L 表示"劳动者积累倾向",此线与生产可能性边界(在图 3 中为理论边界)的交点 B,表示劳动者对积累和消费比例的现实选择。这条线呈下凹状,也是有其理论含义的:社会生产水平越低,劳动者的基本消费需要越是没得到满足,劳动者越是希望多消费而少积累。这意味着,若是由"公民投票"决定积累率,越是穷国,资本积累往往越难进行,积累水平可能越低,发展速度越慢。同时,所谓"基本消费需要"往往是有相对性的——它相对于国际上已有的消费水平。一个封闭的国家,人们只能与自己的过去相比;而越是"开放",人们就越是要与先进国家的消费水平相比,从而把一些先进国家的消费也提前视为本国的"基本需要"。这也说明,越是"相对穷国",越是开放,劳动者的积累倾向往往越低。②

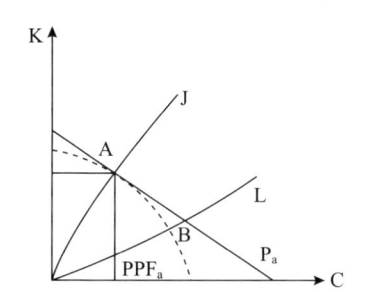

图 3

---

① 我们这里不否认"中国劳动人民"历史上形成的消费传统过去曾在很大程度上减轻了这种只顾消费的倾向。但是,当新的一代中国劳动人民成长起来之后,问题便暴露出来,而只有他们才纯粹是当前制度的产物。

② 这也能说明为什么在计划者追求高积累的情况下,"封闭"对计划的贯彻往往是一个必要条件。

2. 两种积累倾向的矛盾

我们这里丝毫不必得出国有制经济中劳动者只顾消费、完全不顾积累的结论，但从以上的分析中显然可以得出：在传统的国有制经济中，劳动者更为重视今天的消费，轻视积累。这就是说，即使计划者并不过分偏好积累，而只是较为合理地兼顾二者，也必然发生计划者积累倾向与劳动者积累倾向的差别：前者相对来说更倾向于多积累，而后者相对来说更倾向于多消费。[①]

计划者积累倾向与劳动者积累倾向的相异与矛盾构成传统机制下一个重要的基本经济矛盾。这一矛盾是积累和消费的矛盾在国有制机制下的特殊社会形态。在私有制条件下，由于国民收入全部作为个人收入，由个人根据自己当前消费和未来消费的内在平衡关系来决定积累，因此积累和消费的矛盾首先表现为单一经济行为主体的内在矛盾；[②] 而在国有制机制下，它直接表现为计划者积累倾向和劳动者积累倾向的外在对立。这也说明国有制经济中积累和消费缺乏内在的平衡机制。这是公有制国家一直没有解决好积累与消费关系的一个基本原因。这一矛盾也构成分析、说明改革中遇到的各种复杂经济现象的一个基本依据。

在纯粹的、极端典型的传统机制下，社会生产只在计划者主权下进行，劳动者积累倾向及其作用只是潜在的存在，并不起到任何实际作用，既不影响收入分配，也不影响价格形成，更不导致生产调整。结果社会生产按照计划者倾向在 A 点进行，并形成了相应的社会生产结构和实际生产可能性边界 PPF_a，它构成了任何改革的"初始条件"。

[①] 这一分析暗含的一点是：相对于"最佳的"或最"合理的"，最能恰如其分地最大化全民福利的积累与消费比例而言，两种倾向当中的任何一种都可能是"错误的"。但本文要分析的既不是所谓"最佳"标准或"理想比例"，也不是"谁对谁错"，而是差异存在的经济结果。

[②] 资本主义私有制发展起来之后，这一矛盾的作用形式不同于个体私有制，需要具体分析。

四　一个假设的参照系：劳动者主权机制

我们的目的是要说明实际进行的改革和在此过程中产生的问题。但为了这个目的，我们这里首先根据改革过程中产生的某些经济关系及其发展趋向，构造一个假设的经济机制——劳动者主权机制——及其实现过程，以此作为一个参照系来比较、说明我们面临的实际问题。它是一个理论假设，既不是实际已经发生的，也不是"目标模式"；但是由于构造它的基础是改革中出现的一些关系和趋势，因此读者可以察觉到它的现实可能性（我们还可以从东欧某些国家的情况看出它的现实性）。

假设的"劳动者主权机制"的内容是：（1）国有制不变；（2）劳动者偏好及积累倾向在经济运行中发挥实际的决定的作用（不再是潜在的），首先是国民收入的分配由劳动者积累倾向决定；（3）下放企业经营自主权，这涉及企业利益在经济运行中发挥更大的作用；同时企业自主权还包括收入分配的自主权；（4）放开价格，即由市场供求决定价格，不再是固定价格，也不再由计划者调整；（5）社会生产不再由计划者主权决定，而是由市场信号引导，事实上也就是由劳动者偏好及积累倾向引导，计划者积累倾向不再起实际的作用。

这样一种劳动者主权经济运行机制，其实也就是现在人们所谓的"公有制下的市场机制"，当然，它是没有"计划调节"的市场机制——它是在同一所有制条件下计划者主权机制的极端对立物。

由传统的计划者主权机制出发，转变到这样一种劳动者主权机制，必然导致收入分配、价格体系、经济结构发生一系列变化。其基本过程为：国民收入按劳动者积累倾向分配，消费收入的提高也就改变了经济中的需求结构，要求生产结构相应地改变。但根据前面第一小节的分析，结构调整是有成本的；调整后的经济只能落在收缩了的生产可能性边界上的某一点，比如说 E（图4）。

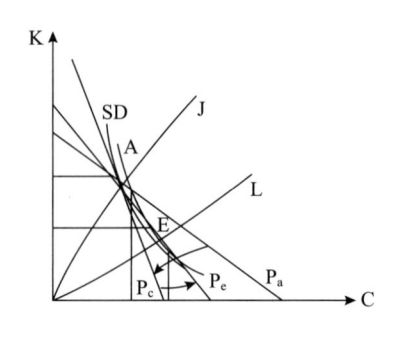

图 4

在市场机制下，由国民收入分配比例的变化到实际生产结构的变化是由比价关系的变化中介的。需求结构的变化导致消费品价格相对提高，投资物品价格相对降低。并且，由于结构调整需要一定时间、一个过程，开始的时候，当生产结构尚未改变，仍处在 A 的时候，比价变动的幅度还会更大，由 P_a 一下子到 P_c。① 这使得消费品生产者收入大大提高，投资物品生产者收入大大下降，只有少数效率高、成本低的企业得以维持，其他企业则要么倒闭、破产，要么转产于消费品部门，于是生产结构逐步调整，最后达到 E，实现市场均衡；同时比价也会"回降"，最终达到 P_e。图 4 中的箭头表示的就是这一过程。

上述过程值得注意的特点是：（1）机制改革包含着"生产引导机制"的转变，不仅是由"计划调节"变为"市场调节"，而且是由计划者积累倾向引导变为劳动者积累倾向引导，由单一的计划

---

① 图 4 中与点 E 和点 A 相切的两条曲线（SD）内为一组"社会无差异曲线"，代表消费者对两种物品的偏好函数，前面曾指出，本文不仅从偏好函数的角度考察问题，决定积累倾向的因素除了偏好之外，还有在公有制条件下的种种其他因素。但那些"其他因素"在理论上所涉及的问题，在我们这种简单的静态模型中无法直接表示（因为用相应的术语说，那些因素涉及预期收入或预期生产可能性边界的差异等问题），除非使模型和分析都大大复杂化。为了简单明了起见，我们暂时仅用一般分析价格问题时所采用的方法，舍象掉一些因素，而把它们都表现为偏好差异的程度。只要概念明确，这丝毫不影响基本结论的正确性。

者主权变为单一的劳动者主权;(2) 在机制转变和结构调整的过程中,不发生通货膨胀,至少,若不在分析中引入其他因素,理论上不必然发生通货膨胀。

但是,同样作为上述过程的结果,会发生经济增长速度的下降,不仅是由于调整成本的发生而出现低速增长或负增长,而且在以后,在劳动者主权机制下,由劳动者积累倾向决定的积累水平较低,增长率也会较低(此外,劳动者主权机制下,劳动者集团之间的"横向"利益矛盾必将加剧,这还会引起新的经济摩擦。不过本文不考察这种"横向摩擦")。[①]

五 现实的改革过程:二元主权机制与摩擦性通货膨胀

用以上分析的传统计划者主权机制和假设的劳动者主权机制作为对照,现实改革过程中形成的显然既不属于前者也不属于后者,但同时兼有了两者的某些特征。最主要的是,在现实中,劳动者积累倾向已经在收入分配和价格运动中起到了相当大的决定性作用,但生产过程最终却仍是由计划者积累倾向决定的。我们称这种有两种偏好、两种积累倾向同时(分别在不同领域中)发挥作用的经济运行机制为"二元主权机制"。我们现在遇到的许多特殊经济问题正是以这种特殊的经济机制为基础而产生的。

1. 两种积累倾向的矛盾与机制改革

公有制经济的机制改革是由多方面的原因引起的,其中计划者偏好与劳动者偏好的矛盾、计划者积累倾向与劳动者积累倾向矛盾的发展、激化,无疑是一个重要的原因。消费长期处于不变的低水平上,不能随着经济的增长而相应地提高,劳动者的要求得不到满足,以及由此造成的劳动缺乏激励和社会不满情绪所导致的社会利

[①] 我不想断言南斯拉夫经济就属于一种"劳动者主权机制",但那里出现的一些经济现象却是与上述模型相符的。

益矛盾的激化，从一个重要的方面提出了改革的任务。而劳动者积累倾向由过去只作为一种潜在的存在变为实际地发挥作用，这种机制的改革，正是两种积累倾向矛盾激化的一个结果。

2. 机制改革与收入分配比例变化

劳动者偏好开始在经济运行中发挥作用首先导致劳动者收入的提高。农产品收购价格的提高、工资的增加、奖金的发放、住房建设的扩大（从而住房补贴的扩大），无一例外地都构成各国经济改革的最初步骤。然后，地方、企业自主权的扩大意味着又进一步扩大了劳动者的分配自主权，不仅是奖金或实物奖金的发放权，也包括集团消费、官僚消费、交际费用①的决定自主权。这里要明确的是，相对于生产资料所有者（国家或计划者）来说，经营者或各级官员也处在"劳动者"（消费者）或"非所有者"的经济地位上，他们在行使分配权的时候"应该"代表国家，但实际上却往往仅代表他们自己——不一定是他个人，而是某种"劳动者集团"。这是经营者或官员的二重性问题。

劳动者收入水平的提高便意味着国民收入分配比例的改变：消费收入所占的比重提高了。这种分配比例的改变有很大一部分是在名义价格不变的情况下以消费补贴或农产品价格补贴增长的形式由国家及地方财政支付的，因而表现为财政支出比例的改变和财政用于其他用途的支出的缩小，同时财政收入又会因为企业工资支出的增加而减少。两方面的结果便是"财政枯竭"。这是国民收入分配比例改变的集中表现。

3. 价格变动趋势和结构调整的趋势

消费收入提高了，便实际地改变了社会需求的结构，消费品价格便会实际地呈现出上涨的趋势——机制改革必然提出改变价格的任务。

---

① 区分"集团消费"和"官僚消费""交际费用"是必要的。豪华轿车属于官僚消费，宴请、高级烟酒等属于交易费用，这些都不能混同于一般的集团消费。它们在进一步研究消费结构和价格体系变化中有着不同的作用。

若假定实行价格机制的改革,即放开价格(这在我国尚未完全实现,而只是部分地实现:这构成某种"中间形态",我们在后面将涉及),根据上一小节的分析,市场价格在开始时具有变为 P_c 的趋势。

同时,根据上一小节的分析,收入分配的改变和比价关系改变的趋势必然引起社会生产结构变化的趋势。就是说,机制改革必然提出结构调整的任务。

4. 结构调整与计划者增长目标和积累倾向的矛盾

正如前面已指出的,社会生产结构和资源配置的重大调整或转变是有成本的:它会伴随着部分生产能力的损失和经济增长速度的下降。在经济从结构 A 转向结构 C 的过程中,必然会发生下述现象:投资品生产部门的企业收入下降,订货锐减,存货增加,资金周转不灵,开工不足甚至完全停产,部分企业面临倒闭,等等。就是说,这一部门由于原有生产能力相对过剩(相对于对该部门产品的有效需求),而使一部分生产能力处于闲置状态(这就是一些宏观经济分析者观察到的所谓"总需求不足"现象),因而造成社会生产总水平和以实物产值计算的增长速度的降低。如要调整,这种结果就是必然的。但是,这种情况显然是与计划者的愿望和目标不相符合的,而且是与在旧机制下形成的庞大的投资品生产部门的既得利益集团的经济利益相矛盾的。

5. 二元主权机制与货币发放

计划者不满足由劳动者积累倾向和结构调整所决定的增长率,仍力求按计划者积累倾向控制调节经济,以达到一定的增长目标,是有其"正当理由"的,主要理由之一便是在现行的国有制关系下,劳动者具有只顾消费、不顾积累的倾向,这将损害经济的发展,并且事实上会损害消费者的长远利益(这就是说,计划者积累倾向往往在事实上比劳动者更"正确"):对整个经济发展和生产资料积累负有责任的计划者不能对"坐吃山空"袖手旁观。另外,现实的经济利益结构往往也迫使计划者必须这样做:生产资料生产部门的各级首脑在发生订货不足、收入下降、资金周转不灵、生产下降甚至停产的时候便会到中央抱怨；这一部门的规模本来是按照计划形成的，现在计划者当然不能无视他们的抱怨。此外，在对经济中实际发生的问题并不充分理解的情况下，计划者很难敢于去冒"增长速度下降"甚至是零增长、负增长的风险；当计划者的行为有短期化倾向的时候，就更是这样。总之，种种内在，外在，主观、客观的原因，会导致计划者仍旧保持并运用计划者主权，去控制、调节经济，以保证较充分的开工率和较高的经济增长速度。

要想保持原有生产能力的开工率和增长速度，就意味着：（1）要使生产仍在原有的实际生产可能性边界上进行；（2）生产结构仍要按计划者倾向确定。总之，要使社会生产必须仍要在结构A点上进行（这当然是极而言之的假定）。

但是，现在劳动者的收入已经提高了，价格已经放开了，在既定的国民收入中，已经拿不出更多的钱来进行投资以维持投资物品的需求，也拿不出更多的钱来补贴企业，使实际生产者价格得以维持投资物品生产部门的生产。那么，现在计划者又如何来实现其积累倾向，保持较高的增长速度呢？

他现在所剩的唯一办法就是"创造出钱来"：增发货币，或者更直接地说，是扩大信贷规模，特别是投资信贷规模。

增发货币可以以多种自觉、不自觉的方式发生：财政赤字主要就是用于在其他支出已定的基础上维持"计划内"投资的（我国的财政赤字原则上直接等同于货币发行或超额信贷，因为国库券收入已记入"财政总收入"，赤字是超出这一总收入的支出，只能来源于货币发放）；银行"贷超"也主要是用于基建贷款，当然也有一部分要用于流动资金。当企业周转不灵、开工不足，向计划当局诉苦时，计划当局（行政首脑）便会让货币当局贷款，并会指示后者说："银行的任务就是保证生产。"需要特别指出的是，我们这里所说的"计划者"，并不仅指中央计划当局，地方政府也称一级计划者。在我国,由于地方银行实际也受地方行政首脑的管辖,因此地方计划者实际上也拥有货币(信贷)发放权,"贷超"很大一部分是下面主动实现的,有时甚至超出中央计划所允许的规模,导致"超计划信贷发放"。

6. 比价复归与通货膨胀

增发货币,维持较高的投资规模,也就造成了较大的投资物品需求,使投资物品生产部门的生产能力得以较充分的利用,继续开工,同时也就维持了投资物品的生产者价格。但是,现在价格已经放开了,消费品物价已经上涨,要想使投资物品生产得以维持在 A 点上,投资物品价格也就必须相应上涨,重新与消费品价格达到 P_a 的比例。因此,我们看到,在消费品价格已经上涨的前提下,增发的货币若仅能使投资品价格维持在原有水平是不够的,不足以维持其生产规模(在实践中,这首先表现为工资成本已经提高了,投资物品价格若还保持在原有水平,生产企业仍不能获得足够的收入以维持生产)。所以,货币增量必须更大,以满足投资物品价格与消费品价格同一比率上涨的需要。这样,计划者把社会生产维持在 A 点的过程,也就是在价格普遍上涨当中使原有比价复归的过程。①

在图 5 中,由比价线 P_c 与横轴交点出发画一条与 P_a 平行的比价线 P_a',此比价线就表示原有货币量在新的价格水平下所能购买到的较少量的物品组合。而 P_a 线现在则表明:只有新的、增加了的货币量,才能在原有比价下,把社会生产维持在 A 点上。而 P_a 与 P_a' 两条线的长度的比率,即为通货膨胀率(也可用两条线在任一坐标轴上的截距的比率表示,图中 Y 为原有的货币国民收入)。

---

① 这里指的是生产者价格比例的复归。名义比价在此过程中可能获得调整,但仍然谁都觉得"不合理"。

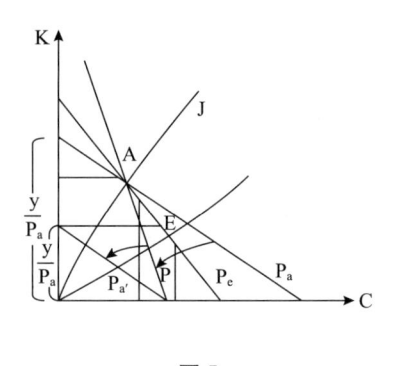

图 5

7. 通货膨胀与国民收入分配比例的复归

比价线 P_a' 的另一个含义是：消费者手中的货币收入在新的价格水平下已经贬值了。政府通过扩大投资信贷和其他生产性贷款以及由此造成的通货膨胀，已经使国民收入的分配重新恢复到与计划者积累倾向相适应的比例，这是另一个复归，即收入分配比例的复归。通货膨胀本质上也是一种"税收"，即"通货膨胀税"，通过这种税收，政府将原价格水平上消费者得到的实际收入的一部分又挖了回来，并因而使实际国民收入分配的比例复归。我们称这样的分配为"国民收入的货币再分配"，也称为国民收入的"最终分配"，因为不管最初分配的情况如何，只有这次分配才最终确定了国民收入的实际分配比例。

8. 下一轮通货膨胀

计划者通过通货膨胀使收入分配比例复归、比价复归、生产结构复归、增长速度复归，实现了计划者积累倾向，却并没有解决经济中依然存在的两种积累倾向的矛盾，消费者仍然不满足（这首先表现为对通货膨胀造成的实际收入减少的不满），也就必然提出进一步增加收入的要求，并会在实践中通过各种方式迫使计划者和企业经营者提高收入（进一步提高工资，增加奖金以及集团消费等）。于是就又引起上述过程重演一遍，经济结构和比价得不到调整，通货膨胀却持续不断。这就是人们观察到的所谓"恶性循环"

"陷阱"或"百慕大三角"现象。

9. 摩擦性通货膨胀

我们称具有上述生成机制的通货膨胀为"摩擦性通货膨胀"。

首先,它的确是一种通货膨胀:物价水平普遍提高,并与货币增多相联系。"通货膨胀是一种货币现象","没有货币增多便没有通货膨胀",这一命题在此也是适用的。

但它又有其特殊的原因和特殊的机制:它是在特殊的所有制关系和特殊的经济运行机制下,由国民收入的两种分配比例(初次分配与货币再分配)的差别,由计划者所要求的经济结构与劳动者所要求的经济结构的不相适应所引起的经济摩擦造成的。

如果用"总需求""总供给"的语言来说,这种摩擦性通货膨胀与所谓因"总需求结构与总供给结构不相适应"引起的通货膨胀[①],显然有本质的差别:我们面临的问题首先存在两种不同的、相互冲突的"总需求结构",而不是一种总需求结构与总供给结构不相适应;特别是,"总需求结构与总供给结构不相适应"所造成的通货膨胀只是一次性的,因为这种情况下总需求结构与总供给结构原则上迟早能够在通货膨胀的过程中得到调整,达到相互适应;而在我们的场合,现有的总供给结构事实上是与某一种总需求结构(计划者积累倾向)相适应的;并且正是由于这种"相适应"的存在,使得总供给结构根本不能在反复的通货膨胀过程中得到调整。

这种特殊形态的通货膨胀与西方资本主义经济中出现的各种通货膨胀都不相同,不仅是所有制基础和经济机制基础不同,而且在其生成机制和表现形式上也不相同。它不同于西方的所谓需求拉动型通货膨胀和成本推动型通货膨胀,因为后两者原则上都不涉及经

---

① 这在理论上属于"需求转移型通货膨胀",因为它的基本生成机制是需求变化和价格"拒下刚性"。有人又把它命名为"结构型通货膨胀",是犯了"重复命名"的错误。

济结构的调整①；在需求转移型通货膨胀情况下，涉及生产结构问题，但是区别在于，（同样假定两个部门）价格总水平的上涨是以投资物品价格不变为前提的，通货膨胀的结果中包含了比价的变化和结构变化；而在摩擦性通货膨胀的场合，价格普遍上涨最终是以新的、上涨了的消费品价格为基础，通货膨胀的最后结果是比价复归和结构不变。

摩擦性通货膨胀是在公有制经济机制改革过程中特有的经济现象。

根据摩擦性通货膨胀的性质和发生的过程，我们还可以给它一个"别名"，称"跷跷板型通货膨胀"：原有的经济结构及其与之相适应的国民收入分配比例A，就像是跷跷板的支点；原有的比价线，就像是跷跷板，消费者和计划者（以及生产者）分别坐在两端，前者将跷跷板压下，后者又将其翘起；每一个回合，便发生一轮通货膨胀；物价总水平就在这反复一压一翘的过程中被高高抬起。

以上我们是在"价格完全放开"的假定下进行分析的。但在现实中我们迄今为止经历过的只有：（1）传统的固定价格机制下的"被压抑的通货膨胀"；（2）"计划价格的调整"；（3）"双轨价格制"。尽管不同的价格机制下都出现一些特殊的问题，但是只要"二元主权机制"存在，价格变动的基本客观趋势都是相同的，都会发生摩擦性通货膨胀，因此都可由上述理论模型加以说明。限于篇幅，此处不作详细分析。

---

① 成本推动型通货膨胀有两种，一是原料价格上涨（石油危机），一是工资提高（工会斗争）。在后一种情况下，若假定工人的储蓄倾向与资本家不同，则在工资提高时，也会提出生产结构调整的问题（斯拉法、卡尔多、琼·罗宾逊、帕西奈蒂等后凯恩斯主义者对此都有论述）；资本家为了保持利润而提高产品价格，客观上也就达到了在新的价格水平上维持原生产结构和原比价关系的结果。这说明，工资推动型通货膨胀与摩擦性通货膨胀有共同之处，而与原料成本变化所造成的结果具有本质的差别，前者涉及经济内部的利益冲突，而后者对一个经济来说仅是物质条件的问题，把这两者同放在成本推动型通货膨胀名下，是典型的非马克思主义经济学做法，抹杀了社会经济关系与物质生产关系的区别和两类成本的区别，把不同原因造成的现象混同在一起。因此，笔者认为，由工会斗争引起的工资提高和通货膨胀也应划入摩擦性通货膨胀的范畴。

六 小结

从以上的理论分析中可以得出以下几点重要结论：

第一，国民收入分配、价格体系、物质生产结构（资源配置）、经济增长率具有相互决定、一一对应的紧密联系。我们可以称为"宏观经济运行中最基本的四位一体"。不全面地把握这个"四位一体"及其内部的逻辑关系，我们就不可能说明这当中的任何一个因素，也不可能从根本上说明任何宏观经济现象。

第二，在上述"四位一体"背后，更深一层的经济因素是（1）所有制关系；（2）各经济行为主体的偏好结构；（3）经济运行机制的性质。

公有制特别是国有制条件下积累和消费的矛盾表现为计划者（国家）追求高速增长和消费者（劳动者）追求高消费的外在矛盾，也就是两种独立的积累倾向的矛盾。它构成公有制经济的一个基本矛盾，许多宏观经济问题都根源于这一矛盾，不解决这一矛盾，便不能解决这些经济问题；而不进行所有制改革，则不可能从根本上解决这一矛盾[①]。

第三，当经济的"基本四位一体"仅在计划者积累倾向引导下运行（计划者主权机制），或是仅在劳动者积累倾向引导下运行（劳动者主权机制）的时候，经济运行机制可称为"单一主权机制"。这两种单一主权机制都可能有其自身的弊病，但是不会发生本文所分析的摩擦性通货膨胀之类的问题。这类问题是改革过程中形成的"二元主权机制"运行的产物，是两种偏好、两种积累倾向发生冲突的必然结果。现在人们感觉到的所谓"计划与市场"的矛盾以及"计划与市场相结合"所造成的种种摩擦和无效率，

[①] 笔者认为，改革国有制的基本方向是实行"国家—个人股份制"，其他方式都不能解决我们所面临的问题。参见拙作《所有制改革：国家—个人股份制》，《世界经济导报》1988年1月11日。

实际都是两种主权、两种偏好、两种积累倾向在宏观经济运行中相互冲突、相互抵触的具体体现。

第四，关于在尚未进行所有制改革之前，缓解当前各种经济问题的近期措施，本文的理论分析可以提供以下几点政策结论：

1. 如果我们确认传统机制下形成的经济结构需要进行重大调整，那我们就必须舍得花"调整成本"，舍得使一部分生产能力闲置、转移，一部分企业破产、倒闭，压缩投资，紧缩信贷，不惜增长速度下降。如果（1）计划者不在一定时期放弃高速增长目标，或者（2）想在原有的经济结构下保持全面的开工率，经济就不可能得到根本性的调整。正如有的观察家指出的那样，正在进行经济改革的国家，若增长速度仍然很高，恰恰说明它未进行真正的改革和调整；相反，一定时期内低的增长率却往往表明根本性的改革和调整正在进行。增长速度是由多种因素造成的：如果是由劳动效率提高、技术革新与引进、利用外资等因素造成的，那么当然属于"良性"的，但若是由保证原有经济结构下的"开工率"造成的，却并不是件好事，因为它必然伴随着摩擦性通货膨胀这类的"恶性肿瘤"的生成与扩散。

当然，目前的一个重要问题是中央已经难以控制地方"自主的"投资膨胀。这个问题不是本文分析的重点，但不妨顺便指出：（1）中央与地方、地方与地方之间的利益矛盾也是说明当前通货膨胀的一个重要因素；（2）在所有制关系未变的情况下，地方的投资决定权和信贷发放权必须加以限制而不是扩大。改革如果是把中央计划者的主权分散、下放给地方计划者，形成"地方分散主权机制"，其结果只能是"军阀混战"，而不是统一有序的市场经济。

2. 放弃高增长目标不等于放弃增长，不等于说社会生产就应按照目前一味追求高消费的劳动者积累倾向进行。但保持适当的增长速度的措施不应是"货币再分配"，而是控制国民收入的初次分配（以及税收再分配），控制消费性收入部分的规模（工资、资金收入，各级政府和企业可支配的集团消费和官僚消费资金的规模）。所有制关系不变，收入分配就仍应是有计划的。分配权不能轻易下放，有些已经下放了的应该收回或加以限制。只有这样，才能把国民收入的分配比例保持在与适度的增长目标相适应的水平上，才不至于再通过增发货币、通货膨胀，搞国民收入的货币再分配来实现增长。

这里的一个基本的政策思想是：前一阶段的改革中，相对于所有制改革的进程，投资决定权、收入分配权等下放得过快、过多了，因此目前应该适当收权，加强计划管理，以使经济的运行机制与所有制基础相适应，使得以现所有制关系为基础的两种积累倾向的矛盾获得某种平衡；然后再随着所有制改革的进程，进一步进行经济运行机制的"同步"改革，把权力下放给真正的市场行为主体。一种经济关系是有其自身的内在逻辑的，违背这种逻辑，或想"超越"这种逻辑，必然要导致经济的紊乱。

（原载《经济研究》1989年第1期）

非帕累托改变:既得利益与改革阻力[*]

转轨经济学有其特定的研究对象,就是研究怎么从计划经济体制向市场经济体制的转轨。本文是对体制转轨理论的一些最基本也是最一般的理论问题进行研究。它们可以存在于任何一个特殊的体制转轨的问题当中。

(一) 制度的一般含义及其类别

美国新制度学派经济史学家道格拉斯·诺斯在其所著的《制度、制度变迁与经济绩效》中明确指出:"制度是一个社会中的一些游戏规则;或者,更正式地说,制度是人类设计出来调节人类相互关系的一些约束条件。"人们每天都在谈论制度,但经济学家在如何对"制度"这一概念给出理论定义的问题上至今仍然是众说纷纭。诺斯的说法只是其中一种,其他的定义还有:制度是"集体行动对个体行动的控制";"社会制度,指的是社会的全体成员都赞同的社会行为中带有某种规则性的东西,这种规则具体表现在各种特定的往复发生的情境之中,并且能够自行实行或由某种外在权威施行";还有人把制度定义为通过传统、习惯或法律约束的作用力来创造出持久的、规范化行为的社会组织;等等。这些定义,都是不同作者在研究不同的问题或问题的不同侧面时对制度的理

---

[*] 本文原标题为"论改革过程——体制转轨的基本理论问题:改革及其阻力",最初发表于《改革、开放与增长》,上海三联书店 1991 年版;后收录于盛洪主编《中国的过渡经济学》(上海三联书店 1994 年版)。在后出版的樊纲著《中国渐进改革的政治经济学》(上海远东出版社 1996 年版),又进行了进一步的修改,成为第 1 章与第 6 章的主要内容。

解，都在一定程度上反映了制度的内涵。

我所理解的制度，就是由当时在社会上通行或被社会所采纳的习惯、道德、戒律、法律（包括宪法和各种具体法规）、规章（包括政府制定的条例）等构成的一组约束个人的社会行为，从而调节人与人之间的社会关系的规则。具体来说，主要有以下几个特征：

第一，制度总是社会性的，约束个人的行为说到底是为了调节人际关系，因而制度总是某种社会的行为规则。在鲁滨孙的孤岛上，在"星期五"出现之前，事实上不存在制度，因为不存在人与人之间的关系。而人与人之间的相互关系之所以需要调节，就是因为他们具有不同的私利，在有限的稀缺资源的条件下，不同私利之间是相互冲突的。比如，鲁滨孙要从孤岛上有限的果树上采果充饥维持生存，"星期五"也要这样做。于是两者就要制定出某种规则（也就是制度）来对果子的分配（也就是他们之间的利益关系）加以协调。协调的结果可以是鲁滨孙独占，或是两人分享，也可以是"星期五"独享。

第二，制度是对个人（或一个组织、一个团体）行为（最大化自身利益的行为）的一种约束，是对个人行动空间及其权利、责任和义务的一种界定。所谓规则，就是告诉你在一定情况下你能做什么、应该做什么，或是你不能做什么、不必做什么。这就是制度的核心内容。比如，国家规定一个企业不能未经上级主管部门或国家资产管理局批准就出卖资产，然后将其收入用于某个人或某一集体的消费。这是国家对企业的一种约束，而正是这种约束（以及其他一系列约束加在一起）构成了国有企业制度。反过来说，在国有企业制度中，受约束的不单是企业，也是国家。比如，国家对亏损企业不能见死不救、国家要对企业负债承担责任等，这些都可以说是国有企业制度对国家的约束。对双方的约束，构成了社会制度的全部内涵与外延。取消、改变某些约束或是加上另外一些约束，就构成了另一种制度。比如，取消个人或团体不得随意支配财产的约束,加上他或他们必须为自己的亏损承担全部责任的约束,就构成了私有或集体所有的财产制度。

第三,作为社会性的制度,因其基本功能是协调人际关系,从而具有公共物品的性质;对制度的选择,也就必然是在利益冲突条件下的一种公共选择。所谓公共物品,指的是在消费或利用方面不具有排他性,从而能被任何人利用或受其影响的东西,如路灯、国防等。制度作为公共物品的特征表现在它必须为大家(有关各方)所共同"消费",因为它本身就是协调公众各方之间社会关系的一种规则。比如,市场作为一种制度的一个基本内容是自愿的交易。如果只有一方自愿而另一方不愿意,就不能叫作市场,而只能叫作如"一平二调"之类的制度。作为一种实际上有效的制度,必然是有关各方都可以对其加以利用以保护自己的由该制度所规定的各种权利。但是,与其他公共物品相类似,在有些情况下,非排他性也意味着强制性消费,不管你愿意还是不愿意。比如,如果社会上多数人决定用公共税收收入组建国防体系,增加军费支出,那些不想多要军队而想增加公共教育支出的人也只好更多地"享受"国防。对于制度来说,人们之间的分歧可能更大,因为作为协调人们之间利益冲突关系的制度,可能只对一部分人有利,而对另一部分人不利(如中世纪封建王朝的苛捐杂税),但后者也被强制地"消费"这一制度。因此,社会性的制度本身包含着利益的冲突;对制度的选择,只能是利益冲突条件下的一种公共选择。

制度可以分为正式的制度和非正式的制度或称为有形的制度与无形的制度。在前面我将习惯、道德观念、意识形态等与宪法、法律、规章条例等都统统称为制度。但从发挥作用的方式上看,它们之间是存在差异的。宪法、法律、规章条例等,属于正式的或有形的(成文的)制度;而习惯、道德、意识形态等,则属于非正式的或无形的(不成文的)制度。首先要明确的是,无论是法律、规章还是习惯、道德,都是制度。因为就其基本功能来说,都是调节人际关系的一种规则,都是社会对个人行为的某种约束。早期制度经济学的理论家们更强调制度作为一种习惯的特征,认为制度的本质就是长期形成的习惯或传统。而现代的制度经济学则更强调制度是一种规则,一种各利益集团之间经过斗争而形成的社会契约。不过,我们现在或许应该更加强调一下习惯也是制度这样一个命题。

这里或许要着重说明的是,为什么习惯、道德、意识形态等都能构成人的行为规范,因而构成一种制度(虽然是无形的制度)?举例来说,一个社会在一定时期内关于收入平等具有一种由习惯、传统而构成的被多数人认可的标准。就正式的制度来说,可能没有哪一条法律、规章说一个人不能发财,不能比其他人的收入高出几倍或几十倍,或规定发财后必须与他人分享,等等;但是,在一定的社会或社区内(比如说农村地区或在亲戚朋友构成的人群中),都会存在一定的关于平等的习惯或道德规范,构成了对人们发财或发财之后的行为的约束。一个村子里,一个人发了财(首先富起来),若不与其他村民或亲戚分享,便可能被视为"黑心"、不够朋友、缺德等。人们根据习惯或通行的道德观念,自然而然并且理直气壮地找上门来要求"分一杯羹",或是个人上门来要,或是大家一起通过地方政府来要求捐助、摊派等。若不能得到满足,今后这个人便会处处受到大家的排斥、打击,使其什么事都办不成,甚至会故意破坏,造成其财产损失等。在很多情况下,发了财的人自然也就只好主动非主动、情愿不情愿地按照习惯和道德所形成的无形规则办事,与他人分享自己的收入。这种使个人收入外部化的无形制度,自然会阻碍或约束着人们追求更多收入的行为。当一个人考虑到自己必须交出一部分收入与他人分享的时候,有些盈利行为可能就变得不值得了(就像税率太高了没人愿意多生产一样)。无论正式的制度如何规定,实际中的经济行为、收入分配以及由此决定的经济运行结果,是会在一定程度上受到通行的平等观念这一非正式制度所决定的。现实中起作用的制度总和,既包括正式的制度,也包括非正式的制度。

再一个例子是国有企业的"破产法"。这显然是一个正式的制度，我们经过很大的努力，终于使之得以在体制改革的大潮中获得通过，以法律的形式昭示于众。但是，在几十年国有企业经营的过程中已经形成的习惯是国家对亏损企业给予补贴，贷款可以无限期赖账，实在不行了与其他企业实行合并，而不是宣告破产、实行清算等。结果，虽然有了"破产法"这个正式、成文的制度，但人们还是会继续按习惯办事，实际中实行的仍是现在已不同于正式制度的那些非正式的制度。结果，虽然有了"破产法"，亏损企业也在不断增多，但仍然是几乎没有企业依法破产。

另一些例子也许能说明道德或一个社会中流行的价值观念以及意识形态在经济生活中的作用。所谓价值观念，是指人们对于什么是好、什么是坏，什么是幸福、什么是痛苦，什么是值得的、什么是不值得的一种主观判断。当"无私奉献"这样的精神被社会普遍视为光荣之举的情况下，国民经济增长中的很大一部分可能就是由义务劳动创造的，同样的增长率所需付出的劳动工资成本会较低而实际利润率会较高。正式的制度中不一定有"劳动无报酬"这一规则，但实际上人们却会这样做（这其实是从另一方面破坏了"按劳取酬"，虽然是从"高尚的"一面）。反之，当社会上普遍把"无私奉献"视为"傻帽"的时候，义务劳动之类的事情就会大大减少，同样的国民总产值中所含的工资成本自然也就会增大。另一个例子是社会对经商的态度。传统的轻商思想，把商业活动一概看成坑蒙拐骗的歪门邪道，认为经商致富不光荣、不体面之类的价值观念，是制约我国商品经济发展、束缚人们开拓市场经济的一大非正式约束，虽然在正式的制度中社会早已规定要大力发展商品经济。

在以上对非正式制度的说明中，我们已经能够看出，非正式的制度，即传统、习惯、道德观念等，往往比正式的制度更加根深蒂固、更加深入人心，在社会生活中会起到更加久远的作用，因此也更加不易改变。

事实上，许多正式的制度，本身就是根据习惯、传统等而制定或创立的；或者说，某些正式的制度，是在一定的传统、习惯、价值观念、意识形态等存在的条件下被人们采纳，使它们本身得以在适宜的"土壤和气候"条件下有效的运转。比如，我国20世纪60、70年代高度平均化的劳动就业和收入分配体制（正式的工资制度或工分制度），是与几千年小农经济下形成的"均贫富"传统观念和反对贫富差别的意识形态的影响分不开的，甚至可以说，是由这种传统观念和意识形态决定的。无形制度与有形制度的这种关系，体现着制度的历史延续性，也体现着人们的观念对社会制度有效性的作用。

从制度变迁的角度看，今天已经成为无形制度的东西，往往是历史上某种有形制度的遗产——习惯、传统和价值观念等本身可能就是在过去的某种制度下形成的。比如，在公有制经济改革过程中遇到的一个重要问题，就是国家与企业、国家与工人之间的关系。改革的一个重要目标是把企业改造成为真正自负盈亏、在市场竞争中可以被淘汰的商品生产者，政府不再干预企业的经营管理，职工和管理人员的"铁饭碗""铁交椅"也要相应地被打破。但是，除了有些现实条件还不具备的因素，比如社会保障制度还不完备之外（这个因素当然是首要的），几十年高度集中管理、国家对企业实行"父爱主义"、职工的生老病死由国家包下来的制度下形成的习惯，无疑构成了改革的一种阻力。一遇到有什么问题，政府官员、企业经理和工人就都会自然地采取或要求采取由国家来管的办法，而不是去采取通过市场机制加以解决的办法，结果体制改革就难以深入，甚至还常常会走回头路。正如诺斯指出的，旧制度本身构成了新制度形成和制度变迁过程的约束。

当然，非正式的制度也并非总是阻碍着制度变迁的进程，一定的观念或意识形态会起到促进制度变迁的积极作用。诺斯就曾指出，意识形态在制度变迁中能够起到积极的作用。由于制度具有公共物品的性质，新制度的创立过程中许多人会试图"搭便车"，不为制度变革做出自己的一份贡献（付出代价），而只想享受制度变革所带来的好处，结果会导致制度的"供给不足"——没有人去为新制度的建立而努力奋斗（甚至流血牺牲）。比如，在现实生活中我们会观察到的一种大量存在的现象是，冲破旧体制的约束创立一种新制度，往往是件很得罪人的事情，弄不好会有杀身之祸（革命家）或被视为犯法（改革本身就是违反"旧法"的），而一个个人从制度变革中所获得的收益往往是微不足道的。那么，这时谁来做第一个"吃螃蟹"的人呢？这就需要有一种献身精神，一种宁可牺牲自己也要为一种事业或一种信仰而奋斗的精神，而这种精神往往就来自一种意识形态（理论或信仰）。在这种情况下，意识形态就可以起到减少"搭便车"现象，使人们把他人的幸福和社会进步看作自己个人收益的组成部分的作用，加速制度变迁的过程。

（二）"帕累托改进"与"非帕累托改变"

经济学理论上有一个重要的概念，就是所谓的"帕累托效率"或"帕累托最优"的概念。这一概念以意大利经济学家、序数效用理论和新福利经济学的重要创始人之一的帕累托命名，是现代经济理论的基石之一。

"帕累托效率"或"帕累托最优"，指的是这样一种情况：这时所考察的经济已不可能通过改变产品和资源的配置，在其他人（至少一个人）的效用水平至少不下降的情况下，使任何别人（至少一个人）的效用水平有所提高。反之，所谓"帕累托无效率"，指的就是一个经济还可能在其他人效用水平不变的情况下，通过重新配置资源和产品，使得一个或一些人的效用水平有所提高。在存在"帕累托无效率"的情况下，若进行了资源重新配置，确实使得某些人的效用水平有所提高，而与此同时，其他人的效用却没有降低（至少是不变），这种重新配置就称为"帕累托改进"。在"帕累托改进"情况下，由于没有一个人状况变坏，只有某些人状况变好，因此意味着社会福利"毫不含糊的"（这是帕累托自己的话）增进。而若在某种经济状态下，一种重新配置导致某些人状况变好，另一些人状况变坏。由于个人之间的效用无法比较，我们无法确定总社会福利水平究竟是提高了，还是降低了。这种情况就被称作"非帕累托改变"（请注意这里所用的概念不是"改进"，而只是"改变"，它不包含任何价值判断）。

（三）改革的一般情况："非帕累托改变"

现在我们来分析一下经济体制改革的情况。从总体上来说，经济体制改革一定是为了对我们的现状进行有益的改进，以提高我们整体的经济福利。人们也正是这样来为改革论证的。但是，问题的复杂性在于，在许多情况下，人们的利益是不一致的。这时，当人们说改革是好事的时候，就需要注意到一个重要的问题：你说的这个好事，是以怎样的标准出发评判的，是用谁的、哪个利益集团的福利标准进行评判的？由于经济体制的改革是社会上利益分配关系的改变，改革过程中在许多情况下（可以说在我们所能观察到的多数情况下），都会使一些人的利益受到损害，或者是受到暂时的损害。"帕累托最优"或"帕累托改进"为我们提供了一种理论上的参照系，使我们能够对各种情况的特征进行比较。而在现实生活中，特别是在体制变革这样的较大规模的变动时期，而不是在给定体制条件下对经济进行"边际调整"的情况下（所谓"帕累托最优"，就是要满足一系列的边际条件），我们遇到的更多的情况，恐怕正是"非帕累托改变"。对于现实生活来说，可能"非帕累托改变"更有重要的意义。

比如，在一种个人吃企业"大锅饭"、企业吃国家"大锅饭""干好干坏一个样"的分配体制下，必然既没人努力劳动、认真管理，也无人关心资源的合理配置，同样的资源必然只能生产较低水平的物质产出。又如，在可以通过勾结等手段实现垄断利润或利用权力进行"官倒"的情况下，就必然一方面会有一些人力、物力用于建立垄断或谋取非生产利润的目的，另一方面资源利用程度必然低于市场完全竞争的最优水平。在这两个例子中，我们可以很容易地从社会的角度出发，用某种理想的资源最优配置情况作为参照系，来论证这时经济是多么的缺乏效率、浪费了多少资源，论证它们应该如何地加以改革、改革之后社会经济效率将会获得如何的提高、使大家获得怎样的好处。但问题在于，在上述两种利益分配关系已经形成、确立的前提下，同样会是若不使某些人的利益受损，就不可能使另一些人获益，也不可能实现资源的重新配置。在第一例中，如果不能使一些人"少劳少得"，使经营差者破产，就不会有人更努力地工作，整个经济的效率也就得不到改善；在第二例中，若不使垄断者或"官倒爷"的收入减少，产出水平就不可能扩大，不可能满足资源最优配置的各种条件。在微观经济学教科书中，人们论证了取消垄断可以使绝大多数人获益，但并没有明确指出，在另一方面，那个垄断者是要受损的。总之，在这两个简单的例子中，任何使一部分人受益的改进都将是以另一些人（无论是多数还是少数）受损为前提的。

其他的例子也是这样。比如，过去计划经济体制下的价格机制是无效率的，导致资源配置不当或商品短缺，这一点多数人都同意，但是怎样进行改革可能就难以达成一致了。在存在物品短缺或潜在的通货膨胀的情况下，生产者一般都会希望立刻放开价格，而多数消费者都会反对这样做，因为这将意味着他们的生活费用要大大提高。这就是我们的计划定价制度改革起来困难重重，用了十几年的时间才实现从旧体制向新体制过渡的根本原因。企业改革也是一样。"铁饭碗"是无效率的，大家都同意，但要想对已经端上"铁饭碗"的人取消"铁饭碗"，却意味着要取消一部分人的既得利益，还可能使一部分人失业，因而是难以被这一部分人接受的。国有企业制度下对企业实行的行政管理导致政企不分，也是低效率的，但改革企业制度和政企之间的关系，却意味着取消一部分政府官员的权力，也取消许多低效率企业所得到的政府保护。市场竞争能够提高效率，但市场竞争对许多人来说是更加费力的事情（要自己作出决策、承担风险、对亏损负责），而不是更加轻松、更加保险。可以说这是习惯势力在起作用，但要想改变人们的习惯就等于是取消人们的既得利益。你也可以说改革的"阵痛"只是暂时的、短期的，但"阵痛"毕竟是"阵痛"，一部分人可能就是由于对这种"阵痛"的恐惧而抵制改革，更何况对许多人来说因种种原因所决定，可能只有"阵痛"，而很难再有"阵痛"之后更大的收益，如此等等。

在公有制经济所进行的"分权化"（放权让利）改革的最初阶段，表面上看没有什么人的利益受损，因而社会上阻力较小。放权让利的改革能够在一定程度上使公有制经济的效率水平得到改进，但它一是不可能在根本上有所改进，二是还会暴露出这种经济的另外一些问题，导致工资侵蚀利润、企业亏损加大、总需求规模失控、实际资本积累率下降等，到头来还会出现不仅没有什么权可再放、没有什么利可再让，而且进一步单纯地放权让利只能使经济情况更加恶化而并不能从根本上解决问题。因此，体制改革早晚还是要进入到更加实质性的阶段，对一些更基本的经济关系"开刀"，如打破"铁饭碗"、破除"大锅饭"、废除对经济的行政管理体制、改革产权关系等，而这时就要广泛地触及人们的既得利益。

人们当然总是希望改革是无人反对的，但在现实生活中，我们所面临的问题恰恰在于：任何一种体制改革，说到底都必然涉及利益关系的改变，总会有一些人的利益要受损；没有人受损，就不可能有人受益；或者，现在不受损，将来就不会受益。这就是说，体制改革的一般情况在理论上都属于"非帕累托改变"。改革中的各种难题，改革所遇到的各种阻力，正是由此产生的。

（四）绝对受损与相对受损；物质利益损失与精神利益损失

改革会使一部分人的利益受到损害，这当中又可分成若干种具体情况，需要加以区分。

第一种需要区分的情况是绝对受损和相对受损的情况。所谓"绝对受损"，指的是在体制改革过程中实际收入水平发生绝对的下降。这可以是一种十分现实的情况。"反垄断法"的实施会使垄断企业的收益下降；价格改革可以使许多人（消费者）的实际收入因物价水平的提高（原来被压抑的通货膨胀释放出来）而下降；国家对国有企业补贴的取消会导致企业亏损状况的暴露并导致停工以至破产，使这些企业中的工人收入下降。想一想苏联、东欧国家的情况，改革最初的"阵痛"导致生产水平的下降和多数人实际收入水平的降低，如此等等。这些都是绝对受损的例子。

不过，在改革过程中更经常遇到的恐怕还是相对受损的情况。这指的是，尽管人们的实际收入水平从绝对值上看都有所提高，但是由于利益分配规则与格局的改变，人们在收入分配关系中所处的相对关系发生了变化。过去的高收入的阶层，现在可能变成了低收入阶层，对他们来说，虽然绝对收入提高了，但是相对收入却下降了。这同样会使人们感到自己的利益受到了损害。比如，体制改革的一项重要内容就是取消特权。取消特权并不意味着过去享有特权的人们的实际收入水平下降了，而只是意味着其他人即过去不享受特权的人现在也可以获得同等的收入甚至更高的收入。这时，对于特权被取消的人来说，他们在社会上的相对地位下降了。特别是在对原来实行平均主义的经济体制进行改革的过程中，在改革的初期一定会发生收入差距的扩大，使一部分人先富起来，使一部分地区先富起来。这种收入差距的扩大，可以完全不意味着有谁的收入水平发生绝对的下降，但是差距的拉开本身意味着一些人相对地位的降低，这也会引起不满，引起反对。

相对收入是一个重要的经济学概念。这涉及人们的平等观念、社会价值标准等一系列问题，但一般地说，是一个所谓"收入的外部效应"问题。这就是说，一个人的收入，不仅对自己的福利水平发生影响，还会对其他人的福利水平发生影响；一个人不仅关注自己的收入水平，还关注社会上其他人的收入水平。社会上相对的收入关系，是与一个人的满足感相关的。当然，有的人具有"利他主义"的偏好函数，因而别人的收入与他的幸福"正相关"，也就是别人收入越高，他个人越幸福。但是在更多的情况下，人们会具有嫉妒型的偏好函数，别人的收入与他的幸福"负相关"，别人的收入越多，特别是相对于他自己而言的收入越多，他越不幸福、越感到痛苦。正是由于这种收入的外部效应，收入分配格局的改变和收入差距的扩大会导致对改革的阻力的扩大，如果这种改革意味着利益分配方式和相对关系的改变。在改革中我们遇到的根源于这种原因的阻力，会比绝对收入下降所引起的阻力更大，因而在理论上，相对受损的意义更加重要。

第二种需要区分的情况是物质损失与精神损失。这里需要指出的是，影响人们行为的因素，不仅是经济学中通常所说的物质收入，也包括各种各样的精神因素。作为人们行为目标函数的效用，本身就是一种主观的感受，在许多情况下并不能用金钱或物质的东西直接度量。利益受损不一定就只是经济收入下降，社会地位的相对下降、政治权势的削弱、荣誉感的消失、信仰被（他人）抛弃等，广义地说都是一种利益的损失，而且在现实生活中确实被许多人视为自己利益的损失。这也是我们在现实生活中经常遇到的一个问题。精神损失也是一种很难补偿的东西，难以消除由此引起的对改革的阻力。

（五）"补偿"的作用及其局限

从理论上来说，如果存在一种方式，能在资源配置发生改变之后，将新增加的收益在所有相关的行为主体之间进行分配或再分配，从而使得任何人都不受到损失（无论是相对的还是绝对的损失），那么不论最初分配情况如何，都可以说这种改变是一种"帕累托改进"。这就是福利经济学中所谓的"补偿原理"。更进一步，还有一种被称为"假设补偿"的原理（也就是所谓的"卡尔多—希克斯改进"）。

这就是说，只要能从理论上证明新增收益可以补偿损失而有余，不必真的发生实际的补偿，这种改变也可认为就是一种"帕累托改进"。这种补偿原理，对于我们思考改革的问题，也具有重要的意义。

改革的困难来自受损失利益集团的阻挠，并因这种阻挠而造成种种经济损失，那么，很显然，如果能对受损失的人进行某种形式的补偿或"赎买"，减小他们受损失的程度，以使改革的阻力减少，其减少额大于付出的赎金，就是合算的。

出于这种目的而进行的补偿或"赎买"，从本质上说是将改革受益者的一部分新增收入用于补偿受害者的损失，使其接受改革。补偿的方式，或是通过政府的转移支付，或是通过双方的直接交易，一方支付给另一方一定的好处将其"买通"。请注意我们这里谈论的是现实的补偿。在静态地比较各种潜在可能性时，我们可以只是假设补偿，而当讨论改革问题时，补偿必须是实际的，并且必须研究如何进行补偿的问题，如果不实际地进行补偿，改革的阻力就仍然不可能被消除。

现实生活中这种补偿的确在许多领域内发挥着作用。比如，价格调整或放开后由政府支付给居民的副食品补贴，有利于消除消费者对价格改革的阻力；在政府机构改革或企业经营机制转变过程中，对富余人员仍支付原工资以至奖金、福利，待遇不变，事实上将他们养起来，可以减少他们对改革的反对；对一些过去享有特权的人继续维持其权力，或是以另一种方式使他们在新的社会结构下取得一个相应的地位，等等。这种补偿性支出，严格说来是"非生产"的，因为它本身不能使国民收入有所增长，而只是对国民收入的一种扣除（比如把一些人养起来并不能使生产活动有所增加）；只有在可以减少改革阻力并因而减少社会冲突、使改革顺利进行、尽快产生出"改革红利"的意义上，它们才是一种"生产成本"，即换来了损失的减少或收益的增加。

毫无疑问，补偿或"赎买"可以说是消除改革过程中可能出现的许多阻力的一种基本思路。这种做法的实质，就是在体制转变过程中维持既得利益。通过这种补偿，实际上就把"非帕累托改变"转换为"帕累托改进"，这显然是一种理想的方式。从理论上说，除了那些单纯以收入再分配为目的的改革，体制变革是为了在新的条件下捕捉新的、更大的盈利机会。旧的体制相当于人与人之间在过去建立起来的（无论是以怎样的方式建立的），并在实际中加以贯彻的一种社会契约；而改革就是当初签约的一部分人为了捕捉新的机会而要改变过去的契约、建立新的契约；但新的契约仍然要与原来的那些人缔结，如果不能用强制的办法迫使那些人服从，就只能用维持原契约下既得利益的办法甚至进而分享新增利润的办法来与他们做交易，使他们同意进行改革，至少不强烈地反对，以使改革顺利地进行。只要改革本身确实是盈利的，能够提供足够的新增收益，对受损失的人进行补偿就不仅是可行的，而且是值得的。因此，补偿措施虽然本身是一种消极的办法，但对于整个改革过程来说，具有积极的意义。

但是，在肯定补偿措施的重要作用的同时，我们也要充分地认识到补偿作用的局限性。

改革中的补偿在很多情况下只能是部分补偿，而不能是充分补偿。这是因为，如果对受损失的人进行了充分补偿，对于社会或社会上其他人有利的改革就将所剩无几了，许多改革事实上就会名存实亡，改革的目的就不能实现。比如，如果在收入分配制度改革之后再让多劳的人去补偿不努力工作者的损失，又有几个人愿意真的去多劳呢？特别是在存在着相对收入变化对人们的满足程度发生影响的情况下，由于嫉妒心或攀比心理的作用，充分的补偿意味着要使每个利益集团的收入一同增长，继续保持原来的比例，那么到头来我们往往会发现，充分的补偿就意味着人们的相对收入没有发生改变，并没有在实质上改变任何利益分配关系，新的利益刺激机制并没有出现，干好干坏还是一个样，改革的目的并没有实现。我国经济体制改革过程中出现的"比价复归"和"收入差距复归"或"大锅饭复归"，可以说正是一种"人人嘴里塞一块肉"，结果形式上发生了改革，而实质上改革没有取得多大进展的情况。用数量关系来表达，上述理论可概括为：补偿的增加导致改革阻力的减少，但同时也导致改革收益的减少。所以，要想减小对改革的阻力，推进实质性的改革，就只能是部分补偿，适可而止；而既然是部分补偿，也就不可能完全消除对改革的阻力。比如，在上面的那些例子中，那些吃惯了公有制"大锅饭"的人或旧体制下的特权集团由于相对经济地位仍然有所下降，这时还是会在一定程度上反对改革。

从另一个角度看，补偿是一种收入的转移支付，仅这一操作本身就是费时、费钱的事情，是有成本的。补偿所涉及的面越广，补偿的成本费用就越大，这时就会有一个合算不合算的问题，这个问题导致无法给予普遍的补偿，因而无法消除所有的对改革的阻力。比如最近几年在住房改革的问题上，一种可供选择的方案是放开房价，把房租提高到与市场价相适应的水平，同时给予消费者大量的现金补贴（提高工资）。在理论上这完全是可行的，但由于问题涉及的利益关系太多、太广泛，这样做的操作成本是很大的，还包括要面临通货膨胀和经济波动的风险。

此外，在现实生活中还会有一些情况是无法用补偿来消除阻力的。比如精神损失是很难用收入再分配的方式加以补偿的。在下面我们还会看到，在现实生活中，人们可能无法使用补偿这一手段，因为在一定时期内人们还拿不出什么东西来进行补偿。

这就告诉我们，尽管我们应该在改革的每一步上都充分地利用补偿这一缓和矛盾的方法，但最终还是要面对一些剩下来的、无法消除事实上也不应消除的阻力，要充分估计这些阻力对于改革进程以及经济增长所能造成的损失。这一分析也告诉我们，补偿费用在理论上也有一个最佳值。这个最佳值如何确定，是一个很有意思的理论与实践的问题。

（六）"阵痛"及其带来的阻力

改革阻力发生的一种具体情况是由于人们虽然将在未来从改革中受益，但却不可避免地在今天、在短期内受到一定的损失，从而产生了对改革的阻力。这可以说是一种相当普遍，而且相当重要的情况。对近期内改革可能出现的"阵痛"的担忧与恐惧，是改革一再被推迟的一个重要原因。

如果我们超越静态理论的局限,把改革过程放到动态的背景下作进一步的分析,就可以看到,虽然改革总会为社会带来更大的经济福利(这其实是一个定义,而不是逻辑,因为"改革"这一带有褒义的词总是意味着改进,否则会用"倒退"之类的词),对多数人来说总会满足收益最终大于成本这一基本条件,但就像任何生产过程中只有先投入,经过一段时间之后才能有产出一样,从开始支付改革成本到改革开始见效直到改革的收益超出成本使其最终能够获得实际的补偿之前,会存在着一定的时滞,而且往往是相当长的时滞。这就是说,在一段相当长的时间内,也就是在一个所谓的改革的"阵痛期"内,对于社会上的多数人来说可能只有投入,没有产出,或者产出率迟迟不能达到补偿成本而有余的水平。在旧体制下本应得到的东西现在丧失了,而新体制却还不能提供新的东西加以补偿。对于那些较为重大、较为复杂、涉及面较广、对原体制的改革程度较大的体制变革过程来说,就更是这样。尽管人们可能能够认识到或通过宣传教育能够认识到改革总会有收益,但无论如何,在着手进行改革之后,在富裕时代到来之前,还是会有相当长的一个"阵痛"时期。可能的情况是,由于在制度转换过程中经济生活会出现一定程度的混乱,甚至是既得利益集团所制造的人为的混乱,经济增长的速度和收入增长的速度会减慢甚至下降,它会分摊到社会中每一个人的头上,使人们的生活水平因收入下降、通货膨胀、失业、社会动荡等而降低。无论人们将来的收益(预期收益)如何之高,在当前还是降低了,并且无法获得及时的补偿,因为事实上社会现在拿不出任何东西进行补偿。比如说,一些国家在改革发生的最初几年内出现了国民总产值大幅度、绝对的下降,就属于这种情况。

改革的长期性以及改革"阵痛"发生的可能性,是改革过程的一个重要性质,能够说明许多问题。如果说只要决心大,打破旧的体制就是一夜之间完成的事情("一夜"当然是不现实的,但若仅仅打破旧体制,"三百天"或"五百天"真可以是一个相当现实的计划),建立一个新的体制则绝对不会是在短期内可以完成的事情。即使我们可以在短时间内从别的国家"抄"来所有的法律、规章等制度,并开始贯彻执行,但是要想使这些"纸面上的制度"变成在现实中真正起作用的制度,发挥其应有的功能,却要有很长的时间。要使人们在新规则下开始行动起来,相互之间发生冲突,产生纠纷,投诉到制度的执行机构(如法院)加以调解与处理,破坏新制度的人受到惩罚等,才能够使"纸面上的制度"逐步变成现实的制度。在旧体制被破坏而新体制还没有实际地建立起来的时候,就会事实上存在一个制度的"真空"阶段,产生许多混乱,从而使经济增长的水平出现停滞甚至下降,使人们无法在此时期内获得改革的利益。人们在改革初期所受到的损失,就成为产生改革阻力的一个重要原因。

人们无法立即获得改革的利益,但可以预期到未来的利益。正因如此,改革的理论家们会告诉人们未来是美好的,号召人们为了美好的未来而进行改革。但是,未来总是具有不确定性的;未来与现在相隔越远,这种不确定性就越明显,其单位收益的"折现值"就越小;与此同时,当前的损失就显得越重要。因此,未来的不确定性是使改革近期内所受损失程度加大的一个原因。

总之,人们会因惧怕当前收入下降而反对进行改革,或者想改革又迟迟不能下决心采取行动,或不敢采取实质性的改革措施;即使人们最初拥护改革,当改革过程实际开始之后,人们因当前的利益受到损害,也会表现出对改革措施(任何实质性的改革措施)的不满。这种行为,被某些激进派经济学家称为群众的短视;或者被一些经济学家们称为人们的出尔反尔或无理性行为。但事实上,根本的问题不在于人们是否短视(谁能够像经济学家那样"长视"呢?),也不在于人们出尔反尔,而在于人们的确面临着利益的自相矛盾:他们预期到改革在将来会给他们带来收益,因此他们想改革;但在未收获之前,在很长一段时间内只有付出,眼前利益受到损失，因此他们又反对改革。如果再考虑到未来的不确定性问题，人们就会更加犹豫、更加保守。这一问题使得改革过程具有改革者"先挖自己的肉"的特征。

当然，这里我们也可以看到，与改革的"投入—产出"时滞相关的一个问题是人们的预期以及与"预期"形成密切相关的各种知识的重要性，看到理论家可以在改革过程中通过传播信息和知识而起的作用（从一定意义上说，理论家所能起的作用仅此而已）。

既然这里存在一个知识的作用问题，也就存在着利用知识的不完全，通过影响人们的预期而实现自己目的的可能性。改革过程中发生的许多社会冲突，都是围绕着对改革前景的预期而展开的。由于在改革的投入与产出之间存在着一定的时滞，人们在当前只能较为准确地知道现在所付出的成本有多大，但却不能准确地知道这个时滞究竟会有多长，也无法准确地知道将来的收益会有多大。无论是谁，也无论多么有知识，都不可能在一切还没有发生之前准确地预知一切，而只能对其进行估计或预期；而既然是预期，就总会加进一些人们的主观因素，这时人们就可在如何进行预期的问题上做文章。比如说，有的人可能用"明天就能过上好日子"来鼓动群众支持拥护改革；激进派可能利用尽量将"阵痛"期缩短、过分夸大未来收益的办法，用"三百天""五百天"就能成功的改革方案来号召群众跟他们走；反过来，其他人也可以用夸大改革成本、把"阵痛"说长的办法，来蛊惑群众反对改革。而对于真正想将改革推向成功而不是仅仅想利用改革来为自己谋取某种好处的人来说，最佳的策略还是尽可能准确地对改革的前景进行预测并且尽可能如实地告诉群众可能发生的一切，既不夸大改革的好处，也不过分渲染改革的风险。这是因为，如果过分地夸大了改革的好处，故意把改革说得很容易、很快就能取得成效，虽然在当时能鼓动起群众对改革的热情与支持，但过了一段时间后，人们总会逐步认识到改革并不是那么容易、那么简单，特别是当最初为了宣传上的需要而许下的一些诺言未能如期兑现的时候,就会发生过分希望之后可能产生的过度失望,出现信心崩溃,结果反倒可能对改革不利;而如果过分夸大改革所要付出的代价和改革取得成功需要的时间,其好处在于在改革开始之后可以使人们不会因遇到困难而抱怨,在尝到甜头时更加支持改革,但在开动的时候却会使改革的阻力加大。

由改革"阵痛"这种特殊原因而出现的对改革的阻力,其特点:(1)在于它不是来自某些特殊利益集团的阻力,而是来自社会上每一个人的阻力,每个人可以说都或多或少地具有反对改革的动机;(2)在于它在当前是无法通过补偿之类的措施加以消除或缓解,因为既然这种阻力发生在"阵痛期",这时社会总收入发生下降,也就没有什么东西可以拿来用作补偿。即使在实行渐进式改革的国家里,国民经济总体在增长,但仍可能拿不出多少东西来对改革旧体制的受损者进行必要的补偿。正因如此,这种阻力由于可能更加普遍而更难以克服,从而更值得研究。

我们可以说改革会对社会有利,对整个经济有利,对大多数人有利;可以说对我们大多数人来说,在短期内要付出一点代价,但是从长期来说可以受益。但是,在现实生活中总会存在一些既得利益集团,他们将无法直接从改革过程中受益,无论是短期还是长期。

在这里我们需要引入"年龄"这个因素。比如说在企业改革的过程中,对于年轻人来说,比较容易调整。富余人员"下岗",他们比较容易经过重新培训学习一些新的技能,在其他行业或企业中获得重新就业;即使自己创业、重新开始,也可以花一些时间,冒一些风险,经得起失败;更何况他们因为年轻,在国有企业就业时间不长,离开也没有太多的可惜。而对于年纪大一些的人,特别是45岁以上的老职工,让他们重新就业就较为困难。不谈学习新的技术,就是适应新的市场经济的环境就较为困难;过去的一些习惯业已形成,改起来不易;而且他们已工作多年,离退休的时间业已接近,重新开始所面临的问题就更多。对于这些人来说,改革可能就是意味着损失。如果社会保障体制的改革能为他们带来较高的收入（包括从"改革红利"中拿出一块对他们进行一定的补偿），情况还会好些，但是很显然，这种改革与可能的补偿，对他们来说是极不确定的。

若我们再把前面分析过的改革"阵痛"的情况引入分析，还能够解释为什么在体制改革、社会变迁的问题上，老年人更容易趋于保守。当一个人的期望寿命短于上述改革收益滞后时期，他原则上就不可能直接从改革中获益，甚至不可能从改革中间接获益。比如说，改革从现在开始，预计10年之后收益开始大于成本；如果一个人预计自己只能再活9年，那么对他来说，他在改革过程中所蒙受的损失根本不可能由未来的收益得到补偿或得到足够的补偿，也就是说，他不可能在改革中直接获益。再如，假定一个人属于在改革中既得利益会遭到损失的集团，若其年纪较轻，别人（受益集团）还可以通过许诺未来用改革收益的一部分对其进行补偿；但若他年纪较大，期望寿命较短，这种补偿许诺就不再有意义，因为在相当长的一段时期内，人们无法用还不存在的"改革红利"来对其进行补偿。在后面一种情况下，一个人如果仅从自身的利益出发，他自然会反对改革（当然，如果他不是仅从自己的私利出发考虑问题，而是能够想到社会上更大多数人的利益，或者想到要为自己的子孙后代的幸福考虑，那么他的行为就会完全不一样，但"利他主义"效用函数由于在目前远不是一般情况，所以能在理论上舍弃掉）。对这一类人来说，不改革、维持现状、保住既得利益，可能更好一些。

（七）相对阻力与绝对阻力

所谓"相对阻力"，指的是社会上一部分人、一部分利益集团会在改革过程中受到利益的损失（无论是物质的还是精神的损失），他们为了维护自身的既得利益而抵制或反对改革，从而构成对改革的阻力。这里所谓"相对"的含义，指的就是获益者与受损者之间的对立关系。改革在许多情况下是没有人受损就不能有人受益，社会成员可以按照改革的（潜在）获益者和（潜在）受损者的标准进行分类，这就决定了改革过程不可避免地会遇到一部分人的抵制。改革的相对阻力有以下两种具体形式：

第一，社会成员分成明显的利益集团：能够在改革中受益从而拥护改革的集团；无所谓的中间势力；因改革会给他们带来损失从而抵制改革的利益集团。这时，对改革的阻力表现为明显的利益集团之间的冲突。

第二，社会上每个人都认为旧经济体制应该改革，每个人都称自己为改革派，但每个利益集团都根据自己的特殊利益或从自己所处的特殊地位出发，提出符合各自需要的改革方案——每个人都想把体制改得对自己更为有利；人人都在喊改革或深化改革，但各人有各人的不同含义，结果大家争论不休，改革迟迟进行不下去，或发生利益集团之间的政治冲突。在这种情况下，每一方都可能指责其他人是改革的阻力，但事实上可能每个人都同时构成对有效的改革的一种阻力。这同样适用于经济学家。经济学家们提出的各种改革方案之间的差别，并不一定都反映了不同的利益，而是由其他种种原因造成的，但我们也不能否定，某一经济学家可能更多地受到某一利益集团的影响，或者他恰巧更多地听到某一集团的呼声，更多地注意到某一方面利益的重要性。这种由不同的利益目标所产生的不同改革方案之间的冲突与对峙，事实上也体现着利益的矛盾，从而产生对改革的阻力。

改革的绝对阻力指的是社会上每一个人都可能遭受一定的损失，从而每个人都具有抵制改革的动机。这主要指的就是因改革初期所发生的改革"阵痛"而引起的问题，在这种情况下，每个人都可能因对改革在初期阶段所引起的震荡、引起的生产下降而产生对改革的疑虑与恐惧，并因此而抵制改革。在现实生活中我们会观察到，仅仅是因为工人们不愿意经历工作调整时期的痛苦、政府不慎重处理工人重新安置过程的麻烦（我们这里不妨假定所有的工人最终都能找到更合适的新工作），有关对国有职工"铁饭碗"的改革就可能因阻力过大而无法进行。

在现实生活中，从总体上看，似乎很难想象存在着所有人都抵制改革的情况。事实上，当改革过程已经开始后，这种情况在现实生活中就无法观察到了，因为没有人积极地支持并进行改革，改革过程就不可能开始。但是，（1）在现实生活中观察不到的，不一定就不能从现实生活中抽象出来；（2）这种绝对阻力的作用，通常是在改革真正发生之前才会较为明显。事实上，在改革开始之前，会存在相当长的一个时期，这时人们已经开始认识到了旧体制的问题，但普遍还不愿意进行改革，这当中就包含着对改革所会引起的麻烦的考虑。就对现实现象的解释而言，改革的绝对阻力这个概念，主要有利于理解改革真正开始之前人们普遍反对改革的情况。

由于绝对阻力可能来自社会上的每一个人，因此我们可以观察到，在一些改革问题上，虽然人人都从观念上认为应该进行改革，继续按老路子走下去不是办法，但在具体的改革问题上，对某一项改革的社会支持率却很低，会发生种种冲突、摩擦。比如说，多数人可能都知道要想提高生产效率、增加收入，就必须改革昔日的劳动工资制度，打破"铁饭碗"，但是真到改革和加以实施的时候，由于一时还不能获得收益，却要在眼前失去稳定的工作和收入，还是会引起相当普遍的反感，甚至是反对，并由此引起当时工作秩序的紊乱甚至是社会的不安定。事实上，仔细分析不难发现，如果假定一切无人反对的改革已经完成，在有阻力的改革中，一切能够并值得通过补偿等措施克服的相对阻力都已经克服了之后，改革的难点都将归结为如何克服绝对阻力的问题。

社会上一部分人能够从长远的观点看问题，能够看到及时进行改革的长远利益，当然是克服改革的绝对阻力的一个基本因素。这就证明了那些能够深入分析事物运动规律的社会科学家和具有远见卓识的政治家在改革实践中的重要作用。远见卓识，不仅看到眼前的利益，而且看到长远的利益，这是一个知识结构或信息结构的问题，而不是利益结构的问题；知识的传播与宣传能使更多的人超越眼前利益而看到长远利益，但客观的经济利益结构仍然是要经过改革"阵痛"，而且对于其他知识结构没有改变的人来说，眼前利益仍然会起主要的作用。

改革的绝对阻力不是根源于不同利益集团之间的冲突，而是根源于人们自身利益的对立。这仍可看作是两种利益的对立，即长远利益（或根本利益）与眼前既得利益的矛盾。"绝对"一词在此可以有两方面的含义：（1）这里改革的阻力所体现的不是不同人之间的相对利益关系，而是自己与自己的对立；（2）由这种阻力所引起的问题，更有点"死扣"的性质——在相对阻力的情况下，还较容易通过"让利"或"赎买"等方法打破僵局，而在眼前利益受损的场合，阻力往往更不容易消除。

这种所谓"绝对阻力"，可以用来解释改革中发生的许多现象。比如像价格改革这样的事，仔细分析起来一定是对全社会绝大多数人有好处，事实上最终能为社会上所有的人带来实惠，特别是对那些占人口大多数的没有特权"走后门"购买短缺物品的普通老百姓有好处。但因为最初进行价格改革时不可避免地会发生物价的普遍上涨，所以在当初反对这一改革的最大阻力，又恰恰来自那些最终会从这一改革中获益的大多数老百姓，而且这种阻力还会相当的大、相当的普遍。国家为了实行价格改革，向居民支付了一定的补贴，但这只是将过去的"暗补"变为"明补"，而不可能充分补偿在价格改革中发生物价普遍上涨而对居民实际收入所造成的不利影响；同时，正是因为这时国家并没有拿到因价格改革所能导致的国民收入的增加额，所以根本不可能对居民的所有损失都进行充分的补偿。

总之，改革的相对阻力体现的是社会上各种利益集团之间的相对差异与相互冲突，而改革的绝对阻力体现的是人们自身利益的冲突（近期利益与长远利益），但同时也体现着在经济制度这个"公共物品"问题上的共同利益——改革"阵痛"对社会的总福利具有负面的影响。

改革的相对阻力与绝对阻力只是对问题的抽象。在现实生活中,这两种阻力往往是同时发生、相互交织在一起的。它们有时相互加强,比如有的人既要面临近期的改革"阵痛",又要面对长期的利益损失;而有时则相互抵消,比如对有的人来说,虽然面临改革"阵痛",长远来看却是赢家。改革开始后虽然大家都面对"阵痛期"的收入下降,但对于某些集团来说却损失不大,从改革一开始就能受益(当然以后的收益可以更大),就是因为他们处于相对受益的经济地位(对有的人来说,社会上越乱越能浑水摸鱼,但在这种情况下,他们支持的不是改革,而是混乱,所以不属于改革的动力)。

(八) 可消除的阻力与无法消除的阻力

前面曾经指出:(1)当社会上存在对改革的阻力的时候,可以通过补偿的办法或"赎买"的办法,力求消除阻力;(2)若我们能用补偿的办法使所有的人都在改革中不受损失,我们事实上就将"非帕累托改变"转化为"帕累托改进"从而能使改革顺利进行。这是一种十分理想的情况。

然而,通过上面对其他问题的分析,我们又看到:(1)补偿并不一定能消除所有的阻力;(2)在有些情况下,补偿本身是不可行的;(3)而在另一些情况下,补偿是不应进行的或不应充分进行的。

根据这些分析,我们可以将各种潜在的阻力区分为可消除的阻力与无法消除的阻力。在我们已经涉及的各种阻力中,以下几种情况属于不可消除的阻力,其他情况则都属于可消除的阻力。

第一,一些无法通过物质补偿而消除的精神损失所引起的对改革的抵触。

第二,无法彻底消除的相对损失所引起的对改革的抵制。

第三,与改革"阵痛"相关联的阻力。

如果在一定时期内,由于体制改革的原因,国民经济(或一局部)的总收入下降,社会上许多人会面临收入下降,这种情况不仅是产生对改革的疑虑与抵触的一个重要原因，而且那些在未来能够从改革中获益从而积极推进改革的集团，这时即使想拿出一些东西给予受损失从而抵制改革的集团，事实上也根本拿不出什么来做这种"补偿操作"。我们之所以对改革"阵痛"给予很大的重视，就是因为这种"阵痛"是使补偿无法进行或不起作用的一个重要原因，是使"非帕累托改变"无法转化为"帕累托改进"的一个重要原因，因此是改革要么充满了社会冲突，要么迟迟改不下去的原因。

对能否通过补偿消除阻力的分析具有十分重要的启示意义。在一定条件下，维持既得利益，减少对改革的阻力，把"非帕累托改变"转化为"帕累托改进"，会对改革的深入起到积极的作用；既实现体制改革，又不使许多人受到损害，这是一种比较理想的状态。当我们要改革旧体制的时候，我们得想一想能否避免使经济增长下降，能否拿出点什么来对受损失的集团进行补偿，从而能使改革进行下去。上述分析同时也能说明，事事有补偿，改革中的社会冲突就会小一点，但改革的进程也会慢一点，因为我们得等到有了补偿的手段之后，才能进行改革。

（九）发言权问题与阻力的大小

以上分析的是改革阻力产生的原因。另一种相关的问题是这种阻力会在改革的社会决策过程中起到多大的作用？来自哪一个利益集团的阻力的作用更大一些？

这个问题的实质是不同的利益集团在社会选择过程中所处的相对地位或权重是怎样的。无论人们多么强调社会平等，也无论采取哪一种公共决策制度，迄今为止人类社会都不可避免地存在着人们在社会公共生活当中地位不平等的问题。

由于种种原因，有的利益集团的发言权事实上大一些，而另一些利益集团的发言权相对小一些，从而公共决策的结果中所体现的"利益倾斜"情况就大不一样。当然，这种倾斜的情况不仅取决于社会财富的分配，而且取决于决策体制与决策方式，比如在一人一票制下，占大多数的普通老百姓的要求就可能起到较大的作用。

这里要特别注意的是：少数人利益受损，所形成的对改革的阻力却可能很大，因为人数较少的利益集团，可能在社会选择中拥有较大的发言权或决策权，因而仍有足以同人数较多的利益集团相抗衡的强大势力。比如遇到改革的问题时，若会损害他们的利益，他们就会直接加以抵制；他们人数虽少，能量却很大，所能产生的阻力，远比为数众多的城镇职工和农民所能产生的要大。也就是说，人数较少的集团，在一定条件下的公共选择中的权重却较大。而另一些人数较多，但远离决策过程的集团，虽然他们迟早会通过抱怨、抗议等方式最终使自己的要求在一定程度上体现在公共决策当中，但程度却可能低得多。总之，这些集团人数虽然很多，但是因为在公共选择中的权重较小，能量可能并不很大。这也是在改革过程中要非常重视的一个要素。

（十）小结：从利益冲突着眼来理解改革

时至今日，我们在社会上仍能经常听到有人提出这样的问题："既然已经知道某些现行体制仍是缺乏效率的，为什么中国政府还不采取措施进行改革？""既然政府知道问题所在，为什么不强制性地进行改革？"

但问题在于政府的行为与政策是如何决定的？政府有没有这样的能力采取措施进行强制性的改革？这种问题的提出反映出时至今日，人们仍然没有理解改革过程中与政府行为背后存在的各种利益冲突，没有认识到体制改革（也同任何其他经济事务一样）是一个充满利益矛盾与利益冲突的过程，正是这些利益冲突决定着改革所能取得的进展，它所面临的困难决定着政府有关改革的各种政策。

举例来说，我国关于国有企业的改革，目前进展缓慢，许多人（包括许多经济学家）抱怨颇多，总是认为既然大家都知道国有企业这种体制缺乏效率，就应该马上改革，否则就是政策失误。这些人还是没有认识到，国有企业改革不是一个在理论上论证了该不该搞就能搞成的事，而是一个关系到一亿多国家职工利益的重大事情。这是一个巨大的利益集团——按人口算不是最大的，按重要性和其能量算却无疑是我国最大的利益集团。如果这个集团的利益在国有企业改革过程中要受到暂时的或永久性的损害，如果这个集团中的人们（不一定是集团作为整体采取行动，但可能是每一个人分散采取行动）拒绝和反对进行不利于他们的改革，我们又怎么能够期望国有企业改革迅速取得很大进展？

对利益冲突缺乏理解，还会使冲突本身加剧。人们经常是从自己的利益出发来思考问题的，但往往不理解其他人的利益与自己的利益是不同的；人们总会抱怨别人与自己的要求、自己的认识不一样，抱怨他们不改革或反对改革，但却不能认识到，他们也和你一样，在维护和追求自己的利益，只不过，从他们在社会经济中所处的特殊地位出发，他们与你具有不同的特殊利益。他们反对一项改革与你赞成一项改革同样出于一种理由，即追求自己的利益最大化，而你也不能轻易地声称自己的利益就等于全体人民的利益，更无权声称代表着另一些利益集团的利益（无论是短期利益还是长期利益）。如果我们都能认识到这种利益的差异并尊重他人追求自身利益的权利，改革过程中的冲突可能会缓和一些，因为这时人们会把更多的精力放在与别人协商找到更可行的出路上，而不是放在相互攻击对方和阻挠改革上。

从历史发展的必然趋势来说，阻力总要被打破，改革总要发生（否则也就不会有真正意义的阻力）。理论上的任务就是要在认识客观规律的基础上，探讨如何尽早打破僵局，避免发生巨大震荡，减少为改革所必须付出的代价。正如前面所指出的，所谓体制或制度，就是协调和维持人与人利益关系的一种行为规则，是社会上资源配置和收入分配的一种机制；体制改革则是改变这种行为规则，实际上就是要改变人们之间的利益分配关系。改革之所以难，最重要的一点就在于在改革过程中并不是人人都能受益或同等程度地受益（人人同等程度地受益，利益关系也就没有改变），有些人甚至会受到损失或暂时受到损失。正因如此，那些受到损失或没有受益或受益较少的人就这样那样、或多或少地具有抵制或反对改革的动机，形成改革的阻力。改革之难也正难在这里。而改革方式或改革方案的选择，不同改革方案的可接受性，又都是与有关改革所引起的利益冲突、与这些改革所遇到的种种阻力的大小密切相关的。不少设计者的改革方案，十分完美、理想，但唯一的一个缺陷就是没有把人们对改革的反对、把既得利益集团的阻挠以及由此造成的经济损失当作理论模型中的一个重要变数，从而使得这样的方案因不能被社会接受而无法实施。

（原载陈昕主编《改革、开放与增长》，上海三联书店 1991 年版）

更积极地发展非国有经济

一 当前的问题与战略选择

在过去十多年的时间内,在我国的国有经济的旁边或周围(或缝隙中),已经成长起了一块具有相当规模的非国有经济,也就是乡镇企业、城镇集体经济(从工业总产值上看,这两部分占非国有经济的90%以上),非国有的高科技公司、"三资"企业以及私营企业和个体经济等。到1991年,这些以集体经济为主体的非国有经济,在工业总产值中所占的比重已增长到17%以上,在社会总产值中所占的比重已接近70%[①]。非国有经济的快速发展,以及这种发展所进一步暴露出的国有经济部门存在的问题,使国有经济的改革显得更加紧迫。于是,许多学者和实际经济工作者便认为当前和今后一段时期内的主要任务就是集中力量"主攻"国有经济部门的改革,而非国有经济既然目前相对来说发展状况比较健康,不构成"紧迫的问题",不做什么体制改革和政策调整自己也能发展,似乎只要提倡一下技术升级改造,提高规模效益,让其继续按目前的速度发展下去就可以了,不必在改革和发展的战略上引起更大的重视,无须提高其更重要的战略位置。

但是,这种观点忽视了两个方面的重要问题:

[①] 更有人出于防止非国有经济对国有经济的竞争、保护国有企业既得利益的考虑,或出于其他种种考虑,认为现在应该着重保护和发展国有经济,多给国有企业"输血",并相应地压抑非国有经济的发展。这种看法虽然更加有害,但本文不予以讨论。

一是我们整个经济改革事业所面临的"时间约束"。要想在保持社会稳定和收入增长的前提下实现整个社会经济体制的转轨，就必须在不太长的时间内，也就是在我们目前所具备的各种有利的内部和外部条件消失之前，形成较为完整的市场机制的基本框架，使我们的经济在市场的基础上进入良性循环的轨道。而对国有经济的改革，是一项十分复杂的社会工程，搞快了很可能激化社会矛盾，从而违背我们在社会稳定前提下完成改革的愿望，慢了虽可以维持眼前的稳定，却又达不到尽快实现体制转轨，把经济尽快搞上去的目的，错过了有利的时机，社会矛盾激化的可能性会逐步增大，将来所需付出的改革成本也就会大大增加，在社会稳定和收入增长条件下实现体制转轨的愿望也会落空。

二是国有经济改革本身对非国有经济发展的依赖关系。事实已经证明，没有一定规模的非国有经济的发展并以此来为国有经济的改革创造出一系列的外部条件，搞国有经济改革的难度要大得多，甚至很难搞得动；而如果非国有经济发展起来了，则许多改革的难题解决起来就会容易得多，甚至是在自然而然中获得解决。

因此，在笔者看来，当前正确的战略选择应该是：在逐步而稳妥地推进国有经济改革的同时，在当前及今后一段时期中，更加积极主动地采取各种必要的体改措施和政策措施，进一步加快发展各种类型的非有国经济，把发展非国有经济（以及相应地发展资本市场和劳动市场）提高到更加重要的战略地位，并以此带动和推动整个改革事业的前进，也为国有经济改革取得最终成功创造必要的和更有利的外部条件。

二　非国有经济的发展与市场机制的形成

现在越来越多的人已经认识到，市场机制的形成，关键不在于有一套"市场价格"，而是要有真正的"市场行为主体"，有了"主体"，它们可以自己议出合理的价格；而若没有"主体"，有了市场价格也会重新扭曲,还会发生通货膨胀。因此,市场机制的形成,就取决于在经济中是否存在越来越多的市场行为主体。

非国有经济这一范畴虽然包括各种不同的类型,但与国有企业相比,它们有着一些共同的行为特征。最主要的一点是,从基本行为方式上看,它们更接近于负盈又负亏、预算约束较硬的真正的市场行为主体。就"自负盈亏"而论,从正面说,它们是盈利的,没有盈利是不干的;盈利之后是能把自己的利润用于资本增殖的,而不是把利润尽量消费掉然后再去靠贷款进行投资。从反面说,它们亏损了是要被淘汰的,无法靠在国家身上继续维持下去;被淘汰时,失业人员不会把失业问题直接归咎于国家或政府,没有使失业变成一种"政治问题"。在经济较热的时候,它们的自我约束力较强;在经济较冷的时候,它们一方面能够通过倒闭、停产、转产,自觉不自觉地使经济调整政策得以贯彻,另一方面又较为灵活,能较快地适应新的条件和寻找新的机会发展自己,显示了较强的生命力(1989—1991年治理整顿时期,乡镇企业总产值年平均增长率达到19.1%,上缴国家税金年平均增长率达到22.1%)。

我们的经济体制已经发生了初步的变化(笔者不同意已发生了"根本性变化"的看法),市场经济机制已经开始在某些方面真正地发挥着积极的作用,经济活动中已有相当大的一部分由市场调节,按市场价格交易的产品所占的比重大大提高,较完整的市场体系正在发育,要素市场已开始出现。虽然这也是与过去一些年国有经济的改革分不开的,但我认为其主要原因正是由于非国有经济的发展,使我们的经济中出现了一大批真正具有市场行为特征的企业。

在改革之初,可以说很难估计到非国有经济会在短短十多年时间里取得如此长足的发展,并在中国经济改革和发展中起到如此重要的积极作用。同时,相对于我们在改革的其他战线上的努力,在发展非国有经济方面，我们所费的力气应该说是较小的，① 至少不能算是"主攻方向"。而结果是，在一些"主攻方向"上，成效往往不是很大，而在费力不大这一方面，却仅由于方针政策基本上符合了客观规律的要求，结果是"异军突起"，硕果累累，进展平稳，并对国有经济部门的改革和整个国民经济的发展做出了积极的贡献。这一重要事实不能不引起我们的深思。

三 国营企业改革的复杂性、艰巨性和长期性

无论如何，经济改革的最后成功，都将取决于我们大多数的国营企业（部分公用事业部门的企业除外）是否能转化为真正的市场行为主体。这一目标的实现我们毫不怀疑。但是，对于国营企业改革的复杂性、艰巨性，我们绝不能低估，不能没有一个长期奋斗的思想准备。

第一，继续"放权让利"不能从根本上解决国有经济面临的问题。国有经济的改革，核心是国有企业的改革。20世纪80年代以来，我国国有企业改革的基本思路，就是放权让利，力图通过扩大企业自主权，包括实行承包制的办法，把国有企业改造为能够自负盈亏、自主经营的市场行为主体。但是人们发现，决策权下放之后，企业虽然确实能以较大的自主性去追求利润的最大化，生产效率有所改善，但同时也发生了"滥用权力"的问题，滥发奖金、扩大集团消费，争抢资源，盲目投资，包括大量的非生产性投资："吃利润""吃拆旧""吃资本"直到"吃贷款"，种种对社会资产不负责任的行为大量发生，企业的确可以"负盈"了，但"不负

---

① 若仅就资金投入而言，《人民日报》1992年1月22日夏君文《乡镇企业跃上新台阶》指出："我国社会总产值从1000亿元到突破1万亿元，国家累计投资上万亿元，用了31年时间。异军突起的乡镇企业1983年总产值1000亿元，仅用8年时间，就跨上了1万亿元的台阶（这里当然有物价变动的因素——引者注），而且基本靠的是自我积累。"就信贷支持而言，在1991年，"全国新增的2850亿元的信贷规模中，乡镇企业仅占2.7%左右，是'零头的零头'"。（《经济日报》1992年2月13日）

亏"的问题并没有解决。"预算约束"仍然硬不起来，有些方面甚至更软。企业缺乏内部的自我约束，便只能强化外部约束，于是就出现了"收权"。这当然就把企业搞死了，结果现在一提搞活国有企业，人们自然就又把企业没搞好的问题归结为没有自主权，似乎问题就出在权放得还不够，利让得还不足，于是就要进一步地放权让利。现在人们提出的许多搞活企业的措施，从本质上说不过是要搞一轮新的放权让利：

这种"放了收—收了放"的多年重复的体制循环，不过反映了国有制经济的一个内在矛盾——放权让利可以解决企业缺乏激励的问题，但不能解决其缺乏自我约束（其实质是缺乏资本责任）的问题。因此，这种放权—收权的循环以及与之相联系的经济的波动，在一定体制条件下是有其客观必然性的。而这也就说明，在基本的体制条件没有改变的情况下，进一步放权，不能改变企业的基本行为方式，使之成为真正的自负盈亏的市场行为主体，也不能防止经济一乱之后又进入下一轮的收权。

第二，在国有经济内部实行股份制，在短期内不能解决许多根本问题。为了解决企业效率低下的问题，人们自然提出了各种所有制改革的建议。目前多数人已经比较统一于主张在国有经济中实行股份制。在笔者看来，实行股份制，可以或多或少使我们在此过程中逐步学会建立起明确界定产权的社会程序和方式、方法，因此或多或少会引起经济效率的改善。但是，就目前实行股份制的客观条件和所提出的各种股份制改革方案来看，实行了这样的股份制是否就能在有限的时间内从根本上解决国有企业低效率的问题和工资侵蚀利润率的问题，不能不说还存在种种疑问。

首先是一个迄今尚未引起充分注意的问题。严格意义上的股份制是无法在目前 2/3 以上明亏或潜亏的国有企业中实行的，因为只能带来负收益的股票是没有人要的。若要强行在这些企业中实行股份制，要么是使这些企业的资本按其现在和未来的预期盈利率大大打一个折扣，而这就涉及了非常复杂的在缺少资本市场前提下进行资本价值评估的问题（这是一个无论在理论上还是在实践上都尚未解决的问题），要么是由国家和有关企业完全控股，结果是只在形式上搞了股份制，实质上没有任何改变；还有一种办法就是将股份强行"摊派"给其他企业或金融机构，结果还是靠行政命令搞经济，很可能还要通过讨价还价附带上许多"软约束"条件，最终还是不能真正解决效率低下的问题。这就是说，即使实行股份制确实能够起到提高企业经营效率的作用，那么它目前也只能在不到1/3的盈利企业中起作用，而我们当前所面临的突出问题，主要是亏损企业如何提高效率以及如何让亏损企业破产的问题。

其次是如何搞股份制改革的问题，主要是由谁来持股的问题，第一是"国家股"问题。根据我们所面临的"初始条件"，许多股份制设想都主张（笔者也同意）现在搞股份制，只能由国家作为主要的大股东（持股份额达到占支配地位的比例）。但从改善企业经营效率和资本配置效率的角度看，由原来的国有改变为国家占支配地位控制，"局长"变成"董事长"，厂长变成"经理"，究竟能在多大程度上改变企业的经营机制，在企业内部和资本市场上是否能真正形成强有力的、在经营方向和收入分配过程中真正代表资产的一方势力，与其他利益集团相抗衡，仍是值得研究的问题。此外，一个经济中只有一个"国家"，因此还存在一个"国家股"如何进入市场，在不同所有者之间交易、转让的问题。在国家为主要持股者的情况下，国家能否参与股票买卖？如果能，卖出时就会改变控股比例，国家就失去了控制权，如果不能，就会发生别人都能在市场上行使所有者权利，而偏偏国家不能行使所有者权利的情况。而无论在哪种情况下，都面临着国家是否会利用行政权力干预、限制以至操纵股票市场上的交易活动，使股票市场功能退化的问题，面临着国家能否从现在的"当事人"真正转变为"执法者"或"一般局外人"，以便通过严格的法律制度来硬化企业约束条件、清算破产企业、制止股票市场上"内部交易"等欺诈行为等问题。这些都是值得我们深入研究的。①

其次是"企业股"的问题。"企业股",即由本企业持有、既不是国家所有,也非集体所有,也非个人所有的"企业股份"。企业所有制在世界范围的历史上不曾真正地作为一种所有制类型存在过(只在南斯拉夫近似地存在过所谓的"社会所有制企业",其结果,众所周知是极不成功的),而企业自持的"企业股份"在许多国家中是明令禁止的。企业持股第一意味着企业将作为资本所有者对作为经营者的自己进行监督,这实际会导致经理人员不受监督;第二意味着企业既可以凭空增加自己的名义资本,也可以通过自己对自己赖账的办法来摆脱应负的资本责任,结果预算约束不是硬化,而是相反,更加软化②。

所有这些不是说我们不应该努力推进国有经济内部的股份制改革,而是说股份制改革不大可能在近期内,也就是在我们所面临的时间约束内真正有效地解决国有企业的许多根本性的问题,真正改变国营企业的行为方式。

第三,"国家职工"这个利益集团的既得利益不是轻易能够打破的。经济体制改革的过程,说到底是人们之间利益关系的重新调整或重新分配过程。国有经济的改革之所以难,就难在如何打破在传统体制下形成的各种既得利益。今天在中国最难打破的就是作为当今中国最大的既得利益集团的所有"国家职工"的利益。在当前国有企业的改革中,人们更加重视企业内部经营机制的改革问题,这无疑是深化改革的一个重要步骤。打破"铁交椅""铁饭碗"等问题,从改革之初就开始提倡,改了多年却越"打"越"铁"。这次有的地方开始"动真格的",我们也确实希望从此能有新的起色。但实事求是地说,这方面改革的艰巨性、复杂性和长期性,绝不容忽视。又要保护社会稳定,又要"动真格的"触动最大的既得利益集团的利益,不经过一段时间的过渡,不等到一定的

---

①② 参见拙文《关于股份制的若干理论问题》,《改革》1991年第4期。

社会条件逐步形成,是不可能的。在健全的社会保障体制未形成之前,在劳动力市场未形成之前,在经济中没有新的收益更高的就业机会出现的情况下,特别是在企业都为国家所有、人们把一切经济利益受损失的问题(包括失业问题)都算到国家头上、政府头上的情况未改变之前,大规模地"动真格的",说起来容易,做起来难。对于个别不称职的人员,动动"真格的"相对来说还容易,但要搞"企业破产",成批地解雇"没有犯什么错误"的职工,在相当长的一个时期内都将是个难题,并且可以说是个"政治难题"。

四 非国有经济的发展对国有经济改革的促进作用

我们已有的实践经验和理论分析都表明,非国有经济的发展,可以在许多方面为国有经济的改革提供必要的外部条件,争取到更多的时间。概括起来说有以下三个主要的方面。

第一是提供"经济补偿",缓解利益矛盾。要想减小对改革的阻力,一个基本的办法就是对既得利益受损失的人尽可能地进行一些补偿。这种补偿可分为两种:一种是"收入补偿";另一种可称为"机会补偿",即为人们提供新的获利机会,使其在脱离旧体制之后能在新体制下找到发挥自己作用和取得经济收入的新的职位。收入补偿的前提是有新增收入,机会补偿的前提是有新的机会,这都有赖于经济的持续增长,有赖于国民收入的不断增加和国家财政状况的改善。而非国有经济的发展,正可起到在国有经济改革时保持国民经济持续增长势头、增加财政收入、提供新的就业机会的作用。一方面,可以将非国有经济的发展所带来的新增国民收入的一部分,用来作为体制改革所需要的补偿资金;另一方面,只要旧体制中转移出来的职工能在非国有经济中找到新的,甚至是收入更高的就业,人们就可以用新体制下的收入自动地补偿对旧体制的改革给他们造成的损失,总之,非国有经济的进一步发展,可以使我们完全依靠自己经济中新成长起来的经济成分所提供的新增国民收入，支付必要的改革成本，避免社会动荡，实现旧体制向新体制的平稳过渡。非国有经济发展得越快，提供的国民收入增量越大，新增就业机会越多，国有经济的改革速度就可以越快。

第二，提供"市场环境"，即为搞好国有企业提供一个竞争性市场的外部环境。不少中外学者都曾援引西方国家一些国有大企业的例子，来证明国有企业是能够做到高效率的。但被忽视的一个事实是，这些国有企业是在市场经济的环境中、是在大量非国有企业的激烈竞争中从事经营活动的。在这种条件下，一方面，市场价格（包括资本价格）能够较为真实地反映经济效率，从而使人们能较容易做到对资本效率和经营效率的客观评价，使得国有企业无法为自己的经营效率低下而找外部理由进行开脱，便于国家和公众对其进行监督；另一方面，也是由于非国有企业的竞争，能使国有企业经常处在不进取就要被挤垮的环境中，逼得国有企业必须不断提高效率，改善经营。我们这些年的经验也表明，正是由于非国有经济的崛起，竞争性市场逐步形成，国有企业面临的竞争越来越激烈，一方面把国营企业越来越深地卷入了市场，另一方面也在两相对照中，使得国有企业的问题暴露得越来越明显，改革的必要性、紧迫性也越来越为人们所认识。另外，非国有经济的发展，还可使资本市场和劳动市场也相应地发展起来，为生产要素，包括国有经济中的各种生产要素在全社会范围内的合理流动，创造出必要的条件。

第三，提供"行为示范"。非国有经济的发展，能在许多方面逐步影响到人们的行为方式、传统观念和社会习惯，使得在旧体制中生活的人能在潜移默化中学会如何适应新体制，以新的方式工作和生活。对体制改革的阻力，当然主要来自对利益（多方面的利益）的考虑，但同时也来自传统的习惯和既有的观念，也就是制度经济学中所说的"无形的制度"。破除"有形的制度"（法律、规章、组织结构、官僚体系等）往往还不是很难，要改革"无形的制度"却需要更长的时间，费更大的力气，我们许多改革方案，设计得很好,似乎也很全面,注意到了"配套"的问题,但一实行还是出现"走样"的问题,往往就是无形的制度在起作用。《破产法》制定容易,真正破产却不容易,因为企业的吃大锅饭,已经作为一个根深蒂固的不成文的法则,阻碍着国营企业破产的实施。在这个问题上,非国有经济的发展过程就有助于人们破除那个法则,因为它的发展向人们提供了"只有该死的死了,该活的才能更活"的示范。

五 当前发展非国有经济的若干措施

非国有经济已经有很大的发展,但也存在很多问题,其中较突出的问题是规模小、技术水平低、管理不严、存在不法行为、资本积累速度和发展速度还不够快,等等。许多人认为今后非国有经济特别是乡镇企业的发展应在调整产业和产品结构、改造技术、更新设备等方面下功夫,这无疑是对的。但我认为要从根本上解决这些问题,更重要的是要提供制度和政策上的保证,在经济制度的改革和完善上进一步下功夫,在经济政策上作进一步的调整。这主要包括:

第一,在基本制度环境上进一步为非国有经济的发展提供保障,我们应进一步明确非国有经济,包括乡镇企业、"三资"企业、私营企业和个体经济是具有中国特色的社会主义经济一个重要的有机组成部分,而不是在现阶段被"利用"来发展经济的权宜之计。这一点应以某种方式在法律和制度上作出进一步明确的保障,以稳定各方面的"制度预期"和"政策预期",打消人们"怕变"的顾虑。应该看到,当前在非国有经济中存在的一些行为不规范、发展速度不快等问题,如私人企业搞假集体、"戴红帽子",挥霍性消费严重,生产性积累率偏低,资本分散,规模效益提高不快,技术改造缓慢,等等,都或多或少是与人们感到在基本制度环境上缺乏保障相联系的。这一基本问题如能得到解决,许多具体问题是可以由当事人自动解决的。政府的首要职能不是如何通过经济政策来干预经济过程，而是提供制度保障使人们能在更加稳定的制度环境中从事经济活动。

第二，首先在非国有经济中广泛推行股份制，进一步明确界定产权关系。目前在非国有经济中，大量存在着因产权界定不清而引起的各种经济问题，如经济纠纷难以解决、"合伙"不易持久、资本积累缓慢、资本集中难以进行，等等，严重妨碍着这些经济成分的发展。这种新形式的"产权模糊"现在就在妨碍经济的发展，时间一长、规模一大就更是如此。解决这些问题的一个有效办法，就是现在开始在非国有经济中推行股份制，把个人、集体、地方政府、国家等经济利益主体的投资和利润分配，用股份制的办法界定清楚。在非国有经济中及早试行、推广股份制，既有利于非国有经济的发展，也可为国有经济实行股份制改革提供有益的经验。同时，它能够加速资本集中，更加迅速地提高非国有企业的规模效益，改变许多企业目前仅能"小打小闹"局面。

第三，调整扶持乡镇企业的政策，适当减少税收方面的优惠，扩大信贷方面的支持（对其他非国有经济形式也应采取类似的措施）。目前，在有些地区地方财政收入增加与发展农村经济对立。地方政府为了尽快增加财政收入，把大量资金用来发展地方国营企业，而不愿从资金上更多地扶持暂时提供税收较少的乡镇企业，结果，一方面，地方国营企业的摊子虽然越铺越大，但包袱也越背越重，财政紧张的状况并未缓解；另一方面，农村中许多有利可图的事业因缺乏"初始投入"而难以起步，已经起步的则难以扩大并提高规模效益。同时，对乡镇企业的税收优惠政策还导致了私人企业"戴集体帽子"，有的集体企业过两年就宣布倒闭、换一块牌子等现象。根据这种情况，我们可以考虑改变对乡镇企业实行的减免税收的优惠政策，并加强税收管理，在税收条件上做到乡镇企业与国有企业一视同仁，与此同时，对乡镇企业在信贷条件上也应与国有企业一视同仁，银行应按同样的盈利原则安排对各种企业的贷款，不能仅仅因为国营企业有政府作保或政府干预就不论是否盈利也能获得贷款，而乡镇企业等即使有利可图也难以在资金上得到更多的支持。在这种政策转变过程中，我们可以广泛采取"以保证纳税作为贷款（附加）条件"的办法，进一步使非国有经济的行为规范化，同时，随着借贷行为的增多，非国有企业与银行系统的联系将进一步加强，也便于国家对其活动进行更密切的监督，使其更好地纳入国民经济。

第四，在进行社会保障体制的改革的时候，要通过法律或规章、条例等形式，尽可能广泛地将非国有经济部门也涵盖进来，使这些部门中的就业人员也能逐步与国家职工一样享有社会保障。根据目前各方面的条件，我们应该要求非国有工商企业（包括乡镇企业和私营企业）逐步为职工提供最低限度的基本保障，还可首先在城镇私营工商企业和个体经营者中征收社会保障税并相应地由政府为其提供部分的基本保障（许多目前尚难以在国营部门中推行的制度，都可先在非国有部门中试行推广）。在非国有经济中就业人员所获得的社会保障越是与国家职工的相近，国有与非国有部门之间的劳动力转移和相互流动就越是容易，不仅有利于非国有经济的发展，也有利于国有经济部门的改革。同时，也有利于保护在非国有经济中就业的劳动者的权益，从起步阶段就建立起协调"劳资关系"的有效机制。

在发展非国有经济的问题上，我们必须有一个长远的战略眼光。今天，发展非国有经济也许并不能直接解决我们眼前的一些突出的问题，但从长远看，它却有助于我们解决经济和社会中的一些深层次的矛盾。

（原载《改革》1992年第3期）

论发展市场经济与产权关系的改革

经过十几年（甚至几十年）的探索，我们现在终于将"社会主义市场经济"确定为经济体制改革的目标。下一步的任务就是如何从各方面入手深化改革、扩大开放，积极创造条件，推进向市场经济的过渡过程。在这当中，我们必须首先认识到的一个问题是，市场经济不仅仅是一组价格，不仅仅是有更多的商品交换，不仅仅是指令性计划的减少，也不仅仅是一种管理方式。建立市场经济意味着整个经济体制特别是一些基本制度条件的变革。只有从一些基本的体制因素着手进行改革，我们才能逐步建立起真正有效率的市场经济体制，也才能真正解决我们这个经济中的一些"深层次"的问题。在各种问题中，所有权关系的改革应该是最重要的一环，因为按照马克思主义经济学的原理，所有制关系是决定其他一切经济关系的，包括交换关系和分配关系。本文试图就这方面的问题作一些分析。

一　市场经济的产权条件

1. 市场经济机制首先是一个"利益调节机制"

现在我们大家都已经承认市场经济是一种"资源配置机制"。进一步要问的问题在于它是怎样、通过什么方式配置资源的？它为什么是一种与计划经济不同的、特殊的资源配置机制，为什么这种配置方式更有效率？

经济体制所体现的不只是一种人与物、人与自然或者说人与

"资源"的关系，经济关系首先指的是人与人之间的社会关系。资源是有限的、稀缺的，从使用资源进行生产中所能获得的收入，也就是有限的，你多得了一些收入，我就要少得一些。因此，资源不仅有一个用于哪一种生产目的的问题，还有一个生产成果归谁所有、如何分配的问题。如果说前一个问题是人与物的关系的话，后一个问题就是人与人的关系问题，即利益分配问题。这两方面的问题是相互联系在一起的，任何一种经济体制，都既是资源配置机制，也是利益调节机制，也称为"激励机制"（此外，从人的主观能力与客观现实的关系上看，经济机制还是一种"信息传递机制"，本文暂不讨论）。而一种经济体制在资源配置的问题上是否能够有效率，首先取决于它能否在利益分配上最大限度地为人们提供有效配置资源的动机或激励，最大限度地减少人们为争夺收益所造成的资源损耗（即所谓的"交易成本"）。

计划经济的基本运作方式是计划者对于资源的直接调配和收益的统一分配，而市场经济的基本运作方式则是不同的利益主体之间出于各自利益最大化的动机而进行的自愿交易和相互竞争。除了信息传递方式上的差别，两种经济体制的差异主要存在于利益分配方式上，也就存在于人与人的利益关系方面。前者主要依赖于社会上人们利益的一致性，假定人们的利益可以由某种中央计划管理机构来统一地加以代表并统一地以集中计划的方式加以追求；而后者则建立在人与人利益的差异性、多样性、多元性基础上，利用每一个经济行为主体争取自身利益的动机。事实已经证明，虽然我们不能否定社会上的人们的确在一些问题上存在着共同的利益，但是，第一，这些共同的东西只存在于差异性之中，体现在不同利益主体的契约关系当中，而不能整齐划一地由一个主体（如国家或政府）的偏好或意志加以代表；第二，经济的运行若不依赖于或不能调动多个个别行为主体的利益动机，资源的配置和利用就不可能是有效率的，经济就会缺乏创新、缺乏活力。

要依赖于每个行为主体的追求自身利益的动机，就要明确界定各主体之间的权利和责任,从而真正形成不同的利益主体。"责任制"、收入分配机制等都是界定权利和责任的一些具体方式。但是,作为市场经济机制,首先要求在所有权关系或产权关系方面作出明确的界定,并在此基础上区分出不同的利益主体,形成产权明确的、多元化的所有制关系。这就是说,市场经济能够有效运行是有条件的,首先就是所有制条件,它包含相辅相成的两个方面:一是要有明确的产权关系,二是要有多元化的所有权主体。

2. 市场经济与明确界定的产权关系

有效率(这指的就是资源配置有效率)的经济体制,一个最基本的要求就是经济收益和经济责任是最大限度地明确界定的。这指的是,人们从事一项经济活动(如资源配置)的效果,要以某种确定的、清楚的、稳定的方式与进行这一活动的人的经济利益直接相关。否则,若人们知道自己绞尽脑汁、费了很大力气追求最优效果,却并不能使自己的收益有所增进(严格地说,这里的"收益"概念应作广义的理解,才可解释各方面的问题);或者预见到一项活动的获得的收益事后会被别人(交易对手或别的什么第三者)拿走,他们就不会有努力增加收入、减少成本的动机,或者早晚会失去追求最优效果的动机。同理,若一个人不必去努力提高生产效率,也能够通过"吃大锅饭"、与上级"谈判"、"吃"公有资本等方式获取收益(使别人的收益"外部化",成为自己的收益),他也不会去积极地提高效率,而是想方设法搞歪门邪道。如果交易合同所规定的权利和责任得不到保护和贯彻,当事人就要不断地陷入无休止的经济纠纷之中,市场机制在许多地方也不会有效地发挥作用,无论我们认为市场机制"应该"发挥怎样的作用。有效率的市场经济之所以能够实现资源的最优配置,首先不是因为它有一套"价格"或市场供求关系在传递经济信息,而在于它是建立在一种明确界定的权利和责任基础之上的利益调节机制。只有明确地界定了利益和责任,人们才能通过自愿的交易和自主的行为,努力实现最优的资源配置和最大的经济效率,市场经济才会得以有效的运行。

生产资料或"资本",是我们所说的"资源"的一种基本形式。在一个劳动力过剩的经济中,资本对于经济发展应该说是最重要的资源,资源配置的效率,首先就是指生产资料的配置效率。而有效地配置生产资料,就要求有一种明确界定的、能够保证收益内部化的生产资料所有权关系即狭义的产权关系。所谓所有权或产权,简单地说就是一种界定对于生产资料的权利(收入索取权)和责任(谁来承担损失)的方式。只有建立在明确界定的、能够在经济中产生最大激励促使人们普遍地(而不是只有少数几个人或只有抽象的"机构")关心和追求生产资料配置效率的产权关系,才能够实现资源最优配置的目的。

实行计划经济可以没有明确的产权,事实上,它本身的逻辑要求在它所覆盖的经济中产权至少在一定程度上是不明确的,因为只有这样才可能通过行政命令,用"统收统支"的办法和"平调"的方法配置资源。但市场经济要想有效地运行,则不能没有明确的和受保护的产权。这是因为,商品交换本身就是所有权的交换;市场经济的基本环节就是商品交换或权利的交易,市场机制所依赖的基本运作方式就是追求自身利益最大化的企业或个人的自主决策和它们(他们)相互之间的自愿交易。这时如果人们无法确定自己和对方事实上(而不是名义上)拥有什么,可以拿什么来进行交易,交易就无法进行,或者无法有效率地进行。如果在财产关系上还是"你中有我、我中有你",划不清界限,"斤斤计较"的交易就没有意义,"价格"也会被扭曲。归属不明、界限不清的产权,实际上是不能交换的产权,在此基础上商品交换也就无法进行,市场机制也就无法有效地运转。用"交易成本"的语言说,不确定或得不到保护的产权,导致市场的交易成本过大或"无穷大",从而导致市场根本无法运作,或者即使表面上运作起来了,其运行结果也是没有效率的。

由此可见,市场经济实现资源有效配置,是建立在一定的产权关系上面的；而计划经济之所以出现资源配置无效率，则也是与产权关系方面的某些缺陷（如"大锅饭"、无人对资本损失负责等）联系的。因此，我们不能只在"价格体系""供求关系"的意义上来理解市场，而要从更深一层的所有权关系（以及更广的意义的"产权关系"）上去理解市场，理解市场的运作方式和运作结果，这样才能真正实现改善资源配置的效率。

3. "一个所有者"不可能发展起市场经济

市场经济不仅要求有明确界定的产权，而且要求存在多元、多个所有权主体。这是在建立和发展市场经济机制过程中需要进一步明确的一个问题。

苏联和斯大林的经济理论有很多错误的地方，但有一点无论如何在逻辑上是正确的，那就是：如果一个经济中只有一个全民所有制，或者只有一个所有者即国家，那么，在这个经济中，就不可能存在真正的商品和商品交换，就不可能有严格意义上的市场，至少对于"生产资料"来说是这样，因为在经济学上，所谓"所有权"或"所有制"，所指的都是对于生产资料的所有关系，而所谓商品交换，说到底都要涉及财产所有权的交换。过去许多人出于发展商品经济的"好心"，千方百计力求论证出在单一的全民所有制或国有制条件下也可以有商品、商品交换，要么是用"劳动力的所有权"来取代生产资料所有权，要么是用"使用权"来取代所有权，要么是用对消费资料的所有权来替代生产资料的所有权，或者说由于在作为最终产品的消费品的交换中存在所有权的交换，因此生产资料的交换也就可以被"归结为"所有权的交换，从而可以被认为具有商品交换的性质，等等。但是，除非我们重新定义一种"商品经济"或"市场经济"，所有这些论证在逻辑上都是有缺陷的，因而是难以成立的。无论我们的动机多么良好，无论我们的出发点是什么，不彻底的理论和逻辑上不"通顺"的理论，都是缺乏说服力的，也是帮不了大忙的。

根本的问题不在于理论概念是否符合逻辑，而在于实践中是否行得通。在全世界的历史上，没有一个经济能够在单一全民所有制或国有制一统天下的条件下发展起商品交换和市场经济，在作为"共同所有者"的国营企业之间，大家的背后都有一个共同的"大老板"，盈了亏了到头来都可以在"一个锅里煮"（补贴、平调、无限期挂账等），预算约束都是"软的"，在交换和竞争中吃了亏，失败了，也还能从行政分配和计划调拨中重新"找回来"。因此，即使形式上搞了商品交换，事实上也不可能发展起真正的市场，不可能真正按照市场机制的方式合理配置资源，实行优胜劣汰。历史的经验已经充分表明，当我们的经济还是国有制一统天下的时候，我们怎么喊发展商品经济也还是发展不起来。过去所有制关系的单一化、集中化，不仅表现在国有制经济在比重上占的过大，个体、私人经济成分不允许发展，而且表现在集体所有制经济也受国家的严格控制，事实上其所有权在很大程度上是被剥夺了，只在形式上是集体所有制，而在实质上也变成了所谓的"二全民"。在这种情况下，商品关系和市场机制当然不可能在经济发展中发挥作用并得到发展。而改革开放以来，当大量各种形式的非国有经济成分发展起来后，市场经济才能真正有所发展。

总之，单一所有者不可能发展起市场经济；共同所有者之间可以"交换"，可"模拟"市场，但不可能实行真正的市场机制；只有在多个所有者存在的条件下，我们才能发展起真正的市场经济。理论的逻辑与历史的逻辑其实是一致的，它告诉我们，市场化要求所有制关系的合理化；要想发展社会主义的市场经济，首先就要大力发展以多种形式的公有制为主导、多种所有制成分共同存在、相互竞争的新型的所有制关系。

二 进一步明确界定产权关系

以上的分析告诉我们，要想建立起有效率的市场经济体制，就必须针对我们经济中存在的问题，进一步在改革所有制关系上深化改革，首先要进一步明确地界定产权关系。

在我们的经济中，目前存在着许多产权界定不明确的情况。我们这里着重分析以下三方面的问题：第一是公有制经济的产权不清，也就是对于"公共财产"的权利（其对应面就是"责任"）界定不明确。这首先表现在国有企业"负盈不负亏"，"预算约束"仍然是"软的"。"公家的钱"，花起来不心疼；价格再高，不掏自己的腰包，也不在乎；"利率"再高，也敢借钱。如果经济中的每个行为主体都以这样的方式从事经济活动，市场经济就无法正常地运行，更不用说有效地运行。

第二是国有资产的所有权归属不明确，导致国有资产交易无效率，甚至因产权归属不明而根本无法进行交易。比如究竟由政府的哪一个部门代表并行使国家对国有资产（包括土地）的所有权（不是管理权或使用权），至今在许多方面还是不清楚的。在过去不存在企业破产（清偿）、兼并、出售资产以及土地转让等财产交易活动的情况下，这种"不清楚"还不至于引起什么问题，但现在要实行市场经济，这种"不清楚"就会导致交易（特别是与非国有企业或个人之间的交易）无法进行——要么是导致一种资产根本不能交易，要么是几个单位相互扯皮，谁都不想负责，又谁都想要好处，结果什么事都无法进行。还有，什么财产归国家所有，什么财产归地方政府（某一级政府）所有，什么财产归企业或单位所有，目前在很大程度上也是模糊的，这也导致有关的财产无法成为"可交易的"。从资源配置是否有效率的角度说，最重要的是产权要明确，而不在于归谁所有（归谁所有的问题关系到收入的分配或"平等"的问题以及谁有"激励"来关心资本收益的问题），因此当务之急是先把产权明确起来，使资产本身被"推进"市场。

第三是非国有经济或非公有经济的产权缺乏明确而有效的保护。应该承认，在非国有经济中，目前也存在着大量产权不明的问题，但我以为当前首要的问题是如何使产权得到有效的保护。不能受到明确保护的产权,事实上也是一种界定不明的产权——随时可能被别人"剥夺"的权利,不仅是打了折扣的权利,而且是以不确定的方式打了折扣的权利。我们有许多保护国家财产不受私人侵犯的法律、规章和制度,但如何在私人与私人、私人企业与公有企业(特别是国有企业)、私人与政府之间的经济交往中,保护非公有经济的合法权利,特别是在国家和集体面前保护私人的合法产权,至今仍是一个有待进一步解决的问题。私人企业、家庭农户能否不受地方政府各种非法"摊派"和官员的各种"拿要"的侵犯?政府能否有效地保护私人业主(特别是那些"先富起来"的人)的财产不受侵犯并使他们能正常地从事生产经营活动而不受各种侵权行为的干扰?特别是,私人财产和私人合法从事市场经营活动所取得的收入(无论多么大的收入),能否不再受政治运动或政治风波的冲击成为任意"被剥夺"的对象,不再有被搞得"倾家荡产"的危险?就是说,私有财产能否与公有财产一样在法律面前具有"神圣不可侵犯的"的平等权利?这些显然需要尽快地作出回答。市场经济中平等的交换要求以平等的产权为前提。对产权的保护是市场经济的一种基本的制度条件或"制度环境",没有这样一种制度环境,资本的积累和生产的发展就会受到阻碍。现在我们经济中出现的种种现象,如私人、个体经济积累率不高,人们不敢"露富"、不敢扩大经营规模,大量收入被用于奢侈性消费甚至被转移到国外(所谓"个体户的归宿是到国外定居"),等等,都是与对私人产权缺乏有效的保护分不开的。事实已经表明,产权得不到有效的保护,市场就不可能健全,名义上有了市场,资源的配置还是不可能有效率,人们就要把资源配置到奢侈品上去,甚至配置到国外去(对于我们这个资本为最稀缺资源的国家来说,这是一种最严重的"资源配置无效率")。

针对这些情况,我们现在应该进一步抓紧产权关系方面的改革。在国有制经济中,应该首先通过股份制改革,通过界定"股权"的方式,将尚不明确的产权关系尽快明确起来,一方面确定所有权主体，另一方面使所有权量化，从而使所有权本身成为可转让、可交易的，使之适合于市场配置方式的要求。对于非国有经济和非公有经济，则要通过完善有关财产关系的立法和法制，明确地保护各种所有权，稳定投资者的制度预期和政策预期，鼓励个人积累生产性资本。从整个经济的角度说，我们在现阶段应该积极鼓励各种形式的非国有经济和非公有经济的发展，使经济中形成更多的真正能够做到自负盈亏、特别是真正对资本效率关心并负责的市场经济行为主体。

三　发展非国有经济与所有制结构合理化

在进一步明确界定产权关系的同时，当前发展市场经济的另一个重要任务，就是要努力发展各种形式的所有制关系，使所有者多元化、所有制结构合理化。

1. 当前的重点是积极发展各种形式的非国有经济

从过去国有制一统天下的计划经济向多元化、多个所有者并存的市场经济要求的所有制结构过渡，我们现在的任务，除了对原来的国有企业进行股份制改造外，主要的任务就是大力发展起各种形式的非国有经济，在整个社会的所有制关系中加进更多的新成分。我们过去的经验业已表明，市场经济的发展，有赖于非国有经济的发展。

经过十几年的改革开放，我国的市场经济机制已经有了一定程度的发育，已经在资源配置上起着越来越大的作用。这当然是与过去一些年国有经济的改革分不开的，但我认为其主要原因不是我们国有经济部分的体制改革已经取得了根本性的突破，已经实现了由旧体制到新体制的转变，而是由于经过1978年以来的改革开放，在我们的经济中，在旧体制的旁边或周围（或缝隙中），已经成长起了一块具有相当规模的非国有经济，也就是乡镇企业、城镇集体经济（从工业总产值上看，这两部分占非国有经济的90%以上）、非国有的高科技公司、三资企业以及私营企业和个体经济，等等。到 1991 年，这些以集体经济为主体的非国有经济，在工业总产值中所占的比重已增加到 47% 以上，在社会总产值中（加上农业和商业等）所占的比重已超过了 50%。正是这些新的所有制成分，使我国的所有制结构发生了变化，形成了一些真正独立的市场行为主体，使市场竞争机制开始发挥作用，并通过加大对国有企业的市场竞争压力，迫使后者转变经营体制，适应市场经济的要求。

非国有经济这一范畴虽然包括各种不同的类型，但与国有经济相比，它们有着一些共同的行为特征。最主要的一点是，尽管它们在发展过程中还存在着这样那样的问题，但从基本行为方式上看，它们更接近于负盈又负亏、预算约束较硬的真正的市场行为主体。在经济热的时候，它们的自我约束力较强。在经济较冷的时候，它们一方面能够通过倒闭、停产、转产，自觉不自觉地使经济调整政策得以贯彻；另一方面又较为灵活，能较快地适应新的条件和寻找新的机会发展自己，显示了较强的生命力。从宏观经济运行的角度看问题，非国有企业虽然也会投资失误，也会经营不善，也会发生欠账不还等现象，与国有企业没有什么不同；但是在我们的现行体制下，有一个重要的区别必须看到，那就是非国有企业欠账不还，基本上只是"一次性的"，不会像亏损的国营企业那样可以成为财政补贴的新的支出对象，不断地加重国家财政的负担，也不会成为需要银行不断追加新贷款以维持其生存的新的"无底洞"，不会一边还不上账，欠账越挂越多，另一边还不断地能够借到新的贷款。市场经济条件下出现决策失误，出现"坏账"，总是难免的，国外每天都有大量的企业在破产倒闭，市场经济的运行规律就是不断地优胜劣汰；但若企业本身真的是"自负盈亏"的，这些"坏账"的负效应就是有限的，不会使资源的无效利用进一步无限扩大，也不会引起国家财政支出的进一步增长和宏观资金运动上的进一步失控。这些都是一个有效的市场机制所必需的"微观行为基础"。

2. 坚持以效率标准对待所有制结构合理化的问题

在发展非国有经济、使所有制结构合理化的问题上，我们要明确地从发展市场经济、发展社会生产力的角度来对待所有制结构，而不能主观主义、先验主义、教条主义地来看待问题，人为地设置界限、障碍，特别是不应动不动就来规定什么人为的"比例"。

就经济发展与社会进步来说，所有制只是手段，而不是目的；我们不是为了巩固某一种所有制关系而去发展经济，相反，是为了发展经济、发展社会生产力而去调整、改革和合理化所有制关系。马克思列宁主义的创始人从来都是由于他们认为在资本主义发展起社会化大生产以后实行公有制更有利于社会生产力的发展，才认为未来社会应该实行公有制，而不是因为他们将公有制本身作为一种绝对的标准或信条来加以追求。但在有些人的眼中，一切似乎是颠倒的，似乎最重要的是实行什么所有制，而不管是否有利于生产力的发展，不管人民是否有饭吃，不管地里是否只长"草"不长"苗"；所有制本身似乎成了评判一切的标准，而不是由生产力标准来评判所有制，不是根据社会生产发展的要求不断地调整和改变所有制关系，而是不顾生产力发展要求使所有制关系孤立起来、僵化起来。

所有制与社会平等相关，但第一，导致普遍贫穷的所有制关系，最终必然会遭到普遍的反对，我国曾实行的"一大二公"的人民公社制度就是一例；第二，因产权模糊导致经营无效的企业能吃国家的"大锅饭"，不努力劳动的人能吃企业的"大锅饭"，事实上也是一种不平等，并且是鼓励低效、鼓励懒惰的那种不平等；第三，社会平等并不是仅与所有制关系有关，而是还与收入再分配有关，在同一种所有制关系下还可以通过各种收入再分配手段来改善社会平等状况，实现社会平等的目的。在任何社会中，平等与效率之间总存在着一定的矛盾，社会主义要达到的目的是共同富裕，而不是共同贫穷。因此，平等不能以经济低增长、生产力发展缓慢为代价，而是要在效率提高、收入增加的前提下增进平等，并随着经济的发展而逐步发展起适应新经济条件的社会平等观。那种以平等为绝对标准来判断所有制关系的做法，不仅要以整个经济的低效率为代价，并且在事实上只能是保护落后，保护一小部分人的既得利益，其结果也是与真正的平等原则相悖的。

总之，我们调整所有制结构的根本标准，只能是生产力标准，也就是经济学中的"效率"标准，而不能是别的什么标准。人为地设置比例、加以限制，而不是谁更有效率、更有活力就让谁发展得更快，实际上就是保护落后，保护既得利益，口头上说搞市场经济，实际上还是否定市场竞争，抗拒客观规律。在一定历史阶段上的各种主客观条件下，什么样的所有制结构或"比例"更符合生产力发展的要求，更有利于经济效率的提高，我们就应努力去实现这样的比例，在不知道什么比例最优的情况下，就采取"缺什么补什么"的办法，哪个更有效率、更有利于生产力的发展就更多地发展哪个，使所有制结构趋于合理化。我们事实上不知道在目前条件下和今后一段时间内哪一种非国有经济与国有经济、公有制与非公有制经济的具体比例最符合生产力发展的需要，但我们知道当前的非国有经济、非公有制经济的发展还很不够，很不适应市场经济发展的需要和生产力发展的需要，因此我们就应该努力地去加以发展。今后究竟应达到一种什么样的比例，各种经济成分在整个经济中、在各部门中究竟各自应占多大的比重、应起怎样的作用、扮演怎样的角色，可以让市场竞争本身去进行选择，根据效率的标准、生产力标准在实践中加以确定，而无须我们现在就先验地、主观主义地加以人为的规定，并为作此规定而争论不休。所有制关系"合理化"本身是一个"动态"的概念，它的具体要求是随着生产力的发展而发展、随着各方面条件的变化而变化的，不存在绝对的、一成不变的、在事前可以确定的模式或"比例"。

（原载《改革》1993年第1期）

两种改革成本与两种改革方式

体制变革的方式问题，是当前制度经济分析和"过渡经济学"的一个焦点问题，吸引着世界上一大批经济学家的研究兴趣。两种基本的改革方式，即"激进式改革"（"休克疗法"）和"渐进式改革"，究竟孰优孰劣？不同的国家为什么走上了不同的道路？如何解释不同的改革方式所面临的特殊问题？无疑，这些都是摆在经济学家面前的重要理论任务。改革方式的问题，可以从许多不同的角度进行分析，各种分析所得出的结论，可能相互支持，也可能相互校正。本文力图提供的理论分析的特殊角度是：体制变革的成本是可以进一步划分的，而不同的改革成本与改革方式、改革的"激进程度"的关系是不同的；若仅从某一种改革成本的角度看，"渐进式改革"总是"次优的"，而若从另一种改革成本，如对改革的"阻力"所引起的社会成本看问题，那么"渐进式改革"本身在一定的条件下就可能是"最优的"。

一 体制改革的基本问题，改革的收益与成本

1. 引言：有关目标、约束与方式的一般性问题

经济体制改革的要害就在于要改变人们之间的利益关系。为了说明经济体制改革中的利益关系的变化，并用利益冲突来解释改革过程中的各种问题，我们将假定除经济内部的利益关系所形成的约束之外，体制选择没有任何非经济的外部约束，任何一种体制选择都是可能的（选择无约束，不等于实际上改起来无约束）。如果我

们把比如说"意识形态"的取舍和政治权力的分配,视为经济系统的"内生变量",同样取决于人们的某种利益需要和利益斗争的结果,将各种"非经济约束"和"非正式的约束"都看成整个制度的一个组成部分,那么,显然,我们要说明的问题,总是首先在于利益关系本身(诺思,1990;皮拉特,1991)。

我们要分析的问题是原有的公有制集中计划体制(改革的"初始体制")如何进行改革的问题。由于现在多数人已经同意我们必须向市场经济的方向改革,因此,我们有理由假定(1)改革的"目标模式"已经是确定了的,而且(2)改革方式的差异并不导致改革结果的差异。现实的情况当然并不完全是这样,各人心目中改革目标可能并不一样,对"市场经济"本身的理解也可以大不一样,改革方式的差异在事实上总会或多或少地决定着改革成果的差异(穆瑞尔,1992)。采取这一假定,第一是表明"目标模式"问题不在本文讨论的范围之内;第二是相信,这个问题对于许多读者来说,已经在心目中解决了;第三,也是由于在笔者看来,虽然"手段"总会在一定的程度上决定"结果",但最终"结果"的基本特征或基本原则,是由社会经济发展的一般规律决定的,"手段"只决定一些次要的"变异"。

2. 收益与成本:改革的动机与阻力

我们先来定义一下本文中收益与成本的概念。在本文中,当我们说"改革的收益"或"改革的成本"的时候,都是从"社会成本"的角度出发的,尽管"社会成本"或"社会福利"这样的概念在运用时往往会遇到许多麻烦。个人的收益或成本(损失),则将冠以"个人"或私人这样的修饰词。收益和成本本身,应作广义的理解,而不能仅理解为经济收入,对个人来说,尤为如此。但从社会的角度说,本文中的改革收益和改革成本的概念,指的主要就是国民收入的增加和扣除。比如,"紧张不安",对个人来说是一项重要的"负效用",但我们并不把社会上出现的"紧张不安"的总和,计为改革成本中的一项;只有当这种"紧张不安"导致社会冲突加剧和经济秩序混乱并因此而使国民收入增长速度下降的时候，我们才将那个国民收入损失额计为"改革成本"。这是一种简化了的考虑问题的办法，但在本文的分析中，不影响结论的正确性。

在"理性行为假定"下，体制改革之所以发生，总是因为新的体制能给人们带来更大的好处。一般地说，体制变革的目的是在新的、变化了的内部和外部、主观和客观条件下，捕捉新的获利机会，使人们的经济收益有所提高。适当定义的"新增收益"，总是构成体制改革的动机，无论改革者是政府还是个人或某些利益集团，是以"社会利益"为行为目标，还是以其私人利益为行为目标。从这个意义上说，改革总是"诱致性的"。

但是，正如任何"创新"活动都是要付成本的一样，体制改革即"体制创新"也是要付成本的。小到机构易名时重新制作一块"单位名牌"，大到为推翻一个国家政权进行战争时成千上万人的流血牺牲，都可算作制度创新的成本。在一定条件下，过高的制度变革成本会使得制度变革本身成为"不合算"的事情（至少是对于从事改革的那一代人来说是不合算的事情[①]），使其迟迟不能实现。所以，体制变革实际发生的前提条件，不仅是新制度运营起来之后所能提供的净收益（总收益减去运营成本）大于旧制度的净收益，而且必须满足以下条件：

$$W_n - TC > W_o$$

其中 W_n 为对于实行制度变革的（这一代）人群来说，新制度运行起来之后能为他们提供的一生内的预期收益；TC 代表同一群人为改革制度而付出的种种代价，即"改革成本"（Transitional costs）；W_o 代表旧制度所能为他们提供的净收益。不等式表明，只有把"改革成本"也考虑进去之后新体制的收益比旧体制高，改革才会实际地发生。

[①] 若假定人们把"子孙后代的幸福"当成自己的幸福，理论分析会更加复杂一些。本文将忽略这个因素。

给定 W_n 和 W_o，改革成本 TC 越大，改革越难。旧的体制有的时候"改不动"，改革之路有时显得"走不通"，不是因为别的，正是因为所面临的成本太大。因此，给定新旧两种体制本身的"收益"，改革的问题就可以归结为"改革成本"的问题。改革理论的核心其实正在于此。本文的基本思路就是：在体制的初始条件（W_o）和目标模式（W_n）都给定的情况下，改革道路的选择问题将被归结为改革成本 TC 的最小化问题。

3. 改革的本质特征在于它是"非帕累托改变"

如果对于社会上的每一个人来说，都存在人均的 $W_n - TC > W_o$（成本相对地均匀分摊），再假如每一种成本支出都能立即因获得收益而得到补偿，社会上每一个人都在改革中获益而没有人受损，那么一般来说改革将是顺利的，不会遇到多大的阻力，因为这时改革的过程属于"帕累托改进"（现实中的某些具体改革措施在一定范围内可以被视为"帕累托改进"）。但问题在于一般的情况恰恰不是这样：经济体制改革实质就是要改变人们之间的利益关系，在这当中总会有人受到一定的损失，而不是只有人获益而无人受损。这可以因以下三方面的原因所造成：一是由于体制变革，导致一部分人将失去在旧体制下的种种既得利益，既包括权力、地位、特权等少数人才有的既得利益，也包括"铁饭碗""大锅饭"等相当多数人都能获得的利益；若一个人失去了这样的既得利益，又不可能在新体制中获得相应的替代物，发生了实际收入水平的绝对下降，他就会反对改革。二是由于改革虽然最终来说能使社会上绝大多数人获益，但大家最终获益的相对多少是不同的；即使所有人的收入绝对水平都没有下降甚至有所提高，但从相对收入的角度看，只要有的人在社会收入结构中，与他人相比，收入的相对水平下降了（或者"社会地位"相对下降了），他们也会感到自己受到了损失，也会反对改革。三是即使把"补偿"的因素也考虑进来，人们可以用改革所带来的高额收益对受损失者进行一定的补偿，也还是不能完全解决问题。这首先是由于不可能实现"完全的补偿",一直补偿到人们的相对收入水平都不变。因为如果进行这样的补偿,利益关系的格局事实上没有发生变化,改革也就根本是一句空话,可以视为没有发生,或者说只是一种"假改革"。其次,即使只进行绝对(实际)收入水平的补偿,由于改革总要有一个过程,在"投入"与"产出"之间存在着一定的时滞,使得人们不可能用未来的收益来对在当前改革中受到损失的人们进行及时的补偿(或者说无法进行及时的"赎买")。这可以视为"这一代人"与"下一代人"之间的相对利益关系变化所引起的特殊问题——对于那些"期望寿命"较短的人来说,可能只有投入,而没有获益,对他们来说,改革只是一种"非帕累托改变"(樊纲,1991)。

改革的这种性质,决定了改革过程必然会遇到各种各样的阻力,并引起一系列的矛盾冲突。本文的核心命题就在于,我们绝不能将改革过程当作一个所谓的"帕累托改进"问题来研究,而是要特别着力于对其作为一个"非帕累托改变"过程中所必然会遇到的"社会阻力"进行研究。

二　两种改革成本,实施成本与摩擦成本

在关于改革道路的分析当中,关键的一个环节是要认识和区分两种不同的改革成本,否则我们就不能解释许多问题。

1. *"实施成本"*

对于体制改革的最优道路问题,许多经济学家进行了大量的分析论证,其中许多都在理论上支持了所谓的"激进道路"。一种最基本的论证是:由于旧体制是缺乏效率的,如果由它出发,向新体制过渡,采取"分步走"的方法,每走一步时经济都仍然是处在"次优的"无效率的状态之中,而且每一步的结果很可能离效率最优状态不是更近,而是更远;每一次小的调整,都不必然使下一步的改革更容易,而是很可能更难;经济长期处在无效率的状态之

中，甚至可能在最初的改革发生之后，经济"扭曲"的程度变得更大而不是更小，从而使经济在改革过程中所付出的成本更大。相反，若采取"一步走"的剧变式方法，以尽可能快的速度将旧体制打破，按照"目标模式"的最优方式重新构造经济体制，在最初阶段上改革成本可能要大些，甚至引起一定的社会动荡，但由于能使经济结构较快地"跃到"最优状态，避免长期信号扭曲、资源配置无效率所造成的损失，总的来说成本要小些。这一分析，构成了"激进方式"的主要理论依据，许多经济学家，特别是理论经济学家，正是根据这一理论，提出了实行一次性放开内外市场、大规模所有制改革等激进变革的政策建议；激进变革甚至一度成为国际经济学界的一种"共识"。

另一些可以适当定义的成本，也可支持"激进主义"的方法论。比如，体制改革实际上是人们相互之间废止旧"契约"，重签新"契约"的过程（制度本身就可以看成是人与人之间相互制约的一种社会契约）。"重新签约"这件事本身是要花费成本的（一种交易成本）。比如，如果发生产权关系的变革，重新进行资本价值评估，重新界定人们的权利和义务，制定新的契约和保护新契约关系的法律规章等所需的时间和费用，以及人们学习、适应新的规则或关于新体制的"知识"[①] 所需要的时间和以各种形式所付的"学费"，便都可视作这种"重新签约"的成本。"一步走"的方法，最初重新签约时费的力气要大些，但可一次成功（现实中这一过程需要多长当然要另当别论），而"分步走"，虽然最初不需花费太多的签约成本，但以后却要反反复复地重新签约（比如，价格每"调整"一次就要重新修改一次生产

---

① 正如有的经济学家指出的那样，制度可以被视为一套关于人的行为、人与人相互关系以及社会行为规范的"知识"，当旧的"知识"不再适用而新的"知识"又没有被掌握时，经济生活就会出现种种紊乱（穆瑞尔，1992）。无疑，新知识的掌握是需要一定时间的，"正式制度"的迅速改变，并不能一下子使人们掌握有关新规则的知识；但"正式的制度"的确立，却有利于稳定人们的制度预期，使人们认真地学习新制度。

销售合同），改革目标本身也会在过程中不断地加以修正（这可以说是实践中的渐进式改革的一个重要特征），每一次都要重新"沟通"（communication），新签订的东西又都不是最优的，而且绝不意味着下一次重签时就可以少花些时间、精力与金钱，所以总的算起来成本可能会更大些——"重新签约成本"是重新签约次数的增函数。

我们不妨将以上所分析的种种因素统称为体制改革的"实施成本"（Implementing costs）。在概念上，它包括改革过程开始之后一切由体制决定的"信息不完全""知识"不完全、制度预期不稳定所造成的效率损失（以理想的"最优状态"为参照系）。从某些时点上看，改革时期经济中发生的效率损失可能比改革之前经济处于旧体制之下时还要大（出现"额外的"损失），这是因为旧体制造成的经济信号扭曲的问题还没有解决，改革过程中新旧体制各自发出的"信号"相互冲突、人们不适应新体制，缺乏有关新体制的"知识"等原因又会造成经济生活中更大的紊乱（就像企业"转产"时会发生一定的"停产期"的道理一样）。从一定的时期来看，不同的改革方式的总效率损失会是不同的，一般的假说就是：激进式的改革可能在一开始时出现较大的"震荡"从而造成较大的损失，但若能在较短时间内完成过渡，损失会迅速减小；而渐进式改革则因经济长时期处在信号扭曲的状态之中，人们必须"多次签约"等，经济损失的总额较大。[①] 总之，在数量关系上，

[①] 为了避免把一切都归结为"机会成本"，研究改革作为一种"创新"过程所耗费的特殊成本，我们以"理想状态"的体制为参照系，考虑改革过程中各种情况下经济中存在的"效率损失"，并以此为基础计算改革的成本。改革成本无疑应包括改革过程本身造成的一些"额外"损失，但问题在于如何计算旧体制"遗留"下来的效率损失。本文采取的简便方法是假定以改革之日起，无论是激进的改革还是渐进的改革，经济中存在的一切效率损失都算为改革成本的一部分。由于本文的目的是研究不同改革方式的差异与选择问题，而不是研究改革与不改革的"机会成本"问题，这种方法具有合理性，也不会影响结论的正确性。更进一步，如果从理论上适当地定义旧体制效率水平和改革时期效率水平的动态曲线，把整个问题都放到动态过程中加以分析，上述问题是可以解决的，只不过方法上更复杂一些。

我们可以假定改革的"实施成本"是改革"激进程度"的减函数，或者说，是一种改革方案（改革方式）所需时间的增函数——改革的速度越快，改革所需的时间越少，信号扭曲的问题越是尽快得到彻底的纠正，社会越是较快地建立起新的体制以使人们尽快地形成关于新制度的"知识"并在此基础上形成新的稳定预期，经济所面临的损失就越小，反之则越大。单从如何使这种实施成本最小化的角度来看问题，"一步走"的激进改革方式相对于渐进改革方式显然具有优越性。

2."摩擦成本"

现在要指出的是，在改革方案的选择问题上，人们所面临的不仅是以上一种"损失"，而且还面临着另一种损失，即因社会上某些利益集团对改革的抵触和反对所引起的经济损失。

这里的核心问题就是我们前面已经指出的，体制改革作为人们之间利益关系的一种改变，总会有一部分人的利益要受到绝对的或相对的损害，因而具有"非帕累托改变"的性质，它必然地要受到社会上一部分人的抵触和反对。这种"对改革的阻力"是一种客观的存在，不管人们如何从道义上加以谴责，如何指责他们"不顾他人的利益"或"社会上大多数人民的利益"，如何"短视"，这种阻力仍然存在。而且，问题不仅在于改革会遇到阻力，而且在于这些阻力会引起"成本"，即引起一系列的社会冲突，并造成各种经济上的损失——人们因为自己在改革中利益将受到绝对的或相对的损害而反对改革，或是在整体上反对改革，或是在许多具体的问题上反对改革，并且会采取实际的行动对改革制造种种障碍，导致经济上发生实际的损失。

这种由"改革阻力"而引起的损失可以有多种形式。首先，一部分人为了不使自己的利益受损，千方百计阻挡整个社会进步的历程，对改革设置重重障碍，迫使社会浪费大量的时间去进行关于要不要改革的争论，延误改革的有利时机，延长旧体制的寿命，不能及时地使经济效率有所提高，造成资源的浪费。其次，改革进程开始以后，也会遇到来自既得利益集团各种各样的抵抗，造成种种经济损失。小的抵抗会搅得企业生产无法正常进行，流通渠道受阻，比如工资劳动制度改革后收入下降或相对下降的人会故意消极怠工或破坏生产秩序，企业或部门故意减少生产或故意不向市场提供产品；大的抵抗会导致社会不稳定，出现社会危机甚至武装冲突（战争是制度变革成本的最高形式）。社会政治危机不仅本身耗费大量资源，也会影响到整个经济的正常运行，在国有制经济的改革过程中就更是这样。再次，种种形式的旧体制"复辟"。任何一种体制"复辟"或改革过程中的"曲折"所能造成的经济资源的浪费是一个不可忽视的数量（一个最小的例子是某些政府机构"分了又合、合了又分"过程中发生的资源的浪费）。最后，为了克服改革的阻力而进行的各种形式的"劝说""赎买"或"补偿"所耗费的时间和金钱，也应算作改革的一种特殊的成本支出，只不过在这些"补偿费用"与其他因人们反对改革而造成的经济损失之间，存在着一种颇为复杂的替代关系。比如，补偿增加，其他损失可能减少。关于这个问题，需要作专门的分析。[①]

总之，"阻力"引起损失。在过渡时期发生的社会生产和国民收入的大幅度下降，往往有很大一部分正是由上述种种对改革的社会阻力造成的。我们称这种由改革的社会阻力所造成的时间和物质（甚至生命）的耗费，为改革的"摩擦成本"[②]。这一成本（经济损失）的特点在于，如果说体制改革的其他方面的成本都能用"信息"或"知识"不完全的因素来加以解释的话，它却不能——它可以在假定人们"知道一切"的前提下发生——是由于一些人"正确地"认识到自己的利益要在改革过程中受到损害而"故意"

[①] 参见笔者《改革的渐进之路》，中国社会科学出版社1992年版。
[②] 这一概念可以定义为"由人与人之间的利益冲突而引致的经济损失"。或许更确切的表达方式是改革的"政治成本"（Political costs）。在笔者较早写成的两篇文章中，使用了"改革的技术成本"与"改革的交易成本"（樊纲，1992b）和"转换成本"与"摩擦成本"（樊纲，1992C）的概念。本文所提供的进一步分析表明这两种表达方式都不够准确，因此本文采用了"实施成本"与"摩擦成本"（政治成本）的概念。

地反对改革，才发生了这样一类经济损失（正因如此，它不属于公共选择理论中所说的"沟通成本"Communication costs）[①]。"摩擦成本"这个概念所表达的一个重要论点就在于：改革道路的选择不仅仅是改革者或经济学家自己对改革的收益与成本进行计算的结果；它也是社会上每一个人、每个利益集团对各自的收益与成本进行计算的结果，在这里没有"一致的计算"，但选择却是"公共的选择"。无论是在对一个国家实际采取的改革道路进行说明的时候，还是在提供进一步改革的"政策建议"的时候，都必须把公众当中可能存在的反对或阻力考虑进去。"非帕累托改变"与改革"阻力"（Resistence）的概念，是与"摩擦成本"相关的整个理论的核心。

3. 关于"摩擦成本函数"的假说

前面我们曾给出了改革的"实施成本"与改革激进程度或改革速度的数量关系假说，那么，"摩擦成本"与改革激进程度或时间速度的关系又如何呢？一个至少可以在经验材料中获得支持的假说是，在一切条件都给定的情况下。摩擦成本是改革激进程度的"增函数"，或者说，是改革方案所需时间长度的减函数——给定改革发生时的各种初始条件和经济在改革过程中所面临的各种具体条件，改革方式越激进，越是较为迅速地打破旧体制，也就是较为迅速而全面地改变原有的既得利益关系，就越是会遇到较大的社会阻力，各阶层（特别是旧体制下的既得利益阶层）越是不会轻易接受，会引起更激烈的社会冲突，"摩擦成本"也就较大；而"分步走"的渐进改革，因其逐步地改变利益关系，在每一阶段上的"打击面"较小，每一步改革所会遇到的社会阻力会较小，引发的

[①] 有一种理论把人们反对改革归因为"短视"，暗含的假定是如果人们知道（预见到或被告知）改革最终将会给自己带来的利益，就不会反对改革了（波波夫，1991）。我们不否定存在这种情况，因而不否定宣传改革好处（"沟通"）的重要性（本文不对此进行分析）。但由这种原因所引起的成本已经包含在前面所分析的由"信息不完全"而引起的"实能成本"当中了，在非帕累托改变的情况下，人们反对改革，则根本不是"短视"的问题，而是"故意"的问题。

社会冲突也就较小，较容易受到控制，所需付出的摩擦成本也就较小——不仅每一步改革上所需付出的代价较小，而且从整个改革过程看，所付出的"摩擦成本总额"也较小。

这一假说在逻辑上是否站得住脚，首先有赖于对不同改革方式的适当定义以及对改革过程中社会各集团相互关系的认识，这本身就需要进行一系列的深入的分析，不可能在本文中进行。这里可以给出的一个简短的注释是，"渐进式"的改革，并不是不改变人们的利益关系（否则就还是不改革或仅是"假改革"），因此并不是说有些"阻力"只是由于改革进度的放慢就会消失。"渐进式"改革减少"阻力"原因在于，第一，由于不是一下子全面地触动各种既得利益，从而使各种反对改革的势力不会在同一时期内结成反对改革的强大联盟（"联盟"往往意味着出现"一加一大于二"的效果）；第二，这种方式有利于缓和由"投入—产出时滞"所引起的"阻力"，因为采取这种方式时，新体制的逐步成长会使社会内部产生出越来越大的经济能力为人们提供及时的补偿（樊纲，1991，1992b），本文后面将对这一点作更为具体的说明。

三 两种成本与改革方式的选择

以上的分析对于改革方式选择问题的意义就在于，"实施成本"与改革方式的关系使人们更倾向于激进的改革，而"阻力"与摩擦成本的存在则使人们更倾向于采取渐进的方式。直观的经验首先以下述方式支持我们的理论：在进行"激进改革"的国家中，人们看到的突出问题是"社会冲突"以及由此对人民造成的经济损失，人们讨论的焦点往往是"是否应该放慢改革以缓解社会矛盾"；而在采取"渐进式"改革的国家中，人们看到更多的是经济长期扭曲、双重体制存在和预期不稳定所造成的损失，争论的焦点往往是"是否应该加快改革速度以早日结束双重体制并存所造成的扭曲"。

事实上，并不是某一种改革方式或某一个国家只存在一方面的问题。前面所分析的改革所面临的两种成本，对于任何一个经济来说都是存在的，人们事实上是在各自特殊的社会经济条件下对两种成本代价进行考虑和比较之后才作出了改革方式的选择。区分两种改革成本的理论和实践的意义就在于，由于改革方案的选择问题中人们面临着两种成本而不是一种，特别是由于两种成本与"改革速度"之间的关系是不同的（反向的），我们无法在理论上无条件地论证哪一种改革方式绝对地比另一种方式更加优越——在不同的条件下两种方式都可能是最优的。"激进式"改革的"效率损失"较小，而"渐进式"改革的"摩擦成本"较低，只有考虑到不同的经济在改革时所面临的不同条件和不同问题，才能对采取哪一种方式更有利，作出具体的说明。一些"最优改革道路"理论模型和实践方案存在的重大缺陷，就在于只注意到了一种成本而没有估计到另一种成本，特别是忽视不同的改革方式所会遇到的不同的"社会阻力"以及由此而引起的摩擦成本。我们下面就来较为详细地对改革方式选择的问题进行一些分析。

1. 简单模型

我们用 IC 表示不同改革方式所面临的"实施成本"，用 FC 表示改革的"摩擦成本"。一种改革方式的"总成本"TC 为上述两项之和，可表示为：

$$TC = IC + FC$$

用 S 表示改革的"速度"，不同的 S 代表着"激进程度"不同或不同速度的改革方案：S 越小，改革的速度越快，越"激进"；S 越大，改革的速度越慢，越"渐进"。为了便于建立数理模型，我们假定 S 是一个表示时期的连续变量，就是说，假定我们可以在无数多个不同速度的改革方案中进行选择。根据前面的理论分析，我们定义改革的两种成本都是改革速度 S 的函数，但函数关系是不同的，实施成本 IC 是 S 的增函数（$IC'(S) > 0$）；而摩擦成本 FC 则是 S 的减函数（$FC'(S) < 0$），我们先假定 IC 和 FC 是相互独立的，二

者之间不存在相关性，到后面再考虑存在相关性的更复杂情况。需要注意的一个问题是，这里的 S 本身代表的是不同的方案，与某一特定的 S 相对应的是这一方案所面临的某种成本的"总额"，而不是在某一时间阶段上的部分成本（我们的方法是把"动态问题"处理为"静态问题"加以分析）。

这样，对于"最小化改革成本"问题 MinTC = IC(S) + FC(S)，就可通过对求"一阶导数"的方法求解。

"最小化改革成本"的一阶条件可表示为：

$$IC'(S) + FC'(S) = 0$$

或

$$IC'(S) = -FC'(S)$$

由于 FC'(S) 是一负值，上式等号两边都是正的。在适当假定下，这一最小化条件在图形上可表示为①图 1。

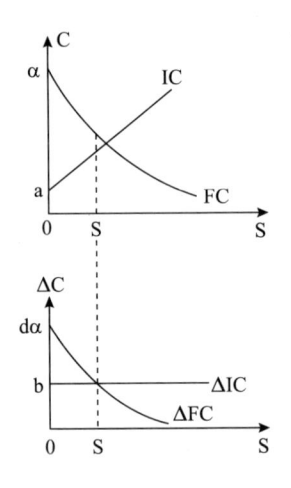

图 1

----

① 有关的以简单化为目的的假定，以及本文各图所表示的特殊函数形式，均见本文"数学附录"。

2. 不同条件下改革方式的选择

我们可以利用上述模型，分析在不同的具体条件下不同改革方式优劣问题，从中看到不同的具体条件如何决定着不同的选择。本文将着重考察与"摩擦成本"有关的种种问题，因此我们假定IC（S）是给定的，仅分析FC(S)的差异所引起的变化。

在各种需要考虑的具体条件中，以下一些条件特别重要。

第一，旧体制的状态或改革的"初始条件"。一个经济在旧体制下的增长率越低，越是趋向于停滞，人们对旧体制就越是不满、越是不再报什么希望，从而越是不再有什么既得利益需要维护，或者还有既得利益需要维护的人数已越来越少，改革所遇到的社会阻力越小，摩擦成本越小；反之，若一个经济仍在增长，旧体制还能为人们提供不断增长的收入，人们对旧体制的希望还在，改革旧体制的阻力就会较大，要让大家都同意对旧体制进行迅速的彻底的变革，就更加困难而不是更加容易。直观地说，不管某些理论家或改革者对公众或政府决策人"求稳"的偏好如何不以为然，社会上的多数人总是不到"万不得已"、不到"别无选择"，一般是不会选择把一切"推倒了重来"的激进式改革方案的（"问题不那么严重，为什么要'彻底改革'"?）。

这可以解释为什么有的国家多年来一直说要改革但一直没有实质性的进展，结果旧体制日益僵化，经济日益趋于停滞，最终人们普遍对旧体制的希望破灭，发生了"剧变"。而有的国家在旧体制的各种矛盾还未充分激化、经济状况还未恶化到完全停滞、经济增长还可维持在较高速度的情况下就较早地开始了改革。由于人们在旧体制下的收入还在增长，社会上也就自然不会形成"突变"的普遍要求，一些突变性的改革提议，也就难以获得大多的赞同并被采纳，而只可能实现小步走的渐进式改革。在实行了渐进式改革的情况下，人们似乎观察不到什么大的社会冲突，改革所遇到的阻力似乎不大。其实，彻底的变革方案根本得不到社会赞同并被采纳，而只能先通过"双轨制"之类的方式作一些不触动很多既得利益的渐进的"边际改革",这本身就恰恰说明改革所遇到的社会阻力更大而不是更小,如果有谁强行推行激进式改革,摩擦成本将会大得多。

在图示中,"初始状态"的差异表现为"摩擦成本"曲线 FC(S)"位置"的高低。旧体制状态越糟,人们对其不满程变越高,从而对改革的阻力越小的情况下,曲线 FC(S) 的位置("截距")越低,两种改革成本的边际曲线的交点会距原点较近,表明"激进的改革"这时更符合成本最小化的原则。而在另一种情况下,摩擦成本曲线 FC(S) 的位置就会较高,两种改革成本的边际曲线的交点就会距原点较远,表明渐进式的改革更符合成本最小化的原则(见图2)。

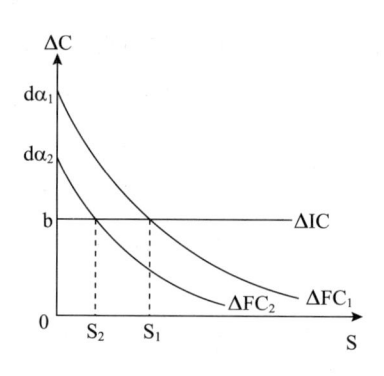

图2

这一分析可以用来纠正一种似是而非的观点,即认为经济状况越好,改革越容易。如果实质性的改革已经开始,经济状况变好,当然较容易对一些人进行及时的补偿,使改革所遇到的阻力小一些。但问题是,经济状况越好,既得利益越大,改革的动机却越小,安于现状的保守思想越有市场,对旧体制抱有幻想的人越多,越是不可能对旧体制进行实质性的改革。动"大手术"的改革,往往恰恰不是且不可能是在经济状况还好的情况下展开的,而是在经济每况愈下，问题已积重难返的情况下才会实现。这可以说是改革问题的一个"悖论"（这不否认"外部示范"的效应有助于打破这一"悖论"，这种"外部效应"因素在分析具体问题时必须予以重视）。

但从这一分析中我们也可以引出一个结论，即改革进程开始得越早，越是在旧体制下经济还没有彻底恶化的时候就开始改革进程，一个社会就越是可能走上"渐进改革"道路，避免用"剧变"的方式打破旧体制，走上"激进"的道路。越是顽固地企图保留住已经被事实证明是无效率或不再是有效率的旧体制，把改革的事业一拖再拖，到头来就越是被动，越是不得不吞下"剧变"的苦果。

第二，"外援"条件。改革阻力的一个重要原因是人们的经济利益会在改革中受到损害。有些利益集团无论如何要受到损害，但也有一些人只是暂时受损。在后一种情况下，缓和利益冲突、减轻社会阻力的一个一般的办法就是对那些暂时受到损失的公众进行一定的"补偿"。但正如前面已经指出的那样，由于在改革的投入与产出之间存在着一定的时滞，社会在一定的时间内还不能用改革的收益来弥补改革的成本，这时，能否在当前进行补偿、减轻公众在改革过程中所承受的损失，就取决于能否获得足够的"外援"。正因如此，"外援"的问题是改革方式选择中起重要作用的一个因素。外援的形式可以是多样的，既可以是"改革贷款"，也可以是外资的投入，无偿援助当然最好，即使是"有偿的"，由于现在借钱可望在改革成功之后用"改革收益"加以偿还，对解决当前的问题也是有利的。对于可以有保证地获得"外援"的国家来说，"剧变式"改革最初要付的代价再大，相对也是小的，人们可以不那么顾虑它的存在；对于一个小国来说，不用很大一笔外援就可以解决问题，因而也较容易走上"剧变"的道路，只要有人承诺给予援助。而对于像中国这样的人口大国来说，再多的"外援"也很难说"足够"，何况能否得到"外援"也是十分不确定的。在这种情况下（给定其他因素），激进道路就必然是很难被社会接受的，渐进道路可能就是最优的选择，因为这时一个社会只能依靠从内部逐步发展起来的新体制，并依赖这种新体制所提供出来的新的收入增量对人们在改革中所付出的成本进行补偿，为改革旧体制逐步创造出必要的条件（对此后面将作分析）。总之，改革的速度将受到"补偿能力"的制约。

给定其他条件，面临改革的经济所能获得的外援越多（按人均计算），越能对改革过程中特别是最初"阵痛"时期公众所付出的改革成本进行及时的补偿，社会上对改革的阻力就越小，改革所面临的摩擦成本也就越小。在图示上，这种情况表现为摩擦成本曲线 $FC(S)$ 的位置（"截距"）较低，边际曲线的交点（最优点）距原点较近，表明激进式的改革更符合成本最小化原则。相反，一个经济所能获得的人均"外援"越少，改革的阻力就会越大，摩擦成本就会越大。这在图形中表现为 $FC(S)$ 的位置较高，最优点距原点较远，渐进的方式就显得较为有利（见图2）。

第三，"新体制经济"成长的条件。所谓"渐进道路"，当然首先指的是对旧体制的改革不是一下子完成的，而是在一个较长的时间内逐步地完成的。但是，"渐进道路"能够成功，却不是由于仅仅简单地放慢了改革旧体制的速度，而是由于经济中新体制成分的成长为旧体制的改革逐步地创造出了条件。从这个意义上说，"剧变道路"的本质特征是在新体制成分未发展起来的时候就对旧体制进行较为彻底的改造，而"渐进道路"的本质特征是在旧体制还"改不动"（阻力较大）的时候，首先在旧体制的旁边或缝隙中培育和发展起"新体制部分"，然后随着整个经济体制结构的变化和各方面条件的变化，逐步深化对旧体制成分的改革。

但是，问题在于，并不是任何一个经济中都存在着不改革旧体制就能在旧体制的旁边发展起新体制成分的条件。比如，在有的国家原有的国有经济占到整个经济的90%以上，几乎所有的社会劳动力都在国有经济或实际上的"二全民"经济（如集体农庄）中就业，享受国家职工的各种福利待遇，此时不对旧经济体制进行较为激进的改革，将生产资源（特别是劳动）从旧体制中释放出来，新的经济就很难生长发展。而在中国，改革之初仅有20%左右的社会劳动力在国营企业中就业，在农村存在着大量的剩余劳力，一旦在农村实行了允许乡镇企业和个体、私人经济发展的政策，非国有经济就可以迅速地发展起来，而无须国有企业立刻实行改革。

新体制的成长有利于减少摩擦成本，主要是由于它可以提供不断增长的"收入增量"，从而为旧体制的改革提供必要的"补偿"（对于旧体制来说，这也相当于一种"外援"，虽然是"国内外援"），以减小对改革的阻力。新体制成分所能提供的补偿可分为两种，一种是通过家庭收入或国家财政而提供的"收入补偿"，另一种则是较为直接的"机会补偿"，即为人们提供新的获利机会，特别是新的就业机会，使其在脱离旧体制之后能在新体制下找到发挥自己作用和取得经济收入的新的职位，这对于旧体制的改革，往往起到更重要的作用。新体制的成长事实上也可以起到减少"实施成本"的作用，这是因为它可以为改革提供"行为示范"或"体制示范"，逐步增加经济中关于新体制的"知识存量"。

由于上述的原因，如果一个经济具备首先发展新体制的条件，在其他条件相同的情况下，人们一般将会更倾向于不走激进式的改革道路。由于新体制的成长是需要一定时间的，因此新体制成长的作用不会表现为 FC(S) 曲线的截距下降，而是表现为斜率在后面较为迅速地发生变化——摩擦成本会随着改革过程的延长而较为迅速地减小（这表现为 FC(S) 曲线下斜的程度加大）。因新体制成长条件不同而导致改革方式选择不同的例子，可由图3表示。①

---

① 请注意图3中的曲线均为"一阶导数曲线"，因此 FC(S) 曲线的斜率加大（"迅速减小"）表现为图3中的一阶导数曲线"升高"。

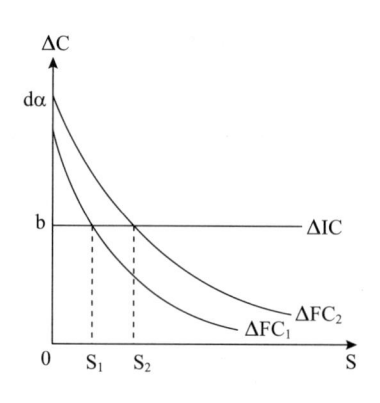

图 3

决定一项公共选择的因素可以说有无穷多个，这里不可能一一列举，本文提供的理论模型，也许并非适合于说明所有的因素，如在改革方针选择问题上起重要作用的公共选择的社会机制等（这些问题都需作专门的分析）。本文以上分析的只是几个起重要作用的特殊因素。不过，通过这种特殊的分析能使我们得出一个具有一般意义的结论，不同的方针孰优孰劣，并无绝对的定论，而是依不同国家的特殊条件而定的；在不同的条件下，不同的方针都可能有其逻辑上的合理性。

四 使问题复杂化的一些因素

理论模型的一个特点就在于它的抽象性与简单性，它简化掉了一些复杂的东西。在以上的分析中，为了先集中说明一些主要的问题，我们略去了一些与改革道路选择同样有关的因素，即使有所涉及，也未加以强调。下面我们将其中较重要的两个因素重新引入，以引起应有的重视。

第一，实施成本与摩擦成本的相关性。这指的主要是，摩擦成本本身是实施成本的函数。这是由于，一些人之所以惧怕和反对改革，首先（当然不是全部）就是由可以预见到的高额实施成本决定的；改革本身所需付出的越多，摩擦成本可能越大。事实上，实施成本是引起改革阻力的第一个决定因素，因为实施成本可以理解为是改革的"技术成本"，是无论如何也要付出的（虽然可因改革方式的不同而有多少的差别），人们反对改革可能首先就是因为不愿付出这一成本；"补偿"之类问题的提出，也是与此相关的。这种相关性的存在，要求我们在分析具体问题的时候加以充分的考虑，但却并不否定我们可以以一定的方式将它们分别对待。这是因为，在整个改革的成本—收益分析中（把收益也考虑进来），实施成本本身构成一种对改革的一般性阻力（它是每个人都要付出的，因此会引起每一个人的反对）；而摩擦成本可以特指那些由人与人之间相对利益受到损害所引起的特殊的阻力所造成的。

第二，渐进式改革之所以可能被采纳，首先是由于它可能通过逐步的改革而减少对改革的阻力，因为它不是一下子"剥夺"一些人的既得利益。但是，逐步过渡也会引起更多的社会摩擦，小步走的改革措施本身可能因某些既得利益集团的有组织反抗而"夭折"或"走样"，不能有效地达到目的；同时每走一步还可能形成新的既得利益集团，成为下一阶段阻碍改革的势力（这种情况在中国已不乏实例），增加下一阶段改革的难度。这种情况的发生，显然将使摩擦成本曲线 FC(S) 的斜率减小（曲线变平），从而使得激进式改革变得更为可取，至少表明即使是渐进的改革，也不能拖拖拉拉，在每一步上停留的时间太长。需要强调的是，渐进的改革，并不是不需要有一个明确的目标和一个真正在每一步上都触及实质性经济关系的改革方案，同时需要在贯彻每一步改革措施时坚决果断，不失时机地将改革推向前进。缺乏明确的目标（或者为改革规定一些虚幻的、不可能实现的、不能真正解决问题的目标），不触动实质性的经济关系，只改形式、不变内容，贯彻改革措施时优柔寡断、坐失良机，都会引起特殊的问题。可以不要求在改革之初就有一个明确而详细的方案，更不必有一个明确而详尽的时间表，但是对于经济问题的根源、对于改革的目标、对于要改掉什么、发展什么，在基本原则上是一定要清楚、明确的，否则渐进式的改革就会要么实际上变成"不改革"，要么使改革中途夭折，出现"体制复归"，最终还是要发生"剧变"。渐进式改革对于改革者的要求，实际上比激进式改革的要求更高而不是更低。

第三，本文没有深入分析"操作成本"与改革方式的关系。操作成本的变动主要取决于一个经济的信息、知识条件，特别是关于市场体制的"知识存量"的变化，这些因素同样在改革方式的决定过程中起到重要的作用。我们将在以后的文章中作专门的讨论。

最后需要指出的是，本文的分析是抽象的，但它从头到尾都是基于对现实的观察，特别是对我们中国改革过程的观察。我们已经走过了并在继续走着一条渐进式改革的道路，取得了举世瞩目的成就。将这当中的经验教训上升到理论，不仅有利于我们自己的进一步改革，也能为经济学理论的发展做出我们的特殊贡献。

参考文献

Rrrow，K. J. & Raynaud，H. （阿罗与瑞诺德），1986："Social Choice aod Multicritorion Decision – making"（《社会选择与多重标准决策》），MIT Press，Cambridge，MA。

BaodWay，R. U. （鲍德威），1984："Welfare Economics"（《福利经济学》），Basil Blackwell Ino，Oxford。

Eggertsson，T. （埃格森），1998："Economic Behavior and Institutions"（《经济行为与制度》），Cambridge University Press。

樊纲：《论改革过程》，载《改革、开放与增长》，上海三联书店1991年版。

樊纲（1992a）：《新体制的成长与改革的渐进之路》，载何伟、魏杰主编《中国著名经济学家论改革》，人民出版社1992年版。

樊纲（1992b）：《论改革道路——理论分析与战略思考》，《经济学消息报》1992年9月18日。

Hermann – Pillath（赫尔曼—皮拉特），Carsten，1991："A Darwinian Framework for the Economic Analysis of Institutional Change in History"（《对历史上制度变迁的经济学分析：一个达尔文主义的理论框架》），Journal of Social and Biological Structures，14（2）：127 – 148。

Hermann – Pillath（赫尔曼—皮拉特），Carsten，1992："Informal Constraints, Culture and Ineremental Transition from Plan to Market"（《非正式约束、文化与从计划到市场的渐进过渡》），Working Paper for the Third Colloquium on System Transformation Bad Homburg/FRC。

Holesovaky, U.（霍尔索夫斯基），1977："Economics Systems; Analysis and Comparison"；中译本，《经济体制分析与比较》，俞品根等译，经济科学出版社1988年版。

Kornai, Janos（科尔奈），1998："The Road to a Free Economy, Shifting from a Socialist System: The Example of Hungary"。（《通向自由经济之路》）Now York, U. U. Norton and Company。

Lipton, D. and Sache, J.（李普敦与萨克斯）（1990a）："Creating a Market Economy in Eastern Europe: the Case of Poland"（《在东欧创造市场经济：波兰的实践》），Brookings Institution Papers on Economic Activity，No. 1。

Lipton, D. and Sache, J.（李普敦与萨克斯）（1990b）："Privatization: the Case of Poland"（《私有化：波兰的实践》），Brookings Institution Papers on Economic Activity，No. 2。

Mueller, D. C.（缪勒），1989："Public Choice II"（《公共选择理论》），Cambridge University Press Cambridge。

Murrell, P.（穆瑞尔），1992："Evolutionary and Radical Approaches to Economic Reform"（《渐进与激进的经济改革方法》，Economica of Planning，25，1992。

Murrell, P. and Nagy, A.（eds）（穆瑞尔与纳吉），1991："Public Choice and the Transformation of Socialism（《公共选择与社会主义的变革》，Joural of Comparative Economics, special issue15（2）。

Nelson, R. and Winter, S（尼尔森与文特），1982："An Evolutionary Theory of Economic Change"（《经济变迁的渐进理论》），Harvard University Press。

North, D.（诺斯）：《经济史中的结构与变迁》，陈郁等译，上海三联书店1991年版。

North, D. (诺斯), 1990: "Institution, Institutional Change and Economic Performance" (《制度, 制度变迁与经济效绩》), Cambridge University Press Cambridge。

Popor, V (波波夫), 1991, "Soviet Economic Reforms: Possible Difficulties in the Application of Public choice Theory (《苏联的经济改革: 应用公共选择理论时可能遇到的困难》, Journal of Comparative Economics, 15 (2)。

汪丁丁:《制度创新的一般理论》,《经济研究》1992 年第 5 期。

（原载《经济研究》1993 年第 1 期）

公共选择与改革过程

——不同改革道路实现原因的一种比较研究

一 导言、利益冲突与改革道路

对体制变革过程的理论分析表明，许多体制变革问题，不属于"帕累托改进"的范畴，而是一种"非帕累托改变"，因为在这一过程中可能无法做到在不使任何人蒙受一定损失的情况下使另一些人受益，即使从总体上看、从长期来说制度变革过程满足"帕累托改进"的要求或满足"补偿原则"（"假设补偿"）。由于人与人利益关系的差异和改革的投入与支出之间的时滞，在相当长的时间内存在"无法补偿"的实际问题。而所谓"非帕累托改变"的含义就在于，在这一过程中不可避免地会遇到各种阻力。

这说明，我们需要深入研究制度变迁过程中的利益冲突问题，通过对利益冲突的分析来解释制度变迁过程某些特定阶段上的许多社会经济现象，解释这一过程中所遇到的各种难题、各种阻力，在长期的、动态的背景下，进一步发展关于体制变迁的"短期理论"。

本文我们就利用公共选择理论的分析方法（这应该说是分析利益冲突问题的较为有效的方法），通过一个简单的"投票悖论"模型作为分析工具，对制度变迁过程中各种利益冲突以及由此产生的种种现象，特别是改革道路的选择问题作一些理论说明。我们的解释像任何理论分析所起的作用一样，或许只能说明现象的某一方面的原因（虽然可能是主要的原因），而并不完全否定其他可能的解释。

二 模型设定

现在我们假定在一个经济中存在三个人（可以理解为三个利益集团的代表），A、B和C。假定他们三人的行为都是有理性的并且假定他们在进行"自利性"选择时，考虑的只是他们自己这一生的利益最大化问题，子孙的利益与他们的选择是不相关的（若假定"相关"，只是使分析复杂化，而不改变基本结论）。在一定的历史过程中，他们共同面临着三种制度变迁道路的供选方案：X、Y、Z。

假定"方案X"是"不改革"，即保持旧体制，不对其作任何实质性的变革。比如说，对于传统的集中计划的公有制经济不作实质性的体制变革，只搞"计划科学化"，也就是相信或希望通过改善计划管理的方法和手段，采用更先进的科学技术和工具（如大型计算机），用"更有能力"、受教育程度更高的"技术官僚"代替原来的各级官员，就能解决旧体制下存在的种种问题，而不认为那些问题是由体制本身所造成的，必须通过制度变革才能解决。

再假设"方案Y"是"渐进式改革"，即在保持社会稳定的条件下，积极地在整个经济中引入、培育和发展起新市场经济成分，同时逐步对旧体制进行实质性的改革，经过一段时间，使原来的集中计划体制逐步过渡到市场经济体制，然后再随着经济体制改革的深入，逐步改革政治体制。单就X和Y的差别来说，"渐进式改革"也是要对经济体制进行实质性的变革，而不是形式上改而实质上不改，不是用维持现状来保持社会稳定（如果是那样，就仍是X，而不是Y）。

再假设"方案Z"是"制度剧变"，即在短时间内使原有的社会政治经济体制解体，同时实行放开物价管制、放弃计划控制、大规模私有化等措施，迅速实现社会制度的根本性变革。在"剧变"与"渐变"的问题上，现在人们已经开始讨论在短时期内实现"剧变"是否可能的问题，包括"道义上"的可能性问题和"技术上的"可能性问题。不过，从理论上或者从"愿望"上看，历来存在着两种不同的方案，从实践上看，在世界范围的现实中，已经确确实实地出现了两种存在明显差异的体制变革道路，虽然从时间长短的角度看，现在还无法断言哪个所需时间更长、哪个所需时间更短。这里的 Y 和 Z，不是从时间长短的角度加以区分的，而是从体制变革方式上加以区分的。单就经济体制变革而言，Z 方案要立即打破原有的利益格局，不惜代价地对经济关系进行重组，而 Y 方案更注意"照顾"（不是完全不触动）既得利益，在每一改革步骤上都避免采取导致多数人利益受损的措施（从一定意义上说，这一点是两种变革方式的根本性差别），尽量减少当前付出的改革成本。

我们假定每个人拥有的信息是完全的、充分的，就是说，每个人都清楚地知道每种选择的后果，知道每种制度变迁过程所要持续的时间、所将经过的各种阶段，都清楚地知道每种情况发生时对自己的影响，知道自己要在其中付出多大的成本，获得多大的收益，等等。"信息是完全的"这一假定，显然是一个不现实假定；由信息的不完全性出发，就能够作出一系列的文章，来解释一系列现象和问题。我们这里作此假定，只是为了抽象地研究改革过程中的利益冲突及其影响，而丝毫不否认信息不完全问题、未来不确定问题等的重要性。但请读者注意的是，在我们的特殊假定下得出的结论，不影响由相反假定（信息不完全）所能论证的命题的逻辑正确性；同理，反过来说，由相反假定得出的结论也不能否定本文一些结论的逻辑正确性。现在我们就来看一下 A、B、C 分别都"知道"些什么和将选择些什么。

假定 A 代表的是这样一个利益集团，他们在旧体制下所能获得的满足最大。这或许是因为他们能在旧体制下获得某种特权

（属于"统治集团"），或许是因为他们不希望看到制度变化后其他人在经济上或社会地位上上升到与他们平等或更高的水平，或是出于意识形态上的偏好而只是喜欢旧的体制。无论如何，对旧体制的改革将使他们所能获得的满足水平降低。如果实行 Y，即"渐进式改革"，他们将蒙受一定的损失，但还能保持住一定的东西；而如果发生"制度剧变"，他们将蒙受重大损失，既包括"绝对的"损失（经济收入的下降和社会权力的丧失），也包括"相对的"损失（社会地位的下降）。我们用符号">"表示"优越于"，则对 A 来说，存在下列"排序"：A：X > Y > Z。

再假定 B 代表着这样的利益集团，他们（可以理解为普通公众）在旧体制下经济收入已长期处于停滞状况，甚至已开始下降，并且在集中计划体制下很少能根据自己的偏好进行消费和就业方面的选择，社会地位也没有升迁的可能。体制改革最终将使他们的经济状况得到改善，收入提高，选择余地加大，因此他们将支持改革——在旧体制和新体制的取舍中，他们将选择新体制。但是，对他们来说，剧烈的变革将使他们在相当长的时间内因物价上涨、失业增加、社会动荡等而承受很大的痛苦，却不大可能在这种动荡中很大程度地改变自己的社会地位，升迁到更高的社会阶层；在这一过程中，他们将失去在旧体制下本来"规定"应该由他们获得的东西，如稳定的就业与工资，免费住房，养老保险，等等，并且在一定时间内又不可能从另外的渠道、以其他的方式得到相应的补偿。尽管在经过一段时间的"阵痛"之后他们的经济收入总和确实可能有所提高，但用这些收益弥补他们为这种改革所付出的代价，所剩可能也就不多了（虽然他们现在的"牺牲"可能使子孙后代不必再付或少付改革成本）。相反，如果实行渐进式改革，虽然经济状况不可能一下子改善很多，但不必首先付出很大的成本，总的来说可以有一个较为稳定、逐步改善的生活水平。因此，他们拥护体制变革，但在如何变革的问题上，他们更倾向于渐进式改革，而不是"剧变"。也就是说，对于 B，存在下列排序：B：Y > Z > X。

C 被假定为代表着这样一种特殊的阶层，他们和 B 一样不喜欢旧体制，但又不满足于渐进式改革，而希望通过激烈的变革，彻底改变自己的社会地位。对他们来说，要么"不改"，要么"大改"；若让他们在 X 和 Y 之间进行选择，他们宁可选择 X，即"不改"，也不愿走一条温和渐近的道路。这种行为特征可能基于种种原因。比如，对于有些人（比如说一些"小官僚"）来说，在旧体制下还存在着上升到"技术官僚"的相对较高的地位上去的可能，但若进行稳健式的市场化改革，他们既不再能上升为"技术官僚"，又因没有"经商"的本领而无法利用新出现的市场机会，像其他许多人一样成为新体制下的直接受益者；只有在激烈的变革中，他们才有机会在大上大下的社会动荡中"出人头地"，施展自己的才能或实现自己的愿望。或者，这是一种具有特殊偏好体系的人，在他们的偏好中，"相对社会地位"和"发表个人观点"占有更为重要的地位，与"经济收入"相比，那些东西的"权重"更大一些。在旧体制下，他们难以发表和"实现自我"，但"相对地位"还至少仅在 A 之下（与 B 相同），若实行渐近式变革，他们还是难以"实现自我"，而社会地位还有可能下降，除了在 A 之下外，还可能降至一部分"发了小财"的 B 之下；只有在激烈的变革中，他才可能既在表达和实现自己的过程中获得新的满足，又可能在社会地位上排到 A 之上。总之，对他们来说，存在：C：Z > X > Y。

将三者的选择秩序排列在一起，我们可以有一个类似"投票悖论"的"选择矩阵"：

	最优选择	次优 > 选择	最坏 > 选择
A	不改（X）	渐进（Y）	剧变（Z）
B	渐进（Y）	剧变（Z）	不改（X）
C	剧变（Z）	不改（X）	渐进（Y）

图 1

现在我们假定这三个人或他们所代表的三个集团在公共选择过程中具有同等程度的"决定权"。那就可以被理解为这样一种情况：A和C虽然人数较少，但前者拥有较大的决策权，后者则比较善于表达和热衷于表达自己的观点，因此在社会事务中"声音"即影响力并不小；B人数虽多，却要么处于无权的地位，要么不善于或不能积极地表达自己的观点（"投票密度"较低），在公共选择中实际上所起的作用较小，总之，三个集团"恰好"处于平均分配决定权的关系之中。这种（任何一种）决定权的分配或"权力结构"可以在不同的公共选择"方式"下实现。若假定由三人作为代表进行投票，"同等决定权"意味着每人一张选票；若并不是公开投票，而只是通过其他种种公开的或隐蔽的、直接的或间接的方式影响或实现最终的社会选择，①则每人的"影响力"或"实际决策能力"相同。"每个集团一票"或"实际影响力相同"假定，是非常任意的假定。在现实中，可能发生任意一种权力分配。有时一个集团人数很少，决策权却很大（在一个民主制度下发展的社会中，这种可能性就会很大），而有时决策权会高度分散。关于政治制度和权力结构的不同假定，会导致分析结果的重大差别。我们在此作上述"同等决定权"这样一个特殊的也是"任意的"假定，只是为了更突出地分析利益结构差异所产生的影响，为了将"权力结构"的问题抽象掉，单独分析"利益结构"的作用。而现实中的任何一个问题，都显然不仅由利益结构所决定，也由权力结构所决定。

---

① 需要明确的是：并非只有在民主投票的形式下各社会集团才在公共选择中有发言权或决策权。在不存在投票式民主的条件下，一个集团也或多或少地能够以某种方式影响决策，虽然不表现为投票决策。比如，决策层中的不同人、不同派别，可以事实上代表着社会上一些不拥有决策权的集团的利益；普通"小民"的"牢骚"、不满或"好感"等，只要范围足够广、声音足够大，或迟或早总会通过官方或非官方、正规或非正规的途径传达到决策层，在决策过程中发挥一定的作用（当然可能作用很小，有时甚至可能起相反的作用）；人们无法用"手"投票，还会用"脚"投票，等等。

三 公共选择与"剧变"发生的历史原因

1. 僵持：社会排序的"不可能定理"

在上述一系列假定下（本文以下的分析都是建立在上述一系列假定基础之上的；在变换假定时将予以说明），我们立刻可以从此模型中得出"阿罗不可能性定理"所证明的结论：虽然每个人的选择是有理性的，并能对 X、Y、Z 作出明确的排序，但是，由于人们的偏好是不同的，利益是相互冲突的（三个人的选择排序截然不同），因此，这时就存在着这样的可能，即社会无法就我们所面临的三种制度变革方案进行"社会排序"（Social ordering）——如果每人一票就社会排序问题进行表决并按"多数票原则"作出公共选择，结果是三种方案得票相同（都是各得一票"最优"，一票"次优"，一票"最坏"），无法就谁优谁劣作出"社会排序"并从中作出最优选择（唯一的"排序"就是"无差别"）。这种情况可以说明为什么在制度变革问题上，可能会经常出现各种观点"争论不休""各持己见"，每个人、每个政党、每个团体、每个地区、每个部门、每一工种、每一类人、每一个经济学家，都会有各自特殊的"改革方案"，相互冲突，争执不下，公说公有理，婆说婆有理，无法达成社会统一的抉择的情况，在制度变迁的过程中，无论在哪个阶段上，都可能存在着难以调解的利益冲突，并可能出现各种形式的"僵持"。上述理论模型虽属一种特例，[①] 但它所突出表明的正是公共选择的一般特性——什么"最优"、什么"最劣"，对于不同的人来说是不同的，公共选择之所以是一个"难题"，就是因为要在公众相互冲突的不同选择中作出一种社会决策。

[①] "阿罗不可能性定理"最初被阿罗自己称为"可能性定理"，简而言之，就是说存在着"无法进行社会排序"这样一种"可能"，因而是可以用特例加以说明的。

2."投票悖论""历史程序"与"剧变道路"

当社会陷入"僵持",无法在几种方案当中作出选择的时候,一种可行的解决办法就是就各种方案进行"两两选择"——先就两种方案进行投票,选中者再与第三方案放在一起,从中再选出优胜者作为整个选择过程的结果。

但是,"两两选择"方式面临的一个问题就是可能出现"投票悖论"。在我们的例子中,这一"悖论"有两种表现方式。第一种表现方式是:当先就 X、Y 表决,再就 X、Z 表决时,我们最终得到了 Z,似乎 Z 是最好的,既优于 X,也优于 Y;但如果我们就 Y 和 Z 进行选择,多数人将选择 Y 而不是 Z,也就是说,Y 比 Z 更好些。这样,公共选择就违背了"理性选择假设"中的第三条:"传递性"假设,因为在三个方案中,不存在"X > Y,Z > X,因而 Z > Y"的"传递性"。"悖论"的第二种表现方式是:它导致了"投票程序决定投票结果",就是说,最终的选择结果,将取决于先对哪两个方案进行表决。在我们的例子中,如果先考虑 X、Y,最终将得到 Z,先考虑 Y、Z,最终得到 X;而若先考虑 X、Z,最终将得到 Y。总之,虽然每个个人的偏好体系是符合"理性选择假设"的,但社会选择却可能出现"非理性"的情况("传递性",不能得到满足)。这正是个人选择与公共选择重大差异的一种表现。

上述分析同时表明,在公共选择问题上,"投票程序"是个重要的问题,不同的"投票程序"会决定公共选择的不同结果,这种情况的存在,甚至可能导致有的人能够利用民主制度,通过操纵投票程序获得自己想要的结果。

但问题在于,在历史过程中,人们并不是可以任意决定"投票程序"——在某些特定历史条件下,人们所面临的制定选择的范围是一定的,他们往往只能或必然先就某几种供选方案进行表决,其他方案要么还不存在,要么就是还未进入选择范围;而在一定时期之后,时过境迁,某些方案已被排除在选择范围之外,另一些方案则被提出来供选，这时人们又只能在新的给定的范围内进行选择。这可称作公共选择的"历史程序"问题。现在就让我们在理论模型的分析中，加进更多的"历史感"或"现实感"，来看一下体制改革在现实中会具有怎样的"历史程序"。

在公有制经济的改革过程中，最初摆在人们面前的选择问题，一般地说总是"改还是不改"的问题，并且，一般地，首先要在"不改"有"逐步地改"之间作出选择，而不是在"剧变"与"渐进"之间进行选择。因此，在我们的例子中，先就 X 和 Y 之间进行选择，不是一种任意决定的程序，而是有一定必然性的"历出程序"。

当人们先就 X 和 Y 进行选择时，如果真的出现了我们模型中所描述的那种情况——选择了 X 即"不改"，那么，最终（在后一轮选择中）人们就必须在 X 与 Z 之间进行选择（结果是选择 Z 即"剧变"）。这也不是没有现实依据的：由于改革没有及早进行，旧体制继续维持下去，随着时间的推移，效率低下的问题日益严重，经济增长率进一步下降，社会矛盾进一步激化，政府权威性下降，到头来再想进行"渐进的改革"也不可能了。这就是说，如果一个公有制经济在当初"应该"开始进行改革的时候选择"不改"，那么，经过一段时间之后，Y，即"渐进改革"的道路，就将被历史地排除出人们的选择范围，可供人们选择的范围便仅剩下 X 和 Z，即要么不改，要么"剧变式"地改。由于旧体制的弊病已进一步暴露，"不改"已没有出路，结果，人们就将（"不得不"）走上"剧变式"的制度变革道路（如我们的模型中所描述的情况）。历史和世界范围的经验教训已经表明，加进"历史时间"的公共选择理论模型，不是没有现实依据的，[①] 它体现着某种历史的必然性。

[①] 东欧国家从 20 世纪 60 年代改革的问题提出开始，很长时期内事实上选择了"不改"（没有实质性的改革），到了 80 年代末期，"渐进式"改革已成为不可能，结果纷纷走上了"剧变式"变革的道路。

这一分析告诉我们,"渐进式的改革"不是无条件的。以下两方面的条件的重要性在此显而易见,它首先要求一国的经济状况还未极度恶化。经济增长率还未降至接近于零增长或负增长的水平(相对于人口自然增长率而言)。这一条件的重要性就在于:如果在经济改革开始时,整个经济还有一定的回旋能力,还能够用国民收入的增量来对某些受损失较重的利益集团进行补偿,事情就会好办一些。其次,社会矛盾也还未充分激化,政府还能够较为有效地进行行政管理,保持社会的稳定。显然,这两方面的条件都要求改革越早进行越好。这本身就是一个"悖论",因为时间上越早,旧体制的问题越是没有充分暴露,改革的"紧迫性"就越不明显,人们(特别是执政者)就越是容易采取得过且过的态度,把改革的事拖延下去。这说明在改革的问题上,一个社会(特别是执政者)能否及时认清旧体制的弊病,采取明智而果断的措施尽早开始对旧体制进行改革,对于一个社会究竟会走上怎样的体制变革道路,是十分重要的决定因素。总之,"必须抓紧有利时机"。

上述分析还表明,在对走上不同体制变革道路的经济进行国别比较时,应该充分注意它们所面临的不同的历史条件。一国经济在某一历史时点走上了体制剧变的道路,往往不是因为人们"喜欢"剧变,而只因为已经"错过了"渐进式改革的历史机遇,事到如今,一切都已是"不得已而为之"了。当一切已经发生了的时候,问题已不再是哪种方式"更好",而是"只能"采取哪种方式了。因此,当我们研究一个国家的体制变革道路问题时,绝不能用历史条件不同的另一个国家的做法作为尺度去进行"静态的"比较。

3. "制度剧变"与公众的"非理性行为"

在"第二轮"选择时,大多数人(在我们的模型中,即集团B和C,他们可以说占了人口的大多数)在X和Z中选择了Z。这种选择可能本身就是以"剧烈的"形式作出的(不是平常意义上的投票),公众在作出这一选择时可能表现出极大的热情。但是,当这种选择作出之后,在社会真的走上了"剧变式"变革道路之后，公众却又会对这时发生的种种变革表现不满，有时还会发生剧烈的抗议（由于集团 A 也反对变革，他们也会加入甚至领导反对派）。根据这种情况，有人提出了"公众非理性"的观点，批责公众的态度或立场自相矛盾、前后不一致（波波夫，1992）。

但是，从我们的模型中可以看出，公众中的许多人（占人口大多数的 B）只是当不得不在 X（不改）与 Z（剧变）之间进行选择时，才投了 Z 的票；而 Z 本身并不是他们的"最优选择"，他们的最优选择是 Y。对他们来说，之所以"渐进式改革"比"剧变式"好，就是因为他们在前一种情况下付出的改革成本较小，而在后一种情况下，会因剧烈的社会动荡而承受较大的痛苦。当人们只在社会变革中受益而所付成本代价较小时，自然不满情绪较小，但当他们遭受损失时，必然会形成反对的势力。但是，无论是理论分析还是现实情况都表明，公众所反对的，并不是对旧体制进行变革这件事本身，而是现在所采取的特定的"变革措施"，在我们模型中，也就是反对 Z，而不是要采取 X（只有集团 A 才想采取 X）。总之，并不存在"非理性的公众"，所出现的问题只说明在社会变革过程不同阶段存在着不同的利益组合和利益冲突，说明社会选择问题的复杂性。在体制变革的各个阶段上，公众都在根据自己的利益进行最大化选择，其"偏好秩序"也并没有发生变化。只不过在不同的阶段他们所面临的问题不同罢了。

在此请读者注意，存在公众"事后的"反对，并不意味着"制度剧变"是不可能的；用公众不支持"剧变"过程中现政权所采取的某些激进的制度变革措施，并不能证明激进的变革是不可能的（曾权基，1992）。因为正如上面的理论模型所示，剧变过程的典型情况恰恰是多数人并不喜欢激进的措施，但仍然选择了剧变，公众在"事后的"反对可能使变革的过程延长，但问题不在于时间长短，而在于制度变革的方式。

四　不同的社会利益结构与不同的变革道路

现在我们进一步利用上述理论模型，来说明为什么在不同的经济中制度变革会走上不同的道路。

有的经济学家在看待一个经济制度变革道路的时候，习惯于按照"新古典主义"的思维方式，考察什么是"最优的"，什么是"应该的"，其暗含的一个前提是社会全体存在着共同的利益，因而可以构造出一个"社会福利函数"，并可以根据这个标准，对制度变革问题求"条件极值"，找出一个"成本最小"的道路；若一个经济没有采取这一道路，便说人们"犯了错误"，或缺乏经济学知识，要么是"愚蠢"要么是"无知"，并用这种"错误"来解释现实，解释不同变革道路的差别。

而从公共选择的观点看待制度变革过程，结论则完全不同。道路的差别，首先被看作是由不同经济中的社会利益结构的差别造成的，是由于存在着具有不同价值偏好的特殊利益集团；[①] 主要的问题不在于人们的"无知"（我们并不否定"无知"这一因素的存在），而在于人们的"利益"。正因如此，我们不应首先去构造在现实中并不存在的"社会福利的函数"，并由此推演出理想的"最优道路"，也不应以此为标准来作出应该走什么样的道路的判断，我们要做的，首先是实证性地说明，在一定条件下，什么是必然发生的，什么是在特定的利益格局中必然地被社会"选择"出来的。

根据这一思路，我们可以推断，不同经济中制度变革道路的差异，是由两个主要原因造成的。第一是利益集团之间权力结构的不同，某些集团在公共选择中所起的决定作用更大，道路的选择就会更符合它的愿望。比如，集团 A 的决定权越大，社会就越是长期

[①] "偏好"或"利益"，在本文中都是一种广义的概念，偏好的差别，可以是由于历史传统、伦理文化、意识形态等因素造成的，而不一定仅由物质因素造成的。这样，我们的分析便可与新制度经济理论的某些新发展相兼容。

处于"不改"的状态；集团 C 的影响力越大，社会应越可能走上剧变的道路，如上文中已经指出的那样，但对于这种因权力结构造成的差异，本文将不多加分析（这并不意味这一因素不重要，事实上，这是一个非常重要甚至可以说是头等重要的因素）。第二是由于社会偏好的结构存在差异，某一集团或某些集团的偏好不同，导致社会利益结构不同，并由此导致在变革道路上公共选择结果的差异。本文着重研究这方面的问题。

我们分析以下两种导致体制变革道路差别的原因。

1. 不同的 A

现在我们先假定在另一个经济中存在着同样的 B 和 C（各自与图 1 中 B 和 C 的偏好结构相同），但另一个集团有所不同，不是 A，而是 A′，其偏好结构是 A′：Y > X > Z。

可以将 A′ 仍理解为一个旧体制下的既得利益集团，但它不是以 X、而是以 Y 为自己的最优选择。这可以由两类原因所造成。一种可能的原因是：这一集团不像另一经济中居统治地位的 A，他们比较"务实"或更多地考虑民众的利益（把民众的利益看作自己的利益），不是教条主义地把一种体制本身作为自己所要维护的终极目标，而是以"生产力为标准"，更多地考虑实际的经济效率、经济利益；只要改革不损害自身的既得利益，就愿意选择改革，民众状况的改善、相对经济地位的提高，也不会使他们感到自己受到了损害（不对"第三等级"地位的上升感到"嫉妒"）。另一种可能的原因是他们已经能够预见到（或者从其他国家的历史教训中认识到）如果今天不改革，今后可能就要在"剧变"中丧失一切，于是自动地将"渐进改革"作为自己的最优选择。无论是哪种原因，当一个社会由 A′、B、C 组成的时候。在第一轮选择中（对 X、Y 进行选择），Y 将获胜，以后即使再发生下轮选择（即当有人提出要进行激进式变革的时候），Y 也将被保持住。社会将不会走上剧变的道路。

这里的结论是明显的：第一，旧体制的既得利益集团越是

"开明"或"明智",越是更多地考虑社会上多数人的实际利益,社会就越能渐进地实现向新体制的过渡,而集团 A′ 本身的利益也能够得到维护。第二,一个经济越是在社会矛盾还未充分激化前走上了改革的道路,"剧变式"道路就越会"没有市场",社会就越可能避免大的震荡。

2. 不同的 C

现在让我们再假定一个经济中存在着图 1 中所说的 A 利 B,但另一个集团不是 C,而是 C′,该集团也由一批能在"剧变"中获益的人士构成,但与 C 的区别是,他们不采取"要么不改,要么大改"的极端主义立场,而是承认"改比不改好",因此,虽然 Z 仍是他们的最优选择,但渐进地改要优于不改,也就是存在下述偏好秩序:$Z > Y > X$。

之所以如此,或是由于他们更多地以改善民众的经济状况为己任,而不是一味地只考虑如何"实现自己",或是由于他们更多地具有"中庸之道"的"文化传统",而不是事事一味追求"完善"、彻底,在体制变革的问题上更多地采取了比较现实主义的态度,而不是企图照搬其他国家的模式。无论哪种原因,只要一个社会由 A、B 和 C′ 构成,在"历史的第一轮选择"时,Y 也将取胜;而在此之后,Z 也不再有取胜的可能。

这一分析表明:第一,只要一个经济中人们(无论是那个集团)更加普遍地具有一种"务实"的价值取向,当原有经济体制的问题变得突出的时候,社会越是可能较及时地走上改革的道路;第二,社会的特殊文化传统和价值观念(如所谓的"中庸之道")会在一定程度上决定着体制变迁道路的选择。

可以说,以上两种假设的情况,是有一定的现实依据的,因而能够在一定程度上解释现实中存在的体制变革道路的差异。

五　小结

本文从公共选择和利益冲突的观点出发,对以下一系列在制度变革过程中颇为引人注目的现象进行了解释:

第一,任何一种制度选择或变革道路的选择,都可能不单单取决于当时的统治集团的偏好,而是社会各种利益集团"公共选择"的结果,取决于各种利益集团的相对势力及其"合力"。

第二,无论社会选择了什么,在它的背后都存在着一系列的利益冲突,并且不会因作出了某种选择而马上使这些利益冲突得以平息,它们将在制度变革中继续冲突下去,甚至会随着制度变革的进展而激化起来,并将继续影响着下一步的改革进程。

第三,公共选择的结果可能是"自相矛盾"的或"前后冲突"的,公众有时表现出对改革的支持,有时又会反对改革或成为改革的阻力。但这并不是像有些人所说的那样是由于公众"缺乏理性"或"无知",而是由于改革作为一种公共选择过程本身的特点所决定的,在这一过程中,每个个人的选择都是有理性的,但公共选择却可能呈现"悖论"的特征。

第四,在相似制度的起始条件下,不同社会中的不同的利益结构,某些社会集团的不同的偏好体系,会导致改革道路的重大差别,虽然改革道路的差别可能还取决于其他种种原因。

第五,就现实的改革战略问题来说,本文所能提供的启发或许首先在于如何"抓住改革时机"。历史时间是"不可逆的",如果我们在"第一轮选择"时不抓住历史的机会进行改革,时过境迁,通过渐进的改革实现体制过渡的希望就可能落空,到头来可能不得不走上"剧变"的道路,社会就要蒙受更大的损失和痛苦。

本文的分析是理论实证性的。它只是试图对当前国际范围内出现的制度变革过程中的一些现象(远非全部现象)提供了一种理论解释。这远非全面的解释；一些不在本文研究范围内的因素可能对于改革道路的选择同样起着重要的决定作用，这一点是需要提请读者予以充分注意的。

(原载《经济社会体制比较》1993 年第 1 期)

当前改革过程中的宏观调控问题

我国经济在过去几年中又经历了一个上下波动的周期。在1989年至1991年出现"市场疲软"之后，从1991年下半年开始回升，1992年进入了高涨期。这一高增长的势头从现在看一时不会减弱，1993年的经济增长速度虽然可能不像1992年这么高，但经济"热"的程度仍会有增无减。各地加速改革开放和经济发展的热情继续高涨，随着投资审批权的进一步下放和企业自主权的进一步扩大，预计今后一个时期投资和集团消费将会有进一步的增长，通货膨胀率预计也将会进一步上扬达到较高的水平。我们现在需要对当前的经济形势和今后在宏观经济稳定方面所面临的问题有一正确的认识，并及时采取必要的宏观调控措施。

一　如何认识1993年的增长速度

仅就1992年增长速度和当前经济的状况来看，还不能说我国经济已经进入了"过热"阶段，而只能说经济已有了进入过热状态的趋势。对此，我们首先要认识到1992年12%的高增长速度有一些特殊的因素。

首先，中国经济从1991年下半年正式走出低谷，1992年实际是从全面复苏阶段进入了高涨阶段，上半年还有较多的产品库存，开工率还处于较低的水平，因此虽然总需求增长幅度很大，增长率也很高，但总供求关系还不会很紧张。总之，1992年的高增长，很大程度上还是有复苏阶段的特征，不能简单地同正常情况下的增长率相比。特别要注意的是，经济"过热"与否，要由总需求大于潜在总供给（社会有效生产能力）的程度判定，而不是单看增长率。

其次，投资的高增长在一定程度上获得了高储蓄的支持。中国居民个人收入的支出结构近年来因体制变化而正在发生着较大的变化，已经开始并将继续对总需求结构和总供求关系产生影响。在各种体制变化中，有两个因素十分重要：一是证券、股票市场的出现和发展，债券利率及市场收益率的提高，使居民投在金融资产上的收入逐步增加；二是住房改革，导致居民在房租、买房等方面的支山增加，为今后买房而进行的储蓄也大大增加，这部分支出在宏观收支账户上也属于一种投资性支出，即住房投资，这一因素的变化对于我们认识当前宏观经济现象和分析未来经济趋势具有重要的意义。首先，正是因为居民的货币收入与消费支出的增长并不同步，并且差距有着进一步扩大的趋势，所以尽管货币供给增加较快，居民货币收入增长率达15%左右，但消费品市场上的需求增长并不很大，零售物价水平也就不可能有大的变化。其次，居民收入支出结构的变化，导致整个宏观需求结构的变化，投资需求增大、消费需求相对减少，从而使投资增加的资金来源结构发生变化——当前投资的增长，还不像过去那样，很大一部分是在"双紧"条件下由信贷扩张、增发货币来支撑，而是更多地由实际收入来支付。在过去"双紧"情况下，投资的"超常"增长，主要以信贷膨胀为资金的主要来源，因此更直接地引起总需求膨胀，而当前（以及今后一时期）虽然投资也可能出现"超常"（与过去相比较）增长，但由于更多的新增投资资金由居民收入转化而来，所以与总需求扩张之间的直接联系也就不那么紧密了。

最后，经济增长很大程度与外来投资快速增长相关。1992年以来，随着改革开放的进一步深入，各地吸引外资措施的增加，国外直接投资有了较大幅度的增长，全年新签利用外资金额比上年增长2倍以上，导致总投资资金的扩大。从目前情况看，这一势头还会保持下去。这一因素对于理解1993年的宏观经济形势也具有重要的意义。这是因为，外来投资很大程度上用来购买国外的投资品，而并不同等程度地引起对国内投资品的需求。不对国内市场的供求平衡关系造成特殊的问题，因此，总投资增长幅度虽然较大，但总供求差额的扩大却并不一定很大，新增加的通货膨胀压力也就不是很大。在今后一段时期内，外资的增长对于我们的宏观经济增长和总供求关系的变化，都有着重要的影响。

以上分析，并不意味着投资的增长已不再与总需求变化相关，而是说投资需求增长引起总需求变化的关系更为间接，需要的时间更长一点。总支出结构的变化、投资需求的迅速增长，势必受到投资品市场上供给的限制，特别是受到中国经济中一些原有"瓶颈"的限制，因此首先会因结构性原因引起生产资料物价水平的上涨。这一点现在已表现出来，并有进一步发展的趋势。生产资料价格的上涨，迟早会通过"成本推动"传递到消费品价格上，不过这还需要一定时日。1992年以来的种种迹象都表明，中国的经济体制虽然有了一定的改变，但许多容易导致经济过热的因素还没有消除，特别是国有企业和各级政府支出行为缺乏内在约束机制、盲目争投资上项目、投资资金效率低下等问题，并没有得到根本的解决。在这种情况下，高增长从长期看就意味着潜伏的经济过热和通货膨胀。如果这种高增长势头继续保持下去，甚至进一步加速，再加上存货逐步用完、货币流通速度增加等因素的作用，从1992年下半年开始，就可能出现较为明显的通货膨胀，"需求拉动"和"成本推动"就会从两个方面同时发生作用。这不能不引起各方面的警惕和重视，并从现在起就应适当采取一定的宏观调控措施，稳定经济。

二　今后一段时期内的经济不稳定因素

经济一时热一点或冷一点，都是经济运动中经常会发生的正常事情。真正对于长期稳定增长来说最重要的问题却在于一个经济中是否存在一种内在的稳定机制，无论是市场的自稳定机制还是加进政府干预的宏观调控机制，能够使经济运动中偶尔出现的一些偏差得到及时的校正，不出现大的波动。因此，我认为当前更需深入研究的一个问题是：在当前的体制条件下，在今后一段时期内的改革过程中，我们能够运用哪些调控手段对经济进行有效的宏观调控。

宏观调控手段指的是政府在短期内对其可以控制或调节的某些经济变量即所谓"政策变量"进行调整，以期达到某种调节总供求关系的目的。宏观调控与体制改革以及体制改革中的一些政策的调整不同。前者只涉及对当前经济变量关系的调整，而后者关系到行为规则及变量之间基本关系——"行为函数"的改变，因而前者可以在短期内起作用，而后者往往要经过较长一段时间之后才能使经济变量关系发生改变。比如，如果政府能控制投资，它就可能在短时期内通过投资结构的调整而调整产业结构；而要想通过体制改革改变企业和地方的投资行为从而使资源配置自动趋于合理，则要经过较长时间的体制改革才能实现。但是，任何宏观调控手段，它的可行性和有效性，又都是以一定的经济体制为前提的，在某种体制下可用的、有效的手段，在另一种体制下可能是不可用的或者是无效的。这就要求我们在研究当前的宏观调控问题时，首先分析一下我国当前经济体制的一些基本特征。

经过10多年的改革，我国经济体制发生了许多重大的改变，指令性生产计划的范围和作用已大大缩小，大部分价格已基本放开，面向市场的生产活动已占了优势，国营企业的要素生产率也有所提高。非国有经济从社会总产值上看已占到了50%左右，不久就会超过国有经济，真正能做到"负盈又负亏"的市场行为主体已经在经济中开始对宏观经济局势发挥一定的影响，市场作为一种资源配置机制已经在相当大的范围内发挥作用。在总供求关系方面，由于价格已逐步放开，超额总需求已不再表现为"物品短缺"，而采取通货膨胀的形式；货币政策已比实物量控制在宏观调控中起到更大的作用；税率、利率等已开始在一定程度上成为宏观调控的有效"杠杆"，特别是在调节居民消费储蓄和非国有经济投资行为方面起到了有效的作用。

但是，根据这些变化就认为我国经济体制，特别是宏观经济运行体制的基本特征已发生了"根本性"变化，还为时尚早。

我国经济中目前有两大体制因素尚未发生"根本性"转变，一是国营企业或国有经济部分的基本运行机制和行为特征没有变；二是国有经济在整个国民经济中占主导地位没有变。因此，宏观经济运行的基本特征还没有发生根本性改变。

从宏观经济的角度看，国营企业（连同它们的主管部门、地方政府等）的基本行为特征没有变，首先指的就是"预算软约束""负盈不负亏"这一条基本没有变，在投资行为和支出行为方面仍缺乏自我约束。对成本费用、投资风险、利润流失、资本损失等的关心程度仍然较低。这首先导致一旦行政约束放松、自主权进一步下放之后，"投资饥渴症"还会进一步暴露，公款支付的集团消费还会迅速扩大；其次会导致某些宏观经济参数的调整对企业行为很难产生有效的影响，比如利率，现在一方面大家都在喊利息成本大增，企业在"为银行生产"，另一方面一有机会各地又迅速地扩大对投资贷款的需求，可见利率高低对投资、借贷行为（现在又加上了发债券直接融资）的影响仍是有限的。另外，企业利润率降低、亏损面扩大，使国家财政赤字增加，财政收入占国民收入的比重减小，也使国家财政在宏观调控方面的能力减弱。

但是，国有经济目前在整个国民经济中仍占主导地位，主要表现在：

第一，虽然从产值或国民收入的形成方面看国有经济现在已不占大头，但从支出或总需求形成方面看，国有经济仍占支配地位。这里的关键问题就是来自各种经济成分的银行储蓄转化为贷款的时候，主要都流向了国有经济部门（占各银行贷款总额的 80% 以上），乡镇企业、私人个体经济所用贷款仅占了很小一部分。这样,在收入构成中已不占大头的国营部门,经过储蓄—贷款这一环节,在支出构成上仍占大头。

第二,国有经济集中在轻重工业、能源、矿产等国民经济命脉部门所占的主体地位没有改变。

第三,由以上两点为基础,决定"景气循环"各阶段变化的仍是国有经济各部门。乡镇企业、私人经济等1990年以来增长率已经很高,但由于它们主要集中于一些消费品加工工业、商业、服务业,只是起到了维持消费品供给的作用,仍不能带动整个经济回升;只有当国有经济"复苏"后,整个经济才逐步活跃起来。特别突出的一点是:不仅国有部门的投资在全部社会投资中占大头(60%以上),而且国有经济投资(全民所有制投资)的扩张,仍像以往各次经济波动一样,在经济回升过程中起主导的、决定性作用。

第四,在财政收入中,来自国营企业的利税收入仍占大头。由于财政收支状况在宏观政策制定中起着十分重要的作用,国营经济部门的经营状况对于整个宏观经济的变动趋势,也就仍然会起到举足轻重的作用。比如,仅仅为了不使国营企业的利税上缴额下降,有关部门就可能不敢采取某些抑制信贷扩张和需求膨胀的政策。

国有企业的基本行为特征没有变,国有经济在国民经济中的主导地位没有变,两方面加到一起,就决定了我国宏观经济运行的基本特征、总供求关系的基本特征也不会有根本性的改变。这突出表现在两个方面:首先,最近各方面的现象已经显示出,像以往一样,经济一旦走出紧缩时期的低谷,总需求的扩张是很容易的,并且会自动加速、持续下去,即使遇到供给方面的限制,遇到各种"瓶颈",也很难自动停止下来。其次,通常在市场经济中有效的一些"间接调控手段",比如通过利率浮动调节投资需求的货币政策,在我国经济中的实际效果仍会是很有限的。而财政政策,即通过调整政府支出来调节总需求的手段,在目前财政赤字已经不小的紧张状态下,基本上无法作为抑制需求的政策工具加以利用。

以上分析了"未变"的一些因素，现在让我们再回到"已变"的一些因素上来。国有经济部门这些年来在运行机制上发生的重要变化就在于经济决策权的下放，包括行收分权、财政分权和企业自主权下放。最近一时期以来新的变化（或即将进一步发生的变化）还有：第一，投资审批权进一步下放；第二，在融资方面，随着地方和企业发行债券、股票的增加，它们事实上又获得了更大的融资自主权。所有这些意味着，以往还多少有效的一些直接的宏观控制手段，如控制贷款额度，今后的有效性也会大大降低。

以往我们控制总需求特别是投资需求的办法主要有两种：一是投资限额，二是贷款额度。20世纪80年代后期指令性生产计划缩小后，经济管理当局所依赖的宏观控制手段主要是以上两种。前两年的紧缩主要依靠的也是这两种手段，特别是后者。但是，在今后一段时间，随着投资审批权的下放，投资限额这一手段的有效性势必进一步递减，甚至恐怕都不再能成为一种可利用的有效宏观调控手段。这决定了政府只能更多地利用货币调控手段。在利率政策效果有限的情况下，过去控制信贷规模和货币流通量的办法主要是控制信贷额度。但在存在"超储"的情况下，随着地方权力不断扩大，中央政府和中央银行即使"齐心合力"要对此加以控制，也是越来越难以奏效了。剩下的控制货币供给的办法就是调整"超储"货币本身，或是调整准备率，或是直接把地方专业银行的"超储"收上来（实际上还是相当于改变准备率），以控制基础货币，这种做法过去因中央政府与银行之间的目标冲突和地方上的反对，基本没有真正实现过，今后若遇到地方上强烈的反对，其可行性仍然值得怀疑（这就是说，这种做法可能基本上不是一个可利用的调控手段）。即使假定这种做法真的被采纳了，在当前地方可以通过发放政府债券或企业债券直接融资，其调控总需求的实际效果又会有多大呢？因为在这种情况下，只要贷款需求方不在乎利息成本（更广义地说是融资成本）的高低，他们就照样可以在银行之外获得资金，并且由于债券利率高，使一部分储蓄被吸引出去，银行的"超储"会减下来,中央银行想通过控制准备率来控制货币数量也就很难奏效了。

三　可供选择的对策

以上的种种分析表明,一方面,由于我国宏观经济运行的一些基本特征未变,通常在市场经济条件下有效的某些"间接调控手段"在现实中的有效性还很有限;另一方面,经济决策权的下放,原来有效的一些行政式、强制式的"直接调控手段"的有效性在今后会大打折扣。这就向人们提出了这样的问题:今后一时期内,在整个经济体制还未进一步改革之前,人们可利用的、有效的宏观调控手段是什么?采取怎样手段才能尽可能地减小经济波动,实现平衡、稳定的经济增长?

根据我国整个经济目前所具有的过渡阶段和"体制双轨"的特征,我认为当前和今后一个时期我们应采取的宏观调控手段必须是"双轨"的:既不能看不到体制上已经发生的变化继续一味地使用旧的行政控制手段,也不能照搬只有在较为成熟的市场经济中才有效的一套宏观政策,而是要在加速体制改革、加速市场经济的形成式、尽快完成从传统体制到以市场机制为基础的宏观调控体制过渡的前提下,根据现实情况,相机抉择,实行"综合调控",利用各种的调节或控制手段,无论其有效性是大是小,无论其是新手段还是旧手段,也无论其是直接调控手段还是间接调控手段。具体做法包括:

第一,在对整个经济扩大货币政策调节的范围和力度的同时,适当保留一部分行政计划控制手段,特别是对于地方政府和国有企业,在其运行机制和行为方式还未发生根本性转变,还缺乏自我约束、只负盈不负亏的情况下,某些起外部约束作用的行政控制手段就可能不得不保留一些,对于各地的投资规模、收入分配(工资奖金等)和集团消费等的控制,不能一下子放得太开,避免出现新一轮的投资膨胀和消费膨胀。

第二，在货币政策方面，首先要扩大利率调节、准备率调节等直接调控的范围和力度，当前应特别注意，各地一方面叫喊利率太高，另一方面又千方百计要贷款的情况，顶住各种压力和反对，较大幅度地提高贷款利率（计划规定的"平价利率"低，实际操作过程也会有人搞中间"加价"，结果是用款人付出的很大一部分贷款利息变成了某些个人的非法收入）；与此同时，还不能不实行较严格的"数量控制"，对各级各类银行贷款规模的直接调控还必须保留，防止货币流通总量的盲目扩大，引发高额通货膨胀。

第三，在加速发展、完善债券市场，扩大资本市场在资源配置中的作用的同时，目前还必须对债券发放实行较严格的管理和控制，适当限制地方政府发行债券和审批债券发行的权限，密切注意债券发放所造成的资金"一女两嫁"及其在总需求膨胀中所起的作用。

第四，改变政府内部的宏观调控体制，加强中央政府的宏观调控职能，注意各种调控措施的协调、配套。在任何条件下，宏观调控总是中央政府的一项重要的经济职能，宏观经济稳定是任何条件下中央政府所应提供的最重要的"公共商品"之一。发展市场经济不是要取消或削弱这一职能，而是要改变行使这一职能的方式方法。在体制改革的过渡时期，中央政府及时、强力的宏观调控则显得特别重要，特别需要对宏观经济中已发生和潜在的问题作出及时的回应，有效地协调政府部门的行动。从目前体制情况看，政府短期宏观调控（其主要目的就是"熨平"经济波动）的职能应适当集中，各部门在短期调控与长期发展规划、宏观调控与经营管理等方面的职能应进一步明确分工，避免政出多门，相互牵制，相互冲突，无法有效并及时地实行宏观调控。以上各方面都应由有关部门作进一具体研究。

（原载《管理世界》1993 年第 1 期）

论市场中的政府

随着市场经济机制的逐步形成与发展，要求政府转变职能的呼声日益高涨，政府本身也在研究并采取一些行动，力求改变其职能，适应新的条件与环境。进步是不可否认的，但也明显地存在许多问题，在有些方面采取了许多措施，收效却不明显，想转还是转不过去，比如老在说要"政企分开"，却总也分不开，老在"下放自主权"，大家却仍在叫"自主权"下放得还不够。在另一些方面，该管的事没有管或没有管好，或者本来管对的，现在反倒不管了；本来可以不管的，"转变职能"时反倒管了起来。因此，笔者认为现在有必要及时地对政府在市场经济中的性质与职能进行一些研究与探讨，以便我们能在思想上尽早有一明确的认识，指导改革实践。

政府的职能不是任意规定的，政府执行什么经济职能，其实不是政府自己选择的，而是整个社会经济关系客观地规定的。因此，研究政府的职能，必须从最基本的环节着手，研究社会基本经济关系，而要想实现政府职能的转变，首先要实行经济关系的改革。以往的一些关于政府职能问题的论述，之所以缺乏说服力，或者缺乏实际可行性，关键在于缺乏对政府职能与社会经济关系二者之间相互关系的研究。

本文力求围绕两个相关联的论题展开分析：

1. 与市场经济基本制度安排相适应的政府职能是什么。

2. 如何随着社会经济关系的改变，通过体制改革来实现政府经济职能的转变。

这两个方面的论题，多多少少都带有"规范研究"的性质，因为它们是在讨论改革"目标模式"中的一个问题。但这种规范分析不乏实证基础，因为我们并不是在设想"未来社会"，而是在对人类历史和世界上现有各种市场经济现象观察的基础上进行实证性论证。

一　怎样才能使政府不再管企业

现在人们要求政府转变职能，并不是说政府的一切职能都要转变，而主要是要求改革这样一种职能，即政府不要再管企业。但是，要想使政府不再管企业，我们先要搞清楚政府为什么总是在那里管企业，政府为什么要管企业？

我们的传统体制与"市场机制"的根本性差别，并不在于有"计划"，而在于一些更基本的制度因素——传统体制下的指令性计划、"一平二调""统收统支"，是建立在国家所有制或事实上的国家所有制（如被称为"二全民"的"大集体所有制"）基础之上的；政府之所以能够统管一切、发号施令，正是以这种特殊的所有制结构为基础的。在传统体制下，政府之所以是计划者、管理者，首先是由于它是"所有者"（就像当年资本家之所以是"工业司令官"，是因为他是资本家的道理一样）。而如果政府不再是所有者，自然就不必再直接管理企业，政企分开也就成了不言而喻的事情。

仔细想一想，我们之所以喊了那么多年的"政企分开"，而到如今仍然分不开，其原因不在于政府官员真的就那么想管企业，而首先是在于基本的经济关系决定着他们必须管、不管不行，不管社会上就会有"强烈呼声"要求他们去管、迫使他们去管。这里最基本的原因就在于，作为资本财产的所有者（即理论上所说的"委托人"，Principal），政府必须监督资产的使用与处置，防止管理者或劳动者（即理论上所说的"代理人"，Agent）一切侵害资本利益的行为发生，保证资本不被滥用和浪费，能提供利润并能不断增值。

在市场经济中，所有者对资本的监管，可以有多种形式，如所有者直接管理企业（业主本身是经理）、董事会监督、股东大会决议（用"手"投票）、股票市场上的买卖（用"脚"投票）等，而在国有制的条件下，所有者的监督，便只能体现在"政府管理企业"当中，这是因为，在国有制条件下，无论资本所有者是以"国家资产管理局"的形式，还是以"国有资产管理委员会"的形式，是财政部还是计委，是"属于"人代会，还是"属于"国务院，还是干脆没有什么具体形式（我们过去就是这样），反正公共财产一定要有一个公共机构作为其所有者的代表或化身，来执行所有者的职能，而在任何国家中，政府是一切公共机构的集合（代表全民利益或公共利益），国有资产所有者的职能自然而然地要由政府或政府的一个部分来加以执行（请注意，政府的概念不仅包括行政机构，也包括立法和司法机构，既包括"人大"也包括法院）。事实上，可以论证，由政府直接执行国有财产所有者的职能，是"最经济"也最方便的；单设一摊早晚也会走到"一个机构、两块牌子"的路子上去。

政府是一个"官僚机构"，会生出官僚主义，因此由政府来当所有权代表，一定会生出一些"额外"的无效率损失，扯皮、拖延、错误决策的事，一定会比其他所有制形式更多；政府对企业的"管束"，一定会在很大程度上压制企业和个人的创造性、积极性；国有制经济的规模越大，无效率的问题也就会越严重，这些都是可以从公共选择理论和"委托人—代理人"理论中推论出来的，可以预知的。但是，我们很难说在传统体制下政府在管理企业中所采取的各种"管束"措施，包括"层层审批"之类的措施就没有道理，就不符合事物本身的逻辑。举例来说，现在人们对"控购"一事仍然抱有怨言，但是，对于形形色色的"公款消费"这些年这么控制还控制不住，不控制又怎么行呢？"控购"当然限制了那些"自觉"企业的必要购买,但是,只要存在"不自觉"的人,存点钱就要买奔驰车的"贫困县",越亏损越大吃大喝的企业,政府就只能出来"控购"。其他如滥发奖金、"工资侵蚀利润"、乱上项目、大搞"楼堂馆所"、"故意赔本"、"国有资产大量流失"等问题,从性质上说都是侵害了资本的利益,资本所有者自然要出来"管一管"。"下放自主权"能使一些企业运转更灵活,但也面临着如何防止人们"滥用权力"、侵犯资本利益的问题。并不是任何情况下都需要政府做"控购"这样的事,但前提条件是企业、单位不是"公共的",花的不是"公款",在这种情况下你愿意吃多少吃多少,愿意买什么买什么,反正你在吃自己的,在掏自己的腰包。西方国家中的一切公共机构,"支出自主权"要比我们目前的企业所拥有的自主权小得多,每花一分钱都要审批、报账、审查,不如此,公众就要"造反",为什么你能花我不能花?为什么你有权力挥霍公款?只有在一种情况下公众才不"造反",那就是大家都有公款可花。公有制的本质是从资本中获益的权利平等,因此只要在这方面有不公平的现象出现,政府不去管,公众早晚会要求以至迫使政府去管,就像我们的经济中一个企业多发了奖金,另一些企业要么会攀比,也发那么多(有钱可发的情况),要么会要求政府出面对那个企业加以控制(没钱发奖金但有权作为"共同所有者"要求平等待遇,即谁都别发)。

"政府管企业"的逻辑,并不是什么人强加给我们这个经济的,而是存在于这个经济本身基本的经济关系和利益结构之中的。在企业单位在事实上面临"预算软约束",缺乏自我约束机制的情况下,就只能依靠政府的"外部约束"机制来调节经济行为。也正因如此,不改变一些基本的经济关系,而只想去掉"政府管企业"这一"现象形态",不说完全做不到,但最终至少会陷入"收权—放权—收权—放权"的恶性循环当中。"收"的时候看到的是企业被管死,看到因经济效率低下而资本增殖不快,而在"放"的时候则能观察到大量的滥用权力的现象,看到因人们有了"吃资本"的权力，资本增殖也不快甚至更慢以致"资本大量流失"。在国家或政府是所有者代表的情况下，我们不能忘记一个非常基本的经济问题，政府不管企业，经济中谁又作为所有者来管企业，谁作为资本所有者来监督管理者和劳动者？谁来代表资本的利益与管理者和劳动者的利益抗衡？所谓"放权让利"，超过一定限度之后，便等于"公有产权"的自我放弃或"自我侵蚀"；而"收收放放"的怪圈，不过是这一"放弃产权"过程中国有财产所有者"内心矛盾"的外部表现形式。

总而言之，政府职能的转变，前提是所有制关系的转变；市场经济中政府职能与传统体制下政府职能的差异，产生于所有制关系的差异。要想做到政府不再管企业，前提是政府不再是所有权主体，至少不再是大多数企业的所有权主体（这样，其"主要职能"也就转变过去了），国有制的所有制形式在整个经济中不再为主体。这并不否定我们的经济仍然可以是以"公有制为主导"，因为，第一，公有制为主导并不一定是国有制经济占主导，集体所有制、合作制等一样是公有制；第二，公有制占主导，并不等于国有制经济要在数量上（资本总额、生产总值或就业总额）占"主体"。在一个股份制企业中，20%—30%的以至更低比例的股份就可以对企业决策起决定性的支配作用，同样的原则也适用于整个以"公有制为主导"的经济。这样，虽然我们的经济仍然是公有制占主导，但对于大多数企业来说，已不再存在。政府直接管企业、直接抓生产、直接搞流通等"政企不分"的问题，政府也就不再在这个问题上显得那么"不务正业"了。

二 市场经济中政府的基本职能是组织"公共物品"的供给

在体制改革过程中，一直存在着一种观点，认为市场化改革就是削弱政府，就是政府放权，就是政府管的事越少越好，似乎市场就真的是"无政府"。其实，要建立起市场经济机制，需要做的事情只在于使政府做到该管的管、不该管的不管，从原来的一些职能中退出来，更好、更强有力地执行另外一些政府应该执行的职能。与市场经济对政府的要求相比，传统体制下的政府在"当资本所有者"、在"管企业""管生产"等方面管得太多了，而在提供"公共物品"方面却做得很不够。

如果不当资本所有者，政府的基本职能，说到底就是一句话，组织公共物品的供给。所谓"公共物品"，其共同特点是对它们的消费是"不排他的"，只要它存在，你可以消费，我也可以消费。国防、公安、环境等都属于"公共物品"的范畴。

公共物品由于具有消费上不排他（无法排他）的特性，会引起需求与供给无法自动通过市场机制相互适应的问题。比如路灯，如果让私人去买，结果便可能是大家谁也不去买，街上不再有照明（这正是我们许多公共楼道里总是漆黑一片的原因），路灯的供给不足，不能满足实际需求，也就是发生资源配置无效率的情况。生产路灯的成本费用是一定的，路灯本身可以由"私人"生产，但问题在于谁来"付费"、谁来购买、谁来"组织供给"。这时，就要有"集体行动"或"公共选择"了。靠个人之间的直接"交易"去解决公共物品的供给问题，由于"交易成本"太高而得不偿失，往往会导致"市场失效"结果。经济学家曾设想了很多方法来解决这个问题，其中包括由私人来安排公共物品的供给，但迄今为止最"经济"也最通行的办法，还是由政府来管。

这就是说，所谓"政府"，作为一种公共机构，其"本分"的职能，说到底，简单的一句话就是"组织和执行公共物品的供给"。笔者不否认国家或政府也会成为"阶级压迫的暴力机器"（这是政府的"政治功能"，是作为政治机构的政府的功能），但只讲这一特殊"功能"，而不讲"公共物品供给"这一基本功能（这是政府的"公共功能"，是政府作为公共机构的功能），是对国家或政府的片面理解。在体制改革的问题上，如果我们继续忽视政府作为"公共物品供给者"的基本属性,而还只讲其他什么属性,我们的政府职能就总也得不到根本性的改善。

政府之所以只应管"公共物品"的供给而不必去管、不应去管"私人物品"的供给,是因为私人物品由于消费的排他性一般不会发生"搭便车""占便宜"的问题,谁要东西谁掏钱。理论可以证明,个人与个人、企业与企业、企业与个人之间直接的市场交换,就可以实现私人物品生产当中资源的合理配置,实现供求的均衡,政府中间"插一杠子",多此一举,是资源浪费;有时在短期内,市场可能会失衡,资源配置会出现无效率的情况,但这时若政府出来管理,指示人们生产这个或生产那个,也不见得就能正确地纠正市场的"错误",政府管制本身又是件耗费资源的事(政府本身的运营成本),因此总的来说得不偿失,还不如让市场机制逐步地调整。因此,所谓的市场经济,简而言之,就是由民间自由交换实现"私人物品"的有效率生产,而由政府负责安排公共物品的供给这样一种特殊的制度安排。①

由此而论,传统体制存在的问题,在于政府管了本来不该管而应由民间自由交易来管的事,过多地参与和干预了"私人物品"的生产与交换,并因此而没有管好自己分内该管的事,即安排好"公共物品"的供给(具体要管哪些事,我们后面还要做具体分析)。从这个角度说,所谓政府职能的转变,就是要从过去由于当所有者、计划者而直接管理私人物品生产活动的职能中退出来,加强对公共物品供给的管理;所谓"削弱政府",只是削弱它在"私

---

① 现代自由主义经济学的理论家试图论证通过私人来安排公共物品的供给,也能实现资源的有效配置。但是,迄今为止还没有什么具有现实可行性的结果。由于经济中每个人都想要"白搭车",不愿坦白地显示自己的消费偏好,政府在供给公共物品的过程中很难获得充分的信息(目前设计出的一些让人们"说话"的方法,都因极其昂贵而没有现实可行性),因而很难真的做到资源的最优配置;同时,政府本身作为一个官僚机构,有其特殊的运行成本,也要耗费一定的资源。因此,当我们说应由政府供给公共物品的时候,并不是说一点问题没有,不需要研究改进的方式。但是,从全世界的情况来看,既然还找不到其他更好的办法,那就只能认为,在目前的主客观条件下,由政府供给公共物品,要比由私人供给公共物品,效率损失相对更小一些,因而对大家更有利一些。

人物品"生产中的作用,而不是削弱它在"公共物品"供给方面的作用,相反,它在这方面的职能还需加强而不是削弱。就目前状态而言,我们的政府在履行其应该履行的公共职能方面,不是太强,而是太弱了。

三 政府的首要职能是保护产权

以上说到的"公共物品",是否就仅仅是国防、公安之类的东西呢?不是的。经济学中"公共物品",是一个含义很广的概念,不仅指有形物品,还包括许多"无形的物品"。

一种重要的无形的公共物品,就是"对产权的保护"。通常人们说国家或政府的职能是实行"法制",通过立法和执法,来建立和稳定社会秩序,协调各利益集团之间以及个人之间的利益关系,这并不错。但细想起来,这些都不过是手段,所有这些手段最终生产出的东西,不是别的,正是社会上这样那样合法权益得到的"保障"。政府的一个重要职能,并且可以说是首要职能,就是向社会上一切合法利益集团与个人提供这样一种保障。这种对产权的保障,是政府所能提供的一种能为全体公民共同享有的重要的"公共物品"。

"产权"(Property rights)的概念,现在已被广泛运用,但在许多场合尚未定义得很清楚。所谓"产权",是对各种权利的一种总称。由于"资产"(Property)的概念在现代社会中不仅指有形的物质财产,如机器、厂房、土地等,还指知识、技能、劳动等无形的具有价值创造功能的生产要素,因此,"产权"所指的就不仅仅是过去"所有权"概念所专指的对"物质生产资料"的产权,泛指一切依据某种生产要素获取收入的权利。由此可见,产权概念是一个比古典理论中所有权(Ownership)更为广义的概念,虽然所有权迄今为止总是构成最基本也是最重要的一种产权。

产权概念相比所有权概念的一个重要特点,就在于所有权概念所强调的主要是人与人之间在物质占有方面的排他,而产权概念则更强调的是平等权利之间的相互交错、相互兼容与相互冲突。熟悉马克思列宁主义经济学的人都知道马克思在《资本论》中所分析的工人与资本家在工资与利润分配问题上两种平等的权利"二律背反"的问题,这可以说是解释产权的很好的例子。资本家依据对资本的所有权,有"权利"尽可能地"压榨"剩余劳动,而工人则依据对劳动力的所有权,有权利要求对劳动力的支出进行充分的补偿,于是在收入分配问题上发生利益的冲突。所有权都是明确的,但依据这两种所有权而产生的"产权"却往往并不明确,需要通过"利益斗争"(如工资谈判、罢工等)才能做出进一步的划分与界定。这就是两种产权在对同一价值量的索取问题上发生的利害冲突。这只是一个例子,类似的例子在我们的经济生活中比比皆是。比如说你有居住在一间房中生活的所有权,我也有居住在一间房(隔壁)中生活的所有权,双方都很明确,若你半夜在你自己的屋子里跳迪斯科,并没有违反你的"所有权"(你没到我的屋子里来跳),但却闹得我无法安宁,咱们俩平等的权利便在"安静"这一共享的环境"财域"里发生了利益冲突,于是便出现了如何进一步界定你我之间的权利即"产权"的问题。"安宁的环境",也是一种"财产",我对它的享有权可能与你跳迪斯科的权利相冲突。总之,如果说所有权的概念更强调的是什么已经明确地界定了的东西的话,产权的概念则强调的是那些需要不断再界定、重新界定的东西;"所有权"体现的是"互不相干"(排他),而"产权"强调的是相互冲突。

日常经济生活中发生的各种经济纠纷,可以大体上分为两大类,第一类是事先已有契约,已界定了产权,但发生了公开的抢夺或明显的欺诈。比如商业欺骗、欠债不还、合同违约等。第二类则属于经济活动、经济交往发生之初,双方没有想到、没有划定清楚,但事后因种种原因使一方钻了空子、占了便宜,另一方吃了亏,加大了成本,觉得不公平,要求得到一定补偿或分享利益,或者要求分摊成本，等等。比如因通货膨胀，工人认为工资贬值，要求增加工资；再如上面说到的邻里之间权利的冲突。在前一类情况中，需要做的是如何"保护产权"，即保障已经界定清楚的产权，而后一类情况中，则是如何进一步划分、界定、产权。这两件事，从逻辑上说，可以而且事实上最初也就是由当事人或"民间势力"自己来做的，比如"谈判"、重签协议、吵架、骂街、械斗、"私设公堂"、"要债公司"以至"罢工"等，都是解决这些问题的一些形式。"黑帮团伙"或"家族势力"有时也起"保护产权"和"解决纠纷"的作用，不过这当中很多情况下通行的往往只是"强权逻辑"，存在着大量的不公正现象。于是后来大家发现，与其自己这样争来斗去，还不如交点税，搞出些法律、法院、警察、监狱之类的"公共机构"，作为站在当事人之上、之外的"第三者"，作为"社会仲裁人"，来调解矛盾，保护产权与界定产权，更方便、省事，更节约成本，也更能体现一些社会公正。经济合同中的许多条款，若变成"法律"，也省得大家每次都要重写一遍。从逻辑上说（而不是从历史顺序上说），所谓"政府"，在一定意义上正是依据这样的公共需要而产生的——更严格一点说，政府本身的"合法性"，正存在于这样的公共需要当中——政府本身是被公众创造出来保护公众权益、调解社会纠纷的社会仲裁人（当然，这也创造出了一个阶级假借公共权力压迫另一个阶级的可能性）。

这里要进一步明确的一点是：政府这个社会机构提供的对产权的保障（重新界定也是依据某种社会道德规范对某些"吃了亏"的人的权利的一种保障），本身具有"公共物品"的性质，其原因就在于它也像国防之类的东西一样，具有"消费的非排他性"，因为他一经确立，原则上要对社会上每一个人一视同仁。一项法律、一项政府规章制度，对一种权利的保障或对一种行为的禁止，是适用于全社会的，一经公布实行，原则上每个拥有或潜在地拥有这一权利的人都得到了保护。

在市场经济条件下，个人之间、企业之间的经济交往越发展，社会分工越细化，就越需要政府这样的公共机构，通过法制来保护大家的产权，调节各种经济纠纷。政府若不承担和强化这一职能，出现"政府缺位"，其他一些东西就会来"补位"，像前面提到过的"要债公司""家族势力""黑帮团伙"之类，大家都依靠私人势力保护产权，不仅社会成本极高，而且会造成极大的社会不公，导致弱肉强食，广大公民的利益受到侵害，激化社会矛盾（许多地方因政府职能被削弱，现在已出现了这样的情况，很值得警惕）。从长期来看，私人自己保护产权，由于不经济、不公正，受经济规律支配，早晚也会重新过渡到"重组政府"的一步，所以我们要靠及时、主动地转变职能过渡到新体制，加强法制建设，建立起与市场经济相适应的立法与司法体系（司法往往比立法更重要，因为只立法而无人执法，法律只是一纸空文），而不要再走一个漫长而痛苦的重组过程。

保护产权的重要性是不言而喻的。产权界定得越清楚，市场上每一行为主体的权、责、利越明确，越能在制度框架内得到法律的保护，人们对经济中各种行为主体的行为方式预期越稳定，市场运行越有秩序，坑蒙拐骗、不负责任的事情越少，交易成本越低，经济效率越高。

政府直接管（私人物品）生产、管交换，是多余的，它只要为民间的各经济行为主体提供产权保障，维护市场运行的正常秩序，市场规律本身就会使经济效率得到提高，使全民的福利得以提高，这才是真正造福于民的根本大计。

在这里需要特别指出的是：在我国目前条件下需要注意保护的一种产权，就是私人财产的所有权。几十年的"一大二公"，在我们国家中事实上已经形成了一种根深蒂固的对私有财产权的歧视。私有权被视为一种"邪恶"，从而使私人在进行投资活动时至今难免有一种不安全感。尽管现在的一些政策开始鼓励个体、私人经营，鼓励私人投资和再投资，但仍有许多人怕"政策不稳"，不敢扩大发展自己的产业，其结果便是产业发展到一定程度就撤资歇业，把钱存起来吃利息，要么是早早地开始大吃大喝，把钱花在奢侈消费上，花在进口的高档商品上，或是把钱存到国外去，最终自己也移居国外。这些资本不能被用来增加我们自己的民族资本，用于发展本国经济，增加本国的就业机会。所有这些情况，对于一个急需资本积累的经济落后的人口大国来说，是十分令人痛心的事。这也就是说，政府如果不及时保护产权，宝贵的资本就要被"配置"到吃光花光上去，"配置"到国外银行里去。政府不保护产权的经济后果就是如此。

政府的首要职能是保护产权，特别是财产所有权，也就从另一个角度说明政府自己不能是所有者。道理很简单，政府的职能是做好社会仲裁人，做好经济纠纷发生后的第三者，凌驾于当事人之上，站在利益冲突之外来调解利益冲突，它自己就不能是利益当事人。按照通行的司法程序，与当事人有关系特别是有利益关系的人员必须"回避"有关案件。如果按这一原则推论，我们现在的司法人员，事实上没有权力处理国营企事业单位与其他非国有经济实体的经济纠纷，因为国营企事业单位与司法当局从经济上说同属国家所有的组织机构，这就很难不让人对案件处理的公正性产生怀疑（事实上国营企事业单位也的确有比别人更多的"内部渠道"对案件的审理施加影响）。这就是说，政府要想真正履行好社会仲裁人的职能，就必须从所有者的地位上撤出去。我们现在的经济体制中存在的一个重要弊病，就在于政府在各种涉及经济利益纠纷的问题中（像企业亏损了不能破产、拖欠债款、"三角债"、国有企业垄断、对非国有企业的歧视待遇等），转来转去总会发现在当事人的背后站着一个作为所有者的政府。裁判要是也去踢球，就永远不是个合格的裁判。

四 宏观调控、基础设施与公共服务

应该由政府提供的"公共物品"还包括以下的一些东西：

——宏观经济稳定。稳定的宏观经济环境对个别生产者和消费者来说是一种"公共物品",因为每个人都可以从中获益,不稳定则大家受损(严格说来,不是"每个人"或"大家"从不稳定中受损,而只是"大多数",不包括那些趁着经济混乱"浑水摸鱼"从中获益的少数人),可以免得今天经济过热、通货膨胀,明天又"治理整顿"、全面紧缩、市场疲软、库存积压、亏损倒闭。自由主义经济学家长期以来反对政府干预性宏观政策,认为反倒坏了事,但迄今为止还没有一个国家的政府真的完全放弃了宏观调控,可见还是有用的,大家还是需要的,在一个市场经济发展的初期,恐怕就更是这样。宏观调控不是指"经济计划",也不是指产业政策和收入政策,而是指通过政府支出与货币供给政策,对经济运行的总量关系进行调节。从我国经济目前的状况看,由于在向地方政府和国营企业放权让利的同时,在经济中起主导作用的国营企业的预算约束仍然很软,导致旧的直接控制性机制失效,而新的市场机制下宏观调节的各种手段如利率、储备率等还不能起到应有的作用,加上政府财政收入相对减少、支出的刚性加大,因此政府的宏观调控能力有所减弱,宏观经济的不稳定性也在加大。在市场化改革过程中,政府在这方面的职能,不仅不应削弱,反而需要逐步强化起来,只不过要按照市场经济的新方法、新手段来进行宏观调控罢了。

——经济基础设施。经济基础设施指的主要是基础科学研究、市政基础设施和公共交通系统等。基础科学研究由于可以增加全社会的知识存量,使各种生产活动共同受益,不宜用保护技术专利的措施加以对待,而是应按照公共物品的方式来加以组织生产,由政府负责组织。市政基础设施和公共交通系统可以由民营公司建造,并向使用者收费,但由于其生产过程本身涉及面较广,一旦建成又可以服务于全社会,因此至少应由政府加以组织与规划,以节省社会成本,避免资源浪费,地方政府负责地方上的市场建设,而中央政府则应组织跨省市的交通、通信系统的建设,统一规划,协调配套,避免各地区各自为政,提高资源配置效率。我国目前中央政府仍承担着很大一部分交通建设的责任,这些年的交通建设特别是铁路建设却大大慢于其他方面的建设,瓶颈问题越来越严重,说明中央政府这方面的能力正在衰退,这可以说是在改革过程中"政府缺位"的一个重要表现,需要一方面通过体制改革,建立起新的分散化的责任体系,另一方面强化中央政府在协调组织全国性交通系统建设方面的能力。

——公共服务。包括环境保护、城市规划、市容美化、社会福利、消防救灾等,而最重要的一种公共服务是"信息服务",即政府利用它所处的特殊地位,及时地收集、分析、整理各方面的信息,并及时地把它们传递到各个方面去,提高全社会的信息分享程度,降低因信息不完全造成的无效率(我们现在的政府还在将许多本该尽量扩大分享程度的信息向公众"保密",甚至向研究人员"保密",是件很成问题的事)。日本中央政府的经济企划厅,其职能很大程度上就是"提供信息",及时收集、分析国内外的各种市场信息,然后通报于商界,并通过各种形式的"磋商",使信息得到正确的理解和运用,最终的经济决策都是由民间公司自己做出的。它们没有指令性计划,"指导性"计划也不像我们这里事实上非执行不可,企划厅的职能只是使大家在做决策的过程中获得更充分的信息(包括企划厅专业研究人员的观点与看法),对现实状况有更充分的了解,对未来市场变化做出较正确的预期,决策中也就少犯错误,特别是战略上的错误。

此外,政府的职能还在于制定适当的对外政策,争取有利于经济发展的国际环境。和平有利的国际环境也是国内企业与个人能共享的一种公共物品,错误的对外政策会搞得大家在国际市场上难做生意,战争更是使全体国民劳民伤财,而一个积极通过外交活动吸引外国投资和开拓本国产品市场的政府,能为国民带来巨大的经济利益。发达的市场经济要求有国际自由贸易,这样也可减少国内经济中存在的摩擦与无效率,但在最初的发展阶段上,以增强本国工业的实际竞争能力为目的（而不是以保护落后为目的）的保护主义是必要的。最近发展起来的新兴工业国在起飞阶段没有一个不是严格保护国内市场的。我国许多市场，特别是消费品市场近些年想保护都保护不起来，说明政府在保护国内市场的问题上已经丧失了很大一部分能力，而这种能力对于落后国家来说是需要加强而不是削弱的。

（原载《改革》1993年第5期）

双轨过渡与"双轨调控"*

——改革以来我国宏观经济波动特点研究

中国"渐进式"改革的特点是先不触动许多既得利益,先不对旧的体制进行根本性的改造,而是先在旧体制的旁边(或在"边际上")发展新体例。因而必然会出现一种"体制双轨"的局面,要经过较长时期的"双轨制过渡"最终完成改革。渐进式改革的根本特征,可以说就是较长的双轨过渡期。①

从传统的计划经济体制向市场经济过渡过程中,如何减轻宏观经济不稳定是一个重大的问题;而在不同的改革方式下,宏观经济不稳定又有特殊的原因,需要采取特殊的对策。中国实行改革开放以来,已经经历了三次大小不等的经济周期波动。从 1992 年起,经济增长的热度回升,又进入了一个新的波动周期。在当前宏观经济稳定问题再次突出的时候,及时对前三次波动进行回顾、比较与分析,有利于对我国宏观经济运动的特点与问题,有一更清晰、更准确的理解,制定更好的反波动对策。

一 波动周期的划分:1983—1986 是否是一次小的波动?

经济波动研究中的第一个难题是波动周期的划分。"官方"承

---

* 本文是中美合作研究项目"中国宏观经济管理与经济增长"的一个阶段性成果。本课题得到了中国社会科学院和美国福特基金会的资助。合作者:张曙光、王利民。

① 对于这种改革方式的特殊原因,与其他方式相比较的优点与缺点等,笔者将专门撰文加以分析。

认的经济周期可能采用一种划分方法，而学术研究中，为了说明不同的问题，可能需要做些不同的划分。对于1978—1991年这一时期，经济学家目前就有不同的划分。如果我们都按由"复苏—高涨—紧缩—停滞"四阶段划分经济波动的周期，而不是按"峰顶—峰顶"划分，或按"谷底—谷底"方法划分，迄今为止就有以下几种划分。一种是划分两个周期：1978—1981年为一周期，1983以后为一周期（陈越，1988；卢建，1992）；另一种是划分为三个周期，分别是1978—1982年，1983—1986年，1987—1991年（马建党，1950；刘树成的划分方法是1977—1981年，1982—1986年，但他的研究进行得较早，到1986年为止，见刘树成，1989）。

这里的主要问题是1983—1986年是否可以算作一次周期性波动。从年增长率水平看，这一时期GDP增长率最低的一年也仍然达到了8.1%的水平，并且只有1986年较低，其他各年份都是10%以上；接下来的1987年又马上回升到10.9%。这种情况下，这一阶段能否认为出现了一个周期性波动，至少是一个小的周期性波动？

我们有以下两个理由将这一阶段算作一个波动周期：

首先，1985年起中央政府采取了一些较为明确的紧缩措施，以抑制当时已经开始过热的经济。这些措施起到了一些效果。中国经济进入"高涨阶段"的原因可能并不以政府高增长政策为前提，但进入"紧缩阶段"都以政府采取紧缩政策为必要条件。1985—1986年这一时期的紧缩，时间虽然不长，但起因仍然与其他各次紧缩相同。

其次，虽然从年度指标上看，这期间周期性波动不甚明显，但从月度指标看，周期已相当明显（见附表1）：1986年有8个月工业的同期增长率处于下降或较低的水平（低于10%），有7个月处于"谷底"（低于7%）。在此期间投资明显缩小，库存明显加大，这些都是周期的"紧缩与停滞"阶段的显著特征。

与其他各次中国经济波动相比，这次波动有其特点：时间较短、波幅不大、反弹较快、政府紧缩的力度与决心不大等。这些我们后面还要分析，但这些都不否认可以将它作为一次特殊的周期加以考察。

这样，本文要进行比较研究的就是三次经济波动，而不是两次。为简单起见，我们分别将它们称为"波动Ⅰ""波动Ⅱ""波动Ⅲ"。

二 波动的起因分析：解释中国经济波动的主要因素

中国经济波动的典型方式是：从经济增长加速开始（复苏），逐步进入"过热"阶段（高涨），遇到了资源的限制和结构的限制不得不实行紧缩（萧条），并要经过一定时期的调整（停滞），再进入下一个周期。这种波动，显然首先由"高涨"的原因来加以说明（而不像分析其他一些经济，着重要分析的是为什么"衰退"）。

经济增长是否"过快"或"过热"，不由增长率的直接水平来衡量，而由高增长是否引致或伴随物品短缺或通货膨胀来衡量。人们（包括笔者自己）提出了各种引起经济增长加速以致"过热"的原因，我们分析一下，并从中筛选出我们认为应该作为解释波动的主要因素：

第一，"计划者冲动"。各种不切实际的高增长计划或所谓的"政治原因"（陈越，1988；卢建，1992），都属于这一因素的范畴。这可以简单地理解为"中央的"因素。中央制定的过高的增长目标，无论是体现在"中央计划"中，还是计划中虽未明显体现，但却体现在"中央号召"当中的高增长目标，都会在经济过热的过程中以及由此引起的经济波动中起到不同程度的作用。中国经济目前仍在相当大的程度上具有计划经济的性质，国有经济仍占总产值的近50%，因此"中央计划目标"这一因素迄今为止仍然在宏观经济运行中起着重要的作用，虽然其重要性已在逐步缩小。对于一个落后的发展中国家来说，人们特别容易形成"大干快上"的热情和冲动，这可以说是一个一般、自然的因素。但计划经济理论假定"计划者"比经济中的其他个人有更完全的信息、更科学的判断，在现实中也确实掌握着经济运行的决策权，可以避免经济活动的"盲目性"。因此计划经济中若出现波动，我们只能把问题追溯到"计划者"身上。"计划者冲动"导致的经济加速增长，表现特点之一是一定有"投资膨胀"，但不一定有"消费膨胀"（樊纲等，1990，第5、6章）。从历史上多次"计划者冲动"引起的波动（如1958—1962年周期、1973—1976年周期等）来看，在投资膨胀的同时，个人收入与社会消费仍被压在较低的水平上。

第二，"软约束竞争"。指的是在公有制经济的各基层单位之间，即各部门、各地方政府、各国营企业之间为了更多地占有经济资源，提高本部门、本地区、本单位的生产能力和收入水平而展开的经济竞争。这种竞争与理论意义上的市场竞争的差别在于：竞争中各方的"预算约束"都是软的，都是针对"公有"的也就是竞争各方共有的资源（资金、物资等）展开的，谁抢先一步占用、使用了"公有"的资源，谁就能作为使用者得到一定的好处，而又都可以不用作为特殊的"所有者"对那些资源的损失、浪费、亏损等负有所有者的责任（在《公有制宏观经济理论大纲》中，称这种竞争为公有制条件下的"兄弟竞争"）。这种竞争与市场竞争的一个重大差别就在于，成本、价格、利率（资本使用的成本价格）以及在这些变量背后的市场供求关系等在市场经济中能够对人们的经济行为起重大影响的因素，在"软约束竞争"中都不起什么作用，或只起较小的作用。国有制经济中这种"竞争"的存在，意味着在这种经济的每一基层单位中，都存在着一种无止境的"扩张冲动"（或科尔奈所称的"投资饥渴"）。在集权的计划体制下，出于各基层单位缺乏"自主权"，一切都要由中央计划决定或中央批准，这种扩张冲动在宏观经济中所起的作用还不很大；

而在"放权让利"之后,在中央向地方和企业下放了各种自主权之后,它就会起到较大的直接的作用,并会构成决定宏观经济走势的一个决定性因素。由"软约束竞争"导致的经济过热,有两个突出的特点:一是不仅会出现"投资膨胀",而且会发生"消费膨胀",也就是所谓的"双膨胀"。这是因为,在"软约束竞争"起决定性作用的场合,一定是自主权在一定程度上已下放到了基层,通常也包括收入分配自主权和支出自主权的下放;在国有制条件下,这会导致"工资侵蚀利润""收入分配向个人倾斜"和"集团消费"的增加,这些都导致消费的迅速扩大,构成总需求膨胀和经济过热的一个重要因素。二是不仅会有"财政支出膨胀",还会有"信贷膨胀",以致发展到以信贷膨胀为主。这是因为在分权制下,财政的作用会大大下降,信贷、货币会成为基本单位"软约束竞争"的一个主要途径。

以上的分析表明,"计划者冲动"和"软约束竞争"这两个对宏观经济运行状况起决定作用的因素,都属于"体制因素";而它们起作用的条件,也与一定的体制状况相关:在传统的计划体制下,计划者冲动的作用会更大一些、更明显一些;而在改革后形成的分权体制下,"软约束竞争"的作用会更大一些。

第三,农业收成。农业丰收,人们容易"头脑发热",在各个领域里"大干快上";农业歉收,则往往构成制约经济增长或对工业实行紧缩政策的一个原因。这个因素在我国经济发展的早期起过重要的作用,但到了20世纪80年代,已很难说是决定被动的一个因素了。卢建(1992)正确地指出了目前我国工业增长速度的变动对于社会总产值的变动,具有最重要的决定作用。

第四,"投资周期",即"古典周期理论"中所说的因资本大规模更新换代所引起的周期性波动。严格地说,这是在任何经济中都会起作用的因素。在我们的经济中也不例外。但仔细分析起来,决定我国固定资产投资波动的,主要是全国性的大规模投资计划("计划者冲动")所决定的"大跃进""洋跃进",或基层竞争导致的大批新上项目（如"开发区热"），而不是周期性的资本更新。此外，值得一提的是，几乎所有的人把投资波动当作经济波动的"原因"（马建堂，1990；陈越，1989；陈东琪，1992；刘树成，1989；卢建，1992），这里似乎存在着概念混淆。投资需求本身是总需求的一部分，它的变化也是总需求变化的一部分，而不是总需求膨胀的原因。研究经济波动的原因，一个重要的内容就是要研究投资发生活动的原因，用投资被动解释经济波动，并没有说明任何问题。"投资"与"总需"高度相关，是很自然的，因为投资本来是总需求和总供给的一个组成部分，用这种相关性来解释经济波动，似乎是一种循环论证。①

第五，消费。消费也是总需的一部分，因此也不能像某些人那样用消费本身的波动来解释经济波动，而是要进一步研究消费本身波动的原因。在一个全部国民收入在分配中都成为个人收入的前提假定下，消费的波动和国民总收入的波动自然要用"消费倾向"之类的因素来加以解释，而当国民收入划分为国家收入与个人收入的前提下，收入分配比例（包括所得税率）就成为决定消费的首要因素。有些人不谈"高收入"（包括形形色色的实物收入）而谈"高消费"，是误入歧途。在我们的经济中，收入分配比例的变化，除了统一的"调工资"（或对农民"减征""提高收购价格"等）之外，主要是与收入分配自主权和支出自主权的"下放"或"收回"相关的。因此，消费的变动，可以由前面所分析的体制变动因素加以解释。

第六，外贸条件（以及外资条件等）。这是引起波动的一个外部因素。到了20世纪90年代，我国的外贸依存度已大大提高，因此外贸条件的变化已能够对经济波动起重要的作用。但在80年代，由于外贸依存度不高（也不再存在全面依靠苏联援助的情况），我

---

① 卢建（1992）还认为"就业水平"是决定经济波动的一个因素，但问题在于，就业水平变化本身是由经济周期波动，包括投资波动本身引起的，而不是相反，就业引起波动。就业水平与价格水平一样，从来是波动的一个结果、一种指标，而不是波动的原因。

们总的来说可以将此当作一个重要的因素加以考察。

第七，货币供给与财政支出。它们的变化，当然影响着经济波动的状况，但这两个因素通常都被视为是政府可控制的"政策变量"，因此在我们的经济中体现着我们前面分析的第一个因素："计划者冲动"，并成为"计划者"或政府反经济波动的手段（这点我们后面将进一步说明）。我国的货币，迄今为止在一定程度上仍具有传统计划经济中"被动货币"的性质，"信贷跟着项目走，现金跟着支出走"，而且不仅被动于中央计划，还被动于基层投资与借贷行为，"下面先打白条（或欠'三角债'），上面追加货币"。因此，20世纪80年代我国的货币供给量本身在一定程度上也只是经济波动的"指标"，而不是经济波动的"原因"。特别在经济高涨时期，就更是如此。

根据以上的分析，我们可以集中通过"计划者冲动"与"软约束竞争"这两个因素，作为解释我国20世纪70年代末以来经济波动的主要原因。这两个因素当然不可能解释一切，但能解释主要的部分，而且特别能反映体制变化对经济波动的影响。这也可以说是本文研究经济波动问题的一个特殊角度，也是本文的经验实证分析所试图论证的特定理论假说。

三 历次波动中经济高涨的不同起因

（一）波动 I："计划失误型"

与后两次波动相比，波动 I 的明显特征在于它是由中央计划当局的"增长冲动"引起的，明显地具有传统的集权式计划体制下"计划失失误型"经济波动的特点；而后两次则明显地具有分权体制下经济波动的特征。

1978—1982年的周期，主要的起因就是"文化大革命"结束之后，鉴于社会上和领导层内普遍存在的加速经济发展、"挽回'文化大革命'造成的经济损失"的要求而制订的"洋跃进"计划

(1978年3月在八届人大上通过)。当时经济体制改革还未开始,我国经济体制基本上是一套高度集中的计划体制。经济波动的这种性质不仅表现在此次波动中。经济增长速度加快和以前历次经济波动一样,主要是由"投资膨胀"带动的,消费并未"膨胀"。社会积累率达到较高的水平,而且和以前相似,也是首先表现为重工业增长速度起软约束的作用。这些都是传统体制下经济波动的典型特征。

(二)波动Ⅱ:"软约束竞争"

与这次波动的起因不同,1983—1986年的波动和1987—1991年的波动一样,都已带有明显的分权制下经济波动的特征。

1984—1985年,与经济增长过热相关的分权化改革最主要的有以下几个方面:

1. 地方政府与企业投资自主权的扩大。1980年开始实行的"财政包干"体制,最初具有"中央甩包袱"的性质,是为了减少中央财政的负担,并加强地方发展经济、增加收入的积极性。随着这一体制的实行,由地方政府自行支配的财政资源不断加大,开始出现了地方可支配的收入(按实际支出计算的"可支配收入")在财政总收入中比例加大、地方支配的收入也不断加大的趋势(见表2)。同时,自1980年起开始实行企业利润留成;1983—1984年分两步实行"利改税",进一步扩大了企业的利润留成比例,企业可支配的资金明显提高,在这种情况下,1984年10月计划管理体制改革措施出台,规定对地方部门,企业自筹资金的投资和利用自借自还的外资进行的建设项目,实行"指导性计划",并放宽了投资审批权限,地方自定项目规模由原来的1000万元以下,提高到3000万元以下;非生产性项目则不论大小都可以由各地方部门审批。这些都构成了基层"自主投资"迅速扩大的体制条件。

2. 银行信贷自主权。1985年中央银行体系正式形成,并开始尝试像市场经济中那样,取消贷款的指令性计划,通过货币政策对经济实行"间接的宏观调节"。先是实行了"差额包干"制,允许专业银行"多存多贷",但准备金制度并未立即完善起来,专业银行与中央银行的结算通过同一账户进行,专业银行可将"汇差"资金当作储备金,结果造成事实上的资金敞开供应局面,当时实行准备金制度主要目的是中央银行为了筹集资金,因为专业银行的资金相对宽松。所以,当1984年年底宣布要按专业银行本年底贷款余额作下一年的贷款计划基数,便造成了银行向企业"推销贷款"的情况,导致信贷膨胀。

更重要的是,地方投资自主权的下放,中央银行"地方分行"体制的存在,以及中央银行和专业银行的各地方分行与当地政府、地方企业之间利益的一致性,导致分权制下形成了特有的基层推动信贷、货币供给的"倒逼"机制(钟朋荣,1989;樊纲,1991)。各地方、企业的投资扩张欲望,比以前更容易得到满足。究竟有多大部分货币供给的增加是在地方政府和地方银行"倒逼"出来的,很难通过具体的统计数字加以验证(有些统计资料是无法得到的),但这可以从1984年以来经常发生的信贷规模"超计划"、货币发行"超计划"的部分体现出来(见表3),还可以通过"三角债"的增加和每次经济高涨时期大量的"白条"先由地方发出,然后要由中央追加货币加以兑现和转化的债务规模的扩张来加以间接的衡量(公有制经济中信用手段的膨胀方式问题,我们还要写专文加以分析)。

3. 收入分配自主权。1984年到1985年开始"扩大企业自主权"和企业工资管理体制的改革,除规定企业可以自行安排一部分生产和销售外,还规定下放"奖金分配"的自主权。取消"奖金封顶",并可以在一定幅度内自主决定工资调整,试行"工资效益挂钩"。这导致工资、奖金大幅度增长。1985年第四季度国有企业工资总额比上年同期增长46%,也就导致了所谓的"工资失控"。此外,由于"支出"自主权的下放,各种"公款消费"也大幅度上涨,各种非生产性支出(有的打入"物耗"成本,有的打入"管理成本"或"其他支出")也大幅度增长。这些都是导致消费膨胀的重要因素。

以上这些体制变化,一方面增强了企业和个人的生产激励,提高了企业经营上的灵活性,从而有利于生产效益的提高,但另一方面,也导致了投资与消费的"双膨胀",导致经济过热和经济波动。从1984—1985年的经济高涨阶段就可以看出,分权体制下的经济波动,在高涨期具有以下不同于集权体制的特征:

第一,是投资、消费双膨胀,而不像传统体制下一般仅是投资膨胀。1984年和1985年居民消费水平分别提高11.0%和13.2%,是1949—1991年中最高的两年;职工工资总额增长率分别是21.3%和22.0%,是除1988年以外增长速度最快的;平均实际工资1984年提高14.8%,是1953—1991年增长最快的一年;消费品零售总额1985年增长31.12%,是80年代最高的一年。[①]

第二,在投资增长过程中,非预算内投资增长幅度最大。这是由地方、企业自筹资金,包括利用自有资金和银行贷款进行的"自主投资"比重增大造成的。其中国内贷款占投资总额的比重改革后呈递增的趋势(见表4)。

第三,"信贷膨胀":货币发行和信贷规模在高涨期大大超过计划指标(见表3)。从流通中货币量的增长情况和贷款情况看,经济高涨年份其增长率也都是明显高于其他年份的,这可以在一定程度上反映出存在的问题(见表5)。

(三)波动Ⅲ:1987年以后分权体制的新发展

经过1983—1986年的波动,在1985—1986年的短暂紧缩与调整过程中,某些下放的自主权又被收了回去,比如在银行系统内,加强了"信贷额度"控制,也就是加强了直接控制,减少了间接调节;对投资也实行了规模控制,实行了"奖金税"等抑制个人收入增长;等等。但在另一方面,分权体制又在进一步"放权让利"的过程中有了新的发展。

---

① 参见历年《中国统计年鉴》。

首先是 1987 年在国有企业中全面实行"承包制"。到 1987 年年底，82% 的国有大中型企业实行了各种形式的承包经营责任制。承包制在收入分配上的意义在于定死税利上缴总额（或增长幅度），利润增加部分更多地成为企业的利润留成，也就是国家向企业进一步"让利"；从经营机制上看，则是进一步的"放权"，特别是在承包制实行初期，承包合同的内容比较简单，原则上只要企业能保证完成利税上缴任务和一定的生产任务，国家就不再干涉企业的经营活动。

通过"奖金税"等控制工资、奖金上涨的措施实施之后，由于企业的支出自主权仍在扩大，各种形式的变相增加工资奖金的行为发展起来，突出表现在"实物发放"的增加、实物收入在个人收入中的比重逐年上升。有的调查表明，实物工资（不算低房租等因素）占职工总收入的比重 1988 年上升到近三分之一（赵人伟，1989）。

地方的经济管理自主权进一步扩大，特别是沿海地区开放的过程中，沿海各省份的投资、生产计划自主权进一步扩大；地方政府与地方银行的关系更加紧密，中央银行对货币供给更难以控制，贷款指标经常被突破。

随着生产经营和支出自主权的下放和 1986 年以后价格双轨制的实行，各种"官倒"活动日益发展起来，政府和国营企业各级官员腐败的问题日渐突出，加剧了社会矛盾，也扩大了消费需求；而力求尽快结束价格双轨制的计划（"价格改革闯关"）大大提高了人们的"通货膨胀预期"，导致 1988 年消费需求猛增，以致发生抢购。

所有这些，都导致经济在 1985—1986 年短暂紧缩之后，又迅速进入了新的一轮过热状态，引起了新的一轮经济波动。

1988 年的经济过热、通货膨胀以及"抢购风"，实际是从 1984 年开始"城市改革"以后国有经济放权让利所引起的各方面经济矛盾逐步激化的结果。它暴露的问题实际是：对于公有制经济来说，实行集权计划体制，宏观经济可能相对较为稳定（中国过去因"计划者失误"太多，显得不稳定，但苏联、东欧等国基本上较为稳定），但企业与个人因缺乏激励，缺乏活力，生产效率较低，并会逐步下降；但若实行分权制，企业有了自主权和自己的利益，激励较大，生产效率会有所提高，但因缺乏约束，会加剧宏观经济的不稳定性。

1987年以后日益突出的另一个问题是"结构恶化"：加工工业发展速度以较大的幅度超过基础产业的发展速度（轻工业的发展速度从1985年以后基本上一直快于重工业发展速度），能源交通等发展严重滞后，这是经济持续过热的结果，而不是经济过热的原因。而且，最重要的是，加工工业增长快于基础工业增长，除了有加工工业价格改革进展较快，基础部门产品的价格一直受到控制这一因素的影响之外，很大程度上正是实行分权制的一个后果：第一，分权制导致企业和地方的各种"短期行为"，导致投资大量涌向投资周期短、见效快的加工工业；第二，放权让利导致个人收入和"集团消费"比例增大，消费需求增长速度较快，消费品市场扩大迅速，使得加工工业一直能保持较高的盈利率。第三，中央政府仍然对基础产业建设负有责任，没有在这方面放权，但由于财政收入在国民收入中所占比重下降，其他方面财政支出增加，挤占了投资基金，导致能源、交通等方面的投资相对减少。总之，20世纪80年代末出现的"结构恶化"，不是或主要的不是"产业政策"问题，而是放权让利后经济体制变化所引起的问题。结构问题越严重，经济增长越容易受到"瓶颈"的制约，进入"过热"状态的速度就会越快（所谓"过热"，是一个相对于现实可能的"生产能力"的概念，而不是增长率高低的绝对概念，参见樊纲等，1990，第21章），这在解释1992年以来的经济现象时，也是一个十分重要的因素。

四 "紧缩"与"调控"

(一) 紧缩及其主要手段

经济波动是由高涨与衰退相辅相成的,而公有制经济中"衰退"的特点是:(1)它不是波动的起始点,而是一个波动周期走向结束的过程;(2)衰退不表现为经济中自发形成的一种过程,而表现为由政府实施紧缩政策的结果。

1. 紧缩不会表现为自下而上自发形成的一个过程。在集权计划体制下发生的经济过热,本来是由政府制定的经济计划或政策引起的,它也只能通过计划者的"自我纠正"来结束,实现经济的紧缩。而在分权制条件下,经济的自发运动表现为"软约束竞争"。这种竞争只能引起无限制的自发的"膨胀",而不会自发地纠正,因为这时参加竞争的每一方都不会在经济内部遇到强的约束。这并不是说在分权制下经济发生过热之后,就不会从经济内部产生对紧缩的要求。在经济过热的过程中,通货膨胀加剧、资源短缺情况严重、经济结构恶化,这对于参加竞争的每一方都是一种不利的经济环境,因此,在经济中自然也就会产生使经济冷却的要求。但是,在既定的竞争关系下,每个地方、部门和企业从自己的利益出发,都会要求"紧缩"别的部门、别的企业、别的地区,而不是紧缩自己,都认为别人"过热",而自己并"不热",结果,最初是经济中"紧缩"的呼声很高,但谁也不会自发地收缩;最后,直到经济形势进一步恶化,紧缩才会最终作为一种"公共选择"的结果,以政府出面实施"紧缩—收权"政策的方式加以实现。

2. 迄今为止紧缩主要靠的是直接控制。中国经济在20世纪80年代几次波动的历史还表明:对于国有经济来说,尽管改革前后引起经济高涨的起因有所不同(经过过热的体制背景不同),但每次过热之后实行"调控"和紧缩的时候,有效的紧缩手段却是相同的：在三次波动中，调控与紧缩主要依靠的还是行政手段，实行直接控制（包括直接控制生的或投资，和直接控制信贷），而不是通过市场手段对经济变量进行"间接调节"（货币金融的政策调节）。这里的基本原因就在于：在预算软约束条件下，没有什么经济变量的变化足以改变经济主体的基本经济行为方式，便只有靠行政手段来加以约束，即实行各种直接控制。事实上，由于国有经济目前仍靠行政体制加以管理，因此自然在许多方面也就只能还是依靠行政手段加以控制。

迄今为止在紧缩过程中起主要作用的两个直接控制手段，一是压缩投资，这被称为直接的"计划调控"手段；二是压缩贷款规模，这被称为"直接的金融调控"手段（此外还有直接压缩、控制"集团消费"和控制工资上涨的一些控制收入的手段，但由于有效性有限，在紧缩过程中，这并不起主要的作用）。总的来说，中国的宏观调控在改革过程中经历了从以计划调控、财政调控为主，向以金融货币调控为主的变化，但直接的计划（行政）控制一直存在，并在历次紧缩中仍然起着重要的作用。

（二）1979—1982 年的紧缩：直接压缩投资

在 20 世纪 80 年代初，传统的计划体制基本没有改变，经济波动本身是由中央制定的高增长计划引起的，紧缩过程也就只能是用直接的行政计划手段压缩基建并削减财政赤字。1979 年、1980 年先停缓建了 400 多个大中型项目，1981 年又停缓建了另外 22 个大型外资引进项目，才使投资总规模明显地压缩下来。除此之外。在年度生产的计划安排上，也降低了增长率目标，这当然也有助于冷却经济。传统计划经济的特点是"资金跟着项目走"，金融货币政策没有独立的作用，因此在 1979—1983 年的紧缩过程中几乎不存在"金融调控"。

（三）1985 年与 1989 年的紧缩：控制信贷与控制投资

投资自主权下放以后，金融调控的作用开始加大。但 1984 年以后的实践表明，利用利率、准备率之类的手段对信贷和货币实行间接调控是不灵的,还必须对信贷实行直接的规模计划控制。1985年紧缩中起主要作用的措施有:对专业银行贷款总额和固定资产贷款等实行指令性计划控制;各银行不许发放计划外贷款。与此同时,对固定资产投资实行规模控制的"行政首长负责制",规定自筹基建资金必须存入银行半年以上方可使用;原不纳入计划管理的基建项目,一律纳入投资总规模的盘子统一实行计划管理。这些措施在当时应该说很快见到了成效。总需求收缩,企业产成品库存增加,企业货币资金、生产资金不足,造成1985年第四季度和1986年第一季度工业生产速度明显下降,这次紧缩之所以持续时间不长,主要是因为当时政府不愿看到经济真的"冷"下来,下面一叫苦,1986年第二季度起就放松了上述各项政策的实施,于是经济很快又反弹起来。

在波动Ⅲ中,1988年第四季度起开始紧缩。一开始采取的措施是提高居民存款利率、对部分产品征收消费税等抑制消费的"间接调控"政策,但见效不大,社会商品零售总额增长率仍居高不下。真正发生作用的是从1989年年初开始贯彻的压缩投资与控制信贷规模的政策,其中最主要的是压缩投资的各种直接的行政控制手段,包括规定压缩幅度、停缓建各种项目的指令性计划、派出固定资产投资"检查小组"等。这些措施落实后,工业生产增长率从1989年4月开始下降,并于10月至1990年1月达到低谷。1989年名义投资额下降8%,实际投资规模下降了25%左右;1990年上半年由于投资仍然控制在较低水平(全年名义投资增长率为7.5%)。正是由于投资得到控制,才从根本上使总需求得到控制,导致了"市场疲软"[1]。

从1985年起,事实上政府在宏观政策上的主调就一直是

---

[1] 有人根据许多地方的一些基建项目没到真正停下来,有的只短暂地停了一阵又继续上马的事实,就说投资控制的行政手段"不灵",没有什么效果,但问题在于,虽然已开工上马的项目没有完全停下来,但毕竟新列项目、新上马项目在这种措施下大大减少了,因而总还是使投资规模在一定程度上得到控制。

"控制需求，冷却经济"，并采取了一系列以此为目的的调控措施。但是，一切实现"间接调控"企图，包括1986—1987年实行的"指导性信贷计划"，都没有取得明显的效果，经济继续"膨胀""过热"；而只有最终采取了以行政手段加以贯彻的直接控制方法，直接控制信贷规模和投资规模，才在一定程度上"管住"了经济。这表明了分权制的公有制经济在宏观运行方面的一个重要特征。

（四）控制信贷更有效还是控制投资更有效？

20世纪80年代后期以来，由于生产和销售的指令性计划大大缩减，许多人认为我们现在的宏观经济就应该主要依靠货币政策加以调控，把管住信贷、货币看成抑制经济的"最后总闸门"。

这种观点在下述意义上是不错的：如果政府真的放弃了对生产和投资的计划控制手段，货币调控就成了唯一可以利用的手段，不论其效果如何，反正再也没有比它更有效的手段了。但是，1987—1991年周期性波动中的种种事实说明，在我国国有经济目前的条件下，行政性计划控制手段仍是比货币调控更有效力的宏观调控手段，计划控制投资才是当别的手段包括金融货币手段都试过但都不起作用或作用不大之后抑制经济的"最后一招"。不论人们认为市场经济中的宏观调控手段"应该怎样"，或者说等我们建立起了市场经济之后将来应该怎样，就目前的现实条件来说，仍然还"只是这样"。而这最后"闸门"的实质，就是所谓的"收权"，即把一些下放了的投资自主权取消或收回来，缩小分权化程度。

这可以从1987—1991年的波动中的一些事实中得到证明：

事实一：从1987年开始，中央政府已开始实行较紧的货币政策，甚至规定对短期再贷款实行额度管理；下半年又进一步实行信贷、货币"双紧政策"。提高法定准备率（由10%提高到12%）；但是，由于没有采取措施控制投资增长，经济过热的趋势有增无减，信贷、货币发放也大大超过中央计划的水平（见附表3）。这是因为，在分权制下，信贷、货币的发放可能在很大程度上就是由地方政府与地方银行"勾结"在一起用各种方法"倒逼"出来的；同时，银行信贷只是一种作为购买力的信用手段，在分权制下，人们如果需要还会创造出其他许多信用手段，如1988年下半年开始出现的"现金体外循环"（这时国家银行便不得不追加"体内"必要的现金发放）和企业与地方的直接集资。1988年年底"体外循环"货币占"体内循环"贷款余额的比重高达8.3%；全国包括国债、企业债、企业股票和其他社会集资，据不完全统计就已经达1000亿元人民币；而M（现金）与M_1（现金+所有企事业单位存款）的比率高达47.8%（1978年此比率为19.8%，1987年为17.4%）（钟明荣、吴同虎，1990）。企业之间的"三角债"。同样是一种国有企业特有的"有国家作保"的信用。到头来一定也要通过追加"清欠贷款"来被"追认"其合法性，导致信贷、货币的超计划发放。[1] 自主权下放得越是彻底，"倒逼"出来的货币就会越多。

事实二：经济的回升，主要取决于对投资规模（主要是国有经济投资）控制的放松，取决于投资扩大引起的最终需求的扩大。1989年下半年到1990年年初，"启动市场"的重点是"松动银根"，先是扩大对商业部门的贷款，然后又是增加企业流动资金贷款，但市场刚一启动，就又落了回去，原因就在于最终需求因投资仍受控制而没有扩大。到了1990年下半年，对投资的控制逐步放松，逐步使最终需求有所扩大，经济才在1991年由投资带动走出了低谷；而1992年开始的新一轮高涨，也是由于投资审批权的进一步扩大、投资迅速增加而引起的。

从宏观管理的效率后果来看，在非国有经济已经有所发展，但它们在银行融资方面仍受"歧视"的情况下，控制贷款规模，首

---

[1] 例如，1990年注入清欠贷款500亿元，清理了1600亿元的"三角债"。1991年上半年"三角债"又达2500亿元，按照"注入1元清欠3元"的要求，又需要800亿元。国家银行1990—1991年共注入清欠贷款达1700亿元左右。

当其冲的是各种非国有经济（周晓寒，1990）。地方政府和国营企业受的损失相对较小。而用行政手段控制投资，主要只在国有部门内有效，不妨碍乡镇企业、私人企业、三资企业等预算约束相对较强，不赚钱不敢轻易要贷款的经济行为主体继续扩大投资，保持经济的有效发展。

总之，无论人们认为我们"应该"用哪种手段，如何"希望"那些间接调控手段更为有效，也无论我们将来市场经济体制真正形成之后哪些调节手段更为有效，严酷的现实仍然是：对于分权制的公有制经济的现状来说，收权、行政干预、直接控制投资规模，仍然是最有效的紧缩手段和宏观调控手段。国有制经济由其本身的逻辑所决定，需要运用行政手段、直接计划控制的手段来保持其宏观稳定，一味地在产权关系未变的条件下放权，并不是出路，而只能在"一放就乱、一收就死"的"怪圈"中转。需要注意的是，在运用直接的行政控制手段时要有利于市场机制而不能抑制市场机制的发展。

五　1992—1993：面对新一轮的波动

1992年以后，中国经济的改革与发展迈上了一个"新的台阶"。但与此同时，经济也迅速地趋于过热。我们回顾、分析以往的波动，目的就是要通过与过去的比较，更好地认识当前中国的经济体制与过去相比，哪些方面已发生了变化，哪些还没有发生变化，有针对性地采取有效的宏观稳定政策。

（一）"已变"和"未变"

首先，我们应该看到与1987—1988年相比，我国的经济体制又发生了许多积极的变化：（1）非国有经济进一步发展，在工业总产值和国民生产总值中的比重已超过50%，它们作为面向市场、自我约束较强的经济主体，对于稳定经济起着积极的作用；（2）对外开放进一步扩大，外资投入大幅度增加，进出口进一步扩大，价格上涨在许多方面（如钢材等生产资料）已受到了国际市场价格的制约；（3）各种市场进一步发育，股票市场、房地产市场、证券市场上虽然出现了一些混乱（特别是在这些市场上出现的国有、半国有公司的"公款投机"行为），但毕竟也为居民提供了更多的投资渠道，有利于抑制消费需求的扩大，鼓励资本的积累。所有这些，对于宏观经济的运行来说，都能起到稳定作用。

但是，仅依据以上这些，或者根据前两年紧缩时期出现的一段"市场疲软"现象，就认为中国的经济体制已发生了"根本的变化"，已经从"资源约束"变为"需求约束"（郭树清，1992）还为时尚早。

中国经济体制在以下两个最重要的方面基本未变：

第一，国有经济部门的基本体制结构尚未改变，地方政府和国营企业的预算软约束以及在此基础上的各种行为方式（包括对许多经济"政策变量"的反应方式）基本未变。

第二，国有经济在整个经济中所占的主导地位仍然未变。这可以由以下几个方面来加以说明。（1）虽然从产值或国民收入的形成方面看国有经济现在已不占大头，但在支出或总需求形成方面，国有经济仍占支配地位。这里的关键问题就在于：来自各种经济成分的银行储蓄转化为贷款的时候，主要通过国家银行系统流向了国有经济部门（目前一般的估计占80%以上），乡镇企业、私人个体经济所用贷款仅占了很小一部分。这样，在收入构成中占小头的国营部门，经过储蓄—贷款这一环节，在支出构成特别是投资支出上仍占大头。从企业直接融资的情况看，国有企业由于预算约束较软，"胆子"也相对较大，吸引的资金自然也就较多。（2）国有经济主要集中在轻重工业、能源、矿产等国民经济命脉部门，因此在国民经济中所起的主导性作用没有发生改变。（3）以上述两点为基础，在我国目前决定经济波动各阶段变化的，仍是国有经济各部门。乡镇企业、私人经济等从1990年就已有了较高的增长率，但由于它们主要集中于一些消费品加工工业、商业、服务业中，只是起到了维持消费品供给的作用，仍不能带动整个经济回升；只有当国有经济"复苏"后，整个经济才逐步活跃起来。特别突出的一点是：不仅国有部门的投资在全部社会投资中仍占大头（60%以上），而且国有经济投资（全民所有制投资）的扩张，仍像以往各次经济波动一样，在经济全面回升中起主导、决定性作用。（4）在财政收入中，来自国营企业的利税收入仍占大头。由于财政收支状况在宏观政策制定中起着十分重要的作用，国营经济部门的经营状况对于整个宏观经济的变动趋势，也就仍然会起到举足轻重的作用。比如，仅仅为了不使国营企业的利税上缴额下降或亏损程度进一步扩大，有关部门就可能不敢或不愿采取某些抑制信贷扩张和需求膨胀的政策（如提高贷款利率）。

（二）新一轮的放权与金融混乱

在以上这些"未变"的前提下，1992年以来，随着进一步扩大地方与企业的自主权，加剧分权制下"软约束竞争"，导致经济不稳定的因素又有了进一步的增大而不是缩小。其中以下两种"自主权"对于宏观经济的不稳定和加速经济过热的速度来说，尤为重要。

1. 投资项目审批权全面下放。这导致地方自主投资大大增加（比如，有资料表明，1992年1—5月全民所有制投资新开工项目中82.7%为地方项目。见唐明峰、李文顺，1992），固定资产投资迅速大幅度增加，1993年1—5月国有部门固定资产投资比上年同期增长了70.7%，这在历史上也是一个少见的"高速度"。

2. "直接融资自主权"。这是地方政府与企业获得的一个极为重要的自主权，使它们可以避开中央政府控制（无论是直接控制还是间接控制）信贷、货币的措施，以大大高于银行储蓄利率的利率水平从社会各方直接集资，使政府的货币政策失效。1992年，中国证券市场上各类有价证券的发行总量为1280亿元、其中国债410亿元、计委所属国家投资公司的投资债券127亿元、企业债379亿元、金融债255亿元、股票109亿元，上述证券均属较规范的、可统计的证券发行数，如果再加上企业内部股票、计划外集资、卖户口集资等"不规范"的证券发行，据人民银行总行估算，总值约为2200亿元。到1992年年末，我国统计的证券余额为4100亿元。从直接融资与间接融资的比例看，除去金融债255亿元，1992年我国直接融资总量为1945亿元，相当于当年国家银行贷款增加额（3563亿元）的54.6%，相当于当年全国金融机构（包括国家银行、信托投资和城乡信用社）贷款增加额（4228亿元）的46%。我国当年新增直接融资占当年新增融资总量的比重，1991年为12%，1992年上升为31.5%，这固然意味着我国储蓄向投资转化的机制发生了新的变化，但也表明现行的一些宏观货币调控手段的有效性正在进一步被削弱（以上一些资料均见谢平，1993）。

这些自主权的下放，显然更加加剧了分权制的国有经济中的"软约束竞争"，加大了经济的不稳定性，并且不可避免地与金融领域的混乱相联系。我们的经济在1992年以来不仅以同过去基本相同的方式进入了新的一轮波动，而且以比过去更快的速度进入新一轮的高涨，经济更快地出现了"过热"的趋势，很大程度上说明了这一点。

现在的问题是政府应采取哪些政策来尽可能地抵消这种不稳定，使这一轮波动的幅度尽可能地小些。

六　当前稳定宏观经济的对策思考："双轨调控"

根据前面对20世纪80年代经济波动及各种宏观经济稳定（紧缩）政策有效性的分析，根据以上对当前我国经济体制现状及新一轮经济高涨的体制原因的分析，我们可以提出以下的对策思路。

（一）渐进式改革与宏观调控

在当前宏观稳定政策的选择过程中，以下几个重要问题需要首先明确：

第一，现在特别应该在认识上明确的问题是：（1）不同的宏观调控政策的有效性，有赖于不同的经济体制条件，特别是经济的"微观基础"；（2）我们要发展市场经济，但我们现在的经济体制，还不是市场经济，宏观经济运行的"微观基础"，还远不是市场经济的"微观基础"。正因如此，市场经济条件下有效的许多宏观经济稳定政策，在我们目前的体制条件下事实上还不能有效地发挥作用。这突出地体现在：对于仍然在很大程度上还是靠行政纽带运转的国有经济部门，目前还仍然只能用行政手段来加以约束；在地方与企业还缺乏内在的自我约束机制的情况下，还必须保留一定的外部约束。一种经济体制有其自身特有的逻辑，是不得违反的。现在要大力发展市场经济体制，但这主要是要求我们在体制改革上下功夫，特别是要在改造经济的微观基础上下功夫（这一点我们在后面还要分析），而不是说现在就可以完全改变管理经济的"政策"或"手段"。现在就一味地用目前还没有什么显著效果的市场经济中的宏观政策来管理我们的经济，并不是真的有利于市场经济的发展，并不是真的"市场化"之举。

第二，体制改革是一个需要在较长时期内才能见效的过程，而宏观调控是一个短期的"总需求管理"问题，二者不能混淆。因此，"通过深化改革求得当前的宏观稳定"的提法，是一种似是而非的观念。改革要加紧进行，当前就更是这样。但是，在改革没有完成之前，我们总还是面临着如何在当前既定的体制条件下进行宏观调控的问题。只有"通过深化改革求得经济的长期稳定"，这样的提法才是正确的。

第三，我们的经济虽然还不是完全的市场经济，但目前业已不可是完全的计划经济，而是正处在由旧体制向新体制过渡的转轨时期，基本特征是"体制双轨"。中国的改革采取了"渐进"的方式，这种制度变革方式的基本特点就在于：不是一下子打破旧体制下形成的既得利益，而是在改革的初期适当地维持既得利益，以减少改革所面临的社会阻力；因此，整个经济改革的过程不是表现为首先打破旧的体制，而是首先在旧体制的"旁边"或"缝隙"中发展起新的体制成分；随着这种新体制成分的发展，在整个经济中所占比重的扩大，逐步地深化对旧体制进行改造。

这一改革方式必然使改革过程具有"双轨过渡"的特点，就是说，在一个较长的时期内，会出现新旧两种体制、两种经济成分并存的局面——新体制已经在局部或部分的意义上形成，但旧的体制仍然存在，甚至本身的绝对规模也还在增长，两种体制同时在经济中发挥着作用，通过一定时期的过渡，逐步完成整个经济从旧体制到新体制的转变。"双轨过渡"可以说是"渐进式改革"的基本形态。这里，"双轨过渡"不仅是指"价格双轨制"，也指"产权双轨"和其他种种具体的体制双轨。可以看到，在我国的经济体制改革过程中，每个领域内都存在着这样的"双轨过渡"形式。

两种体制成分同处于一个经济之中，因此不可避免地会相互制约、相互作用。二者的行为方式也不可避免地会相互影响。但是，由于二者的基本运行机制有所不同，行为方式上终究是有差异的，在面临同一种经济变动、政府政策、外界冲击时的反应方式，也会有所差别。由此产生了在宏观经济管理上如何对不同的经济成分分别采取不同的政策手段进行调节或调控的问题。因此，在体制过渡时期，适应体制双轨的现实，显然要求宏观调控手段本身也应该是"双轨"的。单纯使用一种方法，不可能收到预期的效果。这突出地表现在事实上，我们现在没有哪一种宏观调控手段，无论是直接的还是间接的，无论是"市场的"还是"行政的"，也无论是"货币的"还是"计划的"手段，能够十分有效地对整个经济进行调控；但反过来说，现在各种调控手段哪个也不是完全没有用处，都多少能在一定程度上、一定范围内起到一定的作用。这就要求我们"综合地"使用各种手段，对经济进行"综合调控"（樊纲，1992）。

（二）"双轨调控"

"综合调控"在"双轨过渡"时期具体表现为"双轨调控"，其基本思路是：

一方面，针对非国有经济，运用已经开始有一定效果的间接调控政策如货币政策和税收政策，特别要加强对利率的运用，即使当前国有经济部门对其反应仍不灵敏，但毕竟我们已经有了一块相当大的对利率反应较为灵敏的非国有经济（其他条件相同时个人储蓄历来对利率有反应），各种间接的调控政策对它们已经是相当有效的了。

另一方面，针对当前仍然靠行政纽带维系着的国有经济部门，继续在一定程度上运用行政的直接控制手段，特别是要及时对投资行为和公款消费进行直接控制，根据前面的分析我们已经看到，目前还只有这些手段才是在分权制的国有制经济中控制最终需求规模的有效措施；同时应适当加强对地方政府和国有企业发行债券和直接融资的管理与控制（对非国有企业的直接融资活动不必干涉过多，只应加强规则的建立与实施）。基本思路是：对于尚未形成内部自我约束机制的经济行为主体，需要保留必要的外部约束。

与此同时，不宜实施过紧的控制信贷措施。在目前的体制条件下，若实行过紧的信贷控制（缩小计划信贷规模），基本上属于"一刀切"的行政金融控制，会产生较强烈的"逆选择"效应——该卡的没卡住多少，不该卡的反倒被卡住。比如说，资金一下子缩得很紧，本来效益不高或亏损的国有企业还是得用新的贷款维持其生存，而有盈利、有存款的企业，反倒会因资金被卡住而陷入困境，甚至自己有钱也被卡住提不出来、有潜力不能发挥，这样，本来借款较难的非国有企业就更难得到贷款，发展更受到限制，等等。

在市场化的进程中，不必"忌讳"继续运用直接控制的"行政手段"，但要特别注意不要对整个经济实行"一刀切"式的行政控制，更不要对非国有经济实行行政管制。从宏观调控与市场化改革的关系来看，"双轨调控"的一大优点就是把该管的管住，而对该放的只是调节，而不是也一起管住，从而有利于整个经济向市场经济的"单轨"过渡，最终放弃使用行政手段。这样做，对市场经济的发展恰恰有利，而不是不利。

(三)"有收有放":如何在当前整顿金融秩序的过程中发展市场机制

"双轨调控"的目的不是保持原有的经济体制与行政干预经济的手段,而是更好地向市场经济过渡。因此,在过渡时期对经济进行"双轨调控"的过程中,更应明确我们要放的是什么,应该大力发展的是什么。

前一段宏观经济稳定方面主要问题是金融市场上秩序混乱,有必要进行整顿,包括运用行政手段进行必要的约束。但是,在整顿金融市场的过程中,也应避免"一刀切"的做法,而应"有收有放"。具体来说有两个方面的问题应予以注意:

第一,应避免一概取消"资金第二市场"。例如,在处理资金拆借问题的同时就应当考虑如何更好地发展资金市场的问题。我国金融体制改革相对于其他领域改革滞后的一个重要方面,就是没有及时地在金融领域内实行合法的、受国家监督管理的"利率双轨制"。利率是资金使用的价格。这些年我国产品市场上许多价格都已通过长时期的"双轨制"过渡,逐步放开,实现了市场化改革,而对于利率,却仍然是国家定价。结果,不是没有出现"价格双轨",只是没有出现"合法的"、受国家管理、利息收入归国家而不是进入私人腰包的明码标价的"价格双轨",而是出现了资金的"黑市""灰市",出现了"资金官倒""金融腐败"。因此,这里事实上存在着一个如何正视事物发展的客观规律,加紧资金市场"价格改革"的问题。这些年,金融领域里市场调节主要发挥的一个作用是资金拆借。资金拆借市场,其实在一定的程度上相当于在利率难以变动、借贷受计划控制的传统信贷体制外,发展起了一个不规范的、不受管理的资金市场,一定程度上形成了资金借贷的另一价格。当前许多非国有公司企业,由于在国家信贷计划内难以得到贷款,只能通过某种形式的"拆借"获得所需资金。在这个领域中,由于许多事情"不合法",又缺乏有效的监督,存在着很大的混乱。比如,大量利率差额流入了个人的腰包;很大一部分拆借资金被一些与银行有特殊关系的国有、半国有的金融、房地产公司拿到证券、房地产市场上去进行投资活动。但是，毕竟通过这个渠道，一部分资金被市场机制配置到了利润率较高的生产部门当中去。因此，现在我们一方面要整顿资金市场，停止违法拆借，使一些公司与银行"脱钩"，但是另一方面，要考虑的是如何发展起一个合法的、接受监督管理的"利率双轨制"的问题，而不是简单地把"拆借资金"收回来了事，把利率重又管得死死的，强制性地回到已被事实证明无效率也行不通的"计划单轨"上去。还搞单一的"计划利率"，它又总是浮动不起来，其结果就一定还是出现"灰市"和腐败，与其如此，就不如让一部分资金的利率先"合法地"按市场价格运转起来，适当地允许一部分银行资金能够在"计划外"按照市场利率进行借贷，就像我们当初允许企业将一部分产品拿到市场自行定价、自行销售一样。这不仅有利于资金的有效利用，有利于金融体制的改革，也有利于非国有经济的发展。把资金借贷一下子统起来，卡得死死的，伤不到国有企业，它们总是"旱涝保收"，而首先伤到的一定是各种形式的非国有经济，它们本来就很难从"信贷计划"的盘子中得到什么，一旦银根收紧，再取消了"计划外"的资金融通渠道，其发展一定受到严重的打击，这对于我国市场经济机制的发育成长和整个经济的持续发展是极为不利的（我国过去十几年市场经济的发展和经济的增长，主要就是依靠了各种形式的非国有经济的发展）。

第二，在整顿金融市场的过程中，对非国有的民营金融机构（合作或股份制的信用社、银行以及私人钱庄等），应该加强管理，但不应限制其发展。相反，为了进一步发展市场经济，应采取更开放的政策，允许和鼓励非国有金融机构的发展。在笔者看来，就金融体制改革本身的过程来说，现在真正滞后的一点，是在于非国有的民营金融机构发展滞后：我们迄今为止仍然采取的是限制而不是鼓励民营金融机构，结果是在整个经济中，各种形式的非国有经济所创造出的国民收入，已占国民总收入的约50%，而在金融活动中，民营金融机构所占的比重仍然微乎其微，与整个非国有经济的发展不相适应。限制民营金融机构发展的一个主要理由是：这些金融机构会"扰乱正常的金融秩序"。但问题在于，什么是"正常的金融秩序"。在金融领域内，最基本、最重要的一种秩序是"借账还钱"。正是在这一点上，民营金融机构恐怕是最遵守"正常秩序"的：很难想象一个民营银行会把钱无休止地不断借给一家亏损严重、屡借不还的企业。而正是在这一基本点上，我们的国有银行难道不是最不遵守"正常秩序"的吗？问题是我们要维护的是哪一种秩序，要不要建立起符合市场经济规律的新秩序？

发展民营金融机构，并不是要放弃政府和国有中央银行对金融秩序的管理，相反，它有利于加强这种管理并使之更加有效。事实上，中央银行很难对各种国有商业银行实行有效的管理，其原因就在于中央银行、国有商业银行与国有企业、各级地方政府一样，都是国有的，谁对谁都难动"真格的"。具体问题上总会有一万条理由可以相互"通融"。而代表国家的中央银行对民营的金融机构进行管理，相对来说会是较容易、更有效的，双方的利益划得清，中央银行货币调控措施也会更具权威性。世界上的市场经济国家，都是中央银行管理非国有的商业银行，政府货币政策的有效性正是建立在这样一种秩序的基础上，为什么我们总认为允许民营金融机构发展就会天下大乱？在民营金融机构的发展初期，由于新旧体制交替难免会发生一些混乱，需要通过完善法规、加强管理，才能使新体制、新秩序逐步建立起来。但不让民营金融机构发展，新的秩序就永远建立不起来，政府也不可能在实践中逐步学会管理民营金融机构，我们就永远会有金融体制改革滞后。我国的非国有生产企业在开始发展的时候，也是毛病很多，导致很多人指责它们破坏了"经济的正常秩序"，而到头来恰恰是这些企业在打破旧的传统计划体制与秩序，建立市场经济新体制、新秩序，加速经济发展等方面起到了重要的和积极的作用。

我国十几年的渐进式市场化改革的基本经验就在于：（1）用

"价格双轨制"来冲破和逐步取代旧的计划体制；（2）通过发展非国有经济改变整个经济的产权结构，形成更多的市场行为主体，通过"体制双轨"向市场经济过渡。我们的市场经济之所以初见雏形，我们的经济之所以能在改革的过程中保持增长的势头，主要就是靠了这两条。在当前深化金融体制改革的过程中，也不能忘记了这两条我们自己"渐进式改革"的宝贵经验。

（四）实现长期稳定的根本出路：加快产权改革的步伐

就经济的长期稳定来说，我们不仅要积极进行金融体制、财政体制和宏观管理体制改革，还需要加紧深化其他方面的改革，特别是国有经济产权关系的改革。我们改革开放 15 年的历史已经表明，对于国有经济来说，单纯"放权让利"而不对所有制关系进行改革，既不能解决微观的效率问题，也不能解决宏观的稳定问题；我们当前经济的不稳定性，其实在很大程度上正是由于国有经济在没有改革所有制关系的情况下进行"放权让利"，结果地方与企业有了为自己谋利的"税制"。却仍然没有更多的人真正承担起资本损失的责任，"预算约束"仍然没有"硬"起来，政府与企业的关系也一直不能有实质性的改变；所谓"金融改革滞后"，其实也是由于国有经济产权改革的滞后，拖了金融改革的"后腿"。各方面的情况都表明，我们已经到了围绕产权加快改革步伐的阶段；产权关系的改革已成为当务之急。

当前可行的、应着手做起的产权改革的一些措施包括：明确国有资产（包括土地）的具体的所有权代表或所有权主体；通过立法，明确界定国有资产的范围与数量；适当界定和划分中央的所有权与地方的所有权；然后，普遍推行国有企业的"公司法人化"，在大多数国营企业中实行资产股份化，改组为有限责任公司（不一定是"上市公司"），以这种方式明确界定和量化国有企业的产权关系，使国有资产的产权成为可分割的、可交易、可转让的，有数量界定的产权，为以后根据市场经济的需要、根据效率标准的要求进一步平稳地改革所有制关系创造出有利的条件。国有经济的产权关系需要改革,非国有经济中也存在着产权得不到保护、产权关系不清楚等问题,也需要通过改革加以解决。在这方面当前要着手做的事情有:保护产权,鼓励各种私人投资,使各种非国有经济实体更健康、更稳定地发展,以减少当前已出现的奢侈性消费和民族资本大量外流,加速社会资本的积累;在乡镇企业以及各种形式的合作、集体经济中,目前也大量存在产权关系不清的问题,并已影响到经济的发展和资本的积累。因此也应加速产权改革。当前的主要途径是通过在集体经济中推广在实践中产生的"股份合作制",使过去无法分割、无法交易的集体产权成为可分割、可交易的。

理论分析和实践经验都能证明,不从基本经济关系的改革入手,改革国有企业与地方政府的行为方式,形成真正的市场经济机制,我们就总也不能摆脱"一放就乱、一收就死"的周期循环,那些在市场经济中有效的间接调节手段,也总不能在我们的经济中加以采用并取得预期的效果。

参考文献

陈越:《中国经济周期问题研究》,载张风波主编《中国宏观经济结构与政策》,中国财政经济出版社 1988 年版。

樊纲:《当前宏观经济形势与宏观调控手段》,《金融研究》1992 年第 9 期。

樊纲(主笔),张曙光等:《公有制宏观经济理论大纲》,上海三联书店 1990 年版。

Fan, Gang & Wing Thyo Woo (樊纲与胡永泰), 1992: "Decentralized Socialism and Macro‐Stability: Lessons from China"(分权制的社会主义经济与宏观经济稳定:中国的启示), Working Papar No. 411, Economic Department, University of California at Davis, Sept. 1992.

Golb, Alan, Gary Jofferson & Inderjit Singh,(盖尔博,杰弗逊与辛格)1993: The Chinese and East European Routes to Reform"(中国与东欧的不同改革道路), manuscript NBER Eight annual Macro‐economics Conference April, 1993.

郭树清:《总需求,总供给——从概念到现实》,《经济研究》1992 年第 3 期。

Kornai, Janos（科尔奈），1990："The Road to a Free Economy, Shifting from a Socislist System: The Example of Hungary"（《通向自由经济之路》），New York W. W. Norton and Company.

马建堂：《周期波动与结构变动》，湖南教育出版社 1990 年版。

刘树成：《中国经济的周期波动》，中国经济出版社 1989 年版。

李扬：《收入功能分配的调整：对国民投入分配向个人倾斜现象的思考》，《经济研究》1992 年第 7 期。

Li, David, 1992: "Public Ownership as a Sufficient Condition for the Soft Budget Constraint"（《公有制：软预算约束的充分条件》），masnuscript University of Michigan.

Lipton, D. and Sachs, J.（李普敦与萨克斯），1990："Creating a Market Economy in Eastern Europe: the Case of Poland"（《在东欧创造市场经济：波兰的实践》）。Brookings Institution Papers on Economic Activity No. 1.

卢建：《中国经济周期实证研究》，中国财政经济出版社 1992 年版。

Oi, Jean, 1991: "The Shifting Balance of Power in Central – Local Relations: Local Government Response to Fiscal Austority in Rural China"（《中央地方关系的权力转移平衡》），Manuscript.

Mckinnon, Ronald 1.（麦金农），1993："Financial Crowth and Macroeconomic Stabtlily in China, 1978—1992: Implications for Russia and Eastern Europe"《金融增长和宏观经济稳定》），manuscript.

Sicular, Terry（史泰丽），1992："Public Finance and China's Economic Reform"（《财政和中国经济改革》）Disoussion Paper No. 1619, Harvard Institute of Economic Researth.

唐明峰、李文顺：《投资：形势分析及管理建设》，《经济参考报》1992 年 8 月 31 日。

唐宗焜：《国有企业利润转移和企业再生产能力》，《经济研究》1992 年第 7 期。

Wing Thye Woo（胡永泰），1993："The Art of Reforming Centrally – planned Economies: Comparing China, Poland and Russia"（计划经济改革的艺术：中国、波兰与俄罗斯的比较），1993, manuscript, University of California, Davis.

谢平：《向市场经济过渡中的金融宏观调控》，工作论文，1993 年。

赵人伟：《改革过程中的收入实物化》，《经济研究》1989 年第 4 期。

钟朋荣:《通货膨胀研究》,江西人民出版社1990年版。

钟朋荣、吴同虎:《宏观经济论》,经济科学出版社1990年版。

周晓寒:《对1989年货币政策执行情况的初步分析》,《金融研究》1990年第7期。

Zou, Heng-fu (邹恒富), 1991: "Socialist Economic Growth and Political Investment Cycles"《社会主义经济增长和政治投资周期》, European Journal of Political Economy, 7, 141–157。

附 表

附表1　　　　　分月度的工业生产增长速度　　　　　单位:%

月份＼年度	1984	1985	1986	1987
1	8.0	24.5	5.6	5.7
2	12.0	22.0	0.9	23.7
3	12.0	22.4	6.0	13.8
4	11.7	24.6	3.9	15.2
5	11.7	22.6	5.1	15.1
6	11.6	22.0	6.9	16.8
7	11.9	20.2	5.9	16.9
8	12.2	17.5	8.7	15.6
9	12.5	14.5	10.4	15.8
10	12.7	17.2	14.1	14.7
11	13.1	11.7	16.1	12.8
12	13.6	8.8	17.3	12.7

资料来源:历年《中国工业经济统计年鉴》。

附表2　　　　　　　　　　财政收入与预算外资金　　　　　　　单位:%

年份	1979	1980	1981	1882	1983	1984	1985	1986	1987	1988	1989
财政收入占国民收入比重	31.9	28.3	25.8	25.4	25.6	26.0	26.1	27.7	24.2	21.6	22.2
地方财政支出占总支出比重	52.1	49.3	49.2	51.9	51.5	53.4	55.5	60.7	60.5	64.1	
预算外资金占预算内资金比量	42.4	53.5	59.1	74.1	79.8	81.0	83.3	79.5	89.7	91.2	94.8

资料来源:《中国财政统计年鉴》(1989);《中国统计年鉴》(1990)。

附表3　　　　　　实际货币供给与计划货币供给对比

年份	贷款增量(亿元)			现金发行增量		
	计划数(1)	实际数(2)	(2)/(1)	计划数(3)	实际数(4)	(4)/(3)
1983	354	378	1.07	60	90.7	1.51
1984	423	988	2.34	80	262.3	3.28
1985	715	1486	2.09	150	195.7	1.30
1986	950	1685	1.77	200	230.5	1.15
1987	1225	1442	1.17	230	236.1	1.03
1988		1518		200	679.5	3.40
1989		1851		400	210	0.53
1990	1700	2757	1.60	400	300	0.75
1991	2100	2878	1.37	500	1158	1.07
1992	2800	3864	1.38	600	1158	1.93

资料来源:钟朋荣,1990年;谢平,1993年。

附表4　　　　　　　　投资增长率　　　　　　　　　单位:%

年份	1983	1984	1985	1986
全社会固定资产投资	16.2	28.2	38.8	18.7
全民所有制固定资产投资	12.6	24.6	41.79	17.74
预算内投资增长		23.93	-3.14	8.05
非预算内投资增长		29.49	56.25	20.16
投资来源中的国内贷款增长	-0.4	47.3	97.4	25.1
国内贷款占投资总额比重	12.3	14.1	20.1	21.1

资料来源:历年《中国固定资产投资统计年鉴》。

附表 5　　　　　　　　　　　货币与贷款情况

年份	流通中货币 数量（亿元）	增长率（%）	贷款余额（各项贷款）数量（亿元）	增长率（%）
1978	212	—	1850.0	—
1979	267.7	26.3	2039.6	10.2
1980	346.2	29.3	2414.3	18.4
1981	396.3	14.5	2764.1	14.5
1982	439.1	10.8	3180.6	15.0
1983	529.8	20.1	3589.9	12.9
1984	792.1	49.5	4766.1	32.8
1985	987.8	24.7	5905.6	23.9
1986	1218.4	23.3	7590.8	28.5
1987	1454.5	19.4	9032.5	19.0
1988	2134.0	46.7	10551.3	16.8
1989	2344.0	9.8	12409.3	17.6
1990	2644.4	12.8	15166.4	22.2
1991	3177.8	20.0	18044.0	19.0

资料来源：《中国金融年鉴》（1990）；《中国统计年鉴》（1992）。

（原载《经济研究》1993 年第 10—11 期）

中华文化、理性化制度与经济发展[*]

马克斯·韦伯（Max Weber）曾认为中华（中国）传统文化中存在着阻碍经济发展的内容，缺乏基督教新教伦理中的一些有利于现代经济发展的因素，缺乏现代资本主义得以发展起来的"资本主义精神"。到20世纪20年代，西方学者以及大批东方学者大多接受了对以儒家文化为代表的中国传统文化极端否定的观点，并认为东方只有皈依基督教才能有所发展。这种情形一直持续到60年代，那时费正清等人也还认为中国及其他东南亚受中华文化影响较大的国家都有一种保守的"惯性"，妨碍着它们进入国际社会，认为儒家思想与现代化水火不容。

随着日本和亚洲新兴工业国（地区）经济的高速增长，人们的观点开始发生变化，许多人开始认为中国的传统文化不仅包含着"现代化潜力"，而且儒家传统是东亚工业地区成功的一个重要因素。一些人提出了"儒家动力说"；H. 卡恩（Kahn）更是提出了"新儒教国家"（Neo-Confucian Countries）的概念，把经济高速增长的东亚地区称为"亚洲伦理工业区"，认为由于"儒教"比西方社会更着重强调人与人的相互依赖，因此，儒家文化在今天比西方文化更适合现代化的需要。许多华人学者更是出于反对唯西方化、弘扬民族文化的动机，认为在中国文化中从来存在着一切有利经济发展的要素，可以成为当今经济发展的动力源泉。

---

[*] 本文最初发表于《二十一世纪》，后转载于刘小枫、林立伟编《中国近现代经济伦理的变迁》，香港中文大学出版1998年版。

"东亚模式"的出现和历史上出现的关于中华文化的不同观点，的确引人深思。笔者自己以前在驳斥那种把中国的落后不归结为现存体制的弊病而是归结为"传统文化"落后的理论的时候，曾一再发表这样的观点：为什么全世界在"海外"的华人都能"发财"，偏偏我们这些同宗同祖"同文化"的中国人，留在"本土"上就总是受穷？但是，静下来仔细想一想，"在海外"这件事或许本身就意味着什么。总之，我们应该用一种更客观、更少感情色彩、更科学、更全面的方法，来审视中华文化传统的特征及其在现代化过程中所能起的各方面作用，既包括积极的作用，也包括消极的作用，从而更好地认识我们应该怎样一方面发扬中华文化中优秀的传统，另一方面克服其消极的因素，更好地适应现代化的需要，加速经济的发展。

在这篇短文中，笔者试图围绕制度规范化、理性化问题，就中华传统文化与华人经济制度演化和经济发展的关系问题，谈一些粗浅的看法。请读者注意的一个问题是，本文当中所说的"中华文化传统"不等于"儒家文化"或"儒教传统"；"正统"不等于"传统"；中华文化传统，并不等于历代统治集团所推崇的正统文化即儒家学派的学说，虽然儒学在中化文化传统中占有重要的地位。就"儒教"的概念而论，由于笔者不认为在中国文化传统中存在着成为在全社会居统治地位的意识形态的、真正意义上的宗教（"迷信"不等于宗教，伦理观念也不等同于宗教），因此笔者不认为"儒教"是一个严格的科学概念。

一 非正式制度的有效性问题

从现代经济学的观点来看，制度的一般定义是制约人们行为、调节人与人之间利益矛盾的一些社会承认的规则。根据这些规则存在的形式，制度可以分为正式的制度与非正式的制度。正式的制度指的主要是一些成文的并由某种社会权力机构保证加以实施（强制地实施）的规则，比如成文的法律、政府法令、公司规章、商业合同等；而习俗、传统、道德伦理、意识形态等可以统称为"文化"的一些东西，也是制度的一个组成部分，即所谓"非正式"的制度，因为这些文化因素，同样是制约人际关系、决定人们经济行为的一种规则或约束。在一定的意义上，非正式的制度可以理解为人们面对的"心理约束"，而正式的制度在许多场合是一些（一部分）心理约束的"外化形式"，是被社会化、强制化了的行为约束。

就制度的有效性而言，一个不重视正式规则，主要靠习俗、传统、人与人之间非正式约束所制约的社会，并不一定就是混乱无序的，因为那些不成文的、心照不宣、约定俗成的东西，一样可以使经济行为呈现出某种规则性，人们一样可以彼此按照大家事实上都同意的方式相互交往。非正式的制度也不一定就是不稳定的制度。在许多情况下，非正式的规则往往比正式的法律更加根深蒂固，更难改变，因为文化传统本身是几千年历史的沉积，它已经潜移默化在人们的一言一行与思维方式之中；成文的法律有时容易改写，不成文的习惯有时改起来更难，需要的时间更长。依靠非正式的约束来协调人际关系也不一定就不利于经济的发展，因为一旦一种意识形态、文化传统成为人们"自觉自愿"遵守的行为规范，它们就可以起到减少人与人相互交往中的种种"交易成本"、减少各种不必要的"扯皮"的作用，在某些情况下也会比实施正式的制度（比如贯彻实施法律）更加经济，更少运作成本。

但是，制度之所以在经济的运行中起作用，是因为它可以在人们的相互交往中，使得双方对于对方的行为形成较为稳定的预期。在这个问题上，成文的并得到社会权力机构实施保证的正式的制度，显然有其明显的优越性——它能够为人们提供更为确定的行为预期，从而有利于减少人与人相互交易行为中的不确定性并因此而减少大家（不是个别的当事人）的交易成本。比如说，交易合同本身是对交易双方行为的一种约束。"君子口头协议"并不是完全不能实现交易，但是"口说无凭"，远不如双方把各自应负的责任与应得的利益明确地写下来更为可靠。而所谓"可靠"，说到底就是对于对方行为的一种更为稳定的预期。合同的可信程度其实还取决于社会法律制度是否提供对人们行为的进一步约束：当交易双方都明确地知道所签订的合同如果有一方不能如期完成，另一方可以有地方对他进行起诉并使他受到严厉的法律制裁，那么人们就不必在签合同之前花很多时间对对方以前履行合同的情况即他的"信誉程度"进行详尽的调查，也不必每一步都花很多时间与精力对其进行监督。因此对"事后社会惩罚"的预期足以使人们更多地以合同的方式与许多陌生人做生意、打交道，而不必把自己的生意局限在自己熟悉的、了解的、信得过的人们之间。

二 对待制度的态度与"理性化制度"

如果我们把文化或伦理看作一种"心态"（对待各种事物的态度）的话，那么，"对待正式制度的态度"也构成"文化"或"传统"的一个组成部分——它是影响人们行为的一种社会规范，是关系到人们的"制度行为"的一种社会规范。这种对待正式制度的"态度"的重要之处，不在于人们是否更倾向于将规则"写下来"使其成为"成文的"法律等，而在于人们是否能够致力于正式制度的"建设"，就是说，不是仅仅满足于"写下来"，而是第一，致力于通过某种社会程序，搞清楚什么才是符合公认的道德准则而又能够行得通、能够得到贯彻的规则，使"写下来"的规则能够切实地反映当时社会中的利益结构，使制定出来的法规等对社会上多数人来说是"有利的"从而愿意加以维护的（若不维护自己的利益将受到损害）；第二，致力于建立一整套保证这些"写下来"的东西能够在现实生活中能够得以实施、贯彻、坚持的机构与制度，使得它们不能够任意地加以更改或形同虚设。事实上，任何一种正式或非正式的制度的"确定性"（"可坚持性"）本身可以随人们普遍对于规则的态度不同而有所不同。从某种意义上可以说，规则或制度"正式"到什么程度，就取决于它的"确定性"程度，或者反过来说，它的"可更改"的程度。

在以上分析的基础上，我们不妨定义一种"理性化制度"（rationalized institutions）的概念。所谓"理性化制度"，可以理解为这样一些正式的制度安排，它们是经过经济中的各利益集团在反复谈判、争议、斗争中形成的一些成文的行为约束；它们体现在一定的法律程序之中，在任何情况下都能在某种社会权力机构的保证下得到执行或强制的执行，不因具体情况的差异而有所变化，除非经过同样合法的程序、通过新一轮的谈判或争议加以修正或改变。在此，"理性化"一词，显然指的是"功能理性"，而不是"行为理性"。

一种文化中对于这种"理性化制度"的态度，是这种文化的特征之一。不同文化在这方面的差别就在于：有的文化更重视正式制度的建设，在法规形成的时候先要搞清楚它对每个人的利害得失，一旦形成则严格坚持贯彻；而有的文化则更看重非正式的约定，不重视正式法规的建立及其贯彻机制的建立，一切正式成文的法律都可以随时因特殊的需要而"改写"或放弃，从而使得所谓成文的正式制度事实上也不同程度地等同于非正式的制度。比如，有的民族可以为一条法规的建立争吵几百天乃至几百年，在此期间可以没有这方面的法规，但一旦建立便能认真遵守；而有的民族可以很容易地在统治集团需要的情况下由少数社会"精英"设计出各种详尽的法规而既不引起人们的强烈反对，但也并不为大家（既包括统治者也包括被统治者）作为不可更改的准则加以遵守，或是总能因个别的偶然的需要而"通融""优惠""特例"变通，可以因利益格局的改变而被改变或被放弃。重视制度理性化的文化，显然可以称为具有较强的"法治精神"；而不重视制度理性化的文化，则可以认为更多一些"人治"的道德规范。但"理性化制度"的概念与"法治"概念的差别在于，后者通常只被理解为通过法律来加以治理，而前者不仅包含依法治理的意义，还强调了法规本身的形成与修改也是一个深思熟虑的程序化、理性化的社会过程。同样，"人治"也不等同于"非理性化的制度"，因为非理性化制度的"可变性"往往并非因统治者的"人事变更"而发生，而只是因为在制度中缺乏必要的社会安排来保证某些规则的贯彻实施，无论这些规则是成文的法律还是统治者的意志。

三　中华文化传统中制度行为的非理性倾向："家族小企业"现象与近代资本主义的发展问题

在西方学者中间，雷丁（Redding，1990）对"海外华人产业文化"的研究和皮拉特（C. Herrmann－Pillath，1993）对华人文化特征与中国经济制度演化之间关系的研究，得出了一些应该说相当客观而又很有意思的结论，颇值得我们注意。我们不妨从他们的一些论述开始进行一些讨论。雷丁认为华人企业具有以下的一些特征：（1）决策权明确集中在最高层；（2）小企业居多；（3）内部分工和专业化程度低；（4）存在形式化的因素，但标准化（正规化）的程度低；（5）所有权和控制权合一的趋势强。皮拉特特别强调了上面第 4 条即"正规化程度低"的作用，认为在这些具体特征的背后，华人经济的共同特征是不具备西方人意识中的那种规范化、理性化的制度结构，非正式的行为规则和具体情况下的随机的"行为控制"居支配地位，而忽视与具体情况无关的一般性的正式规则的建立与实施。

其表现之一，就是在华人文化的传统中，更注重的是"人治"而不是法制；一切正式的法律、规章，都可因人而异、因事而异地加以打破和改变。华人的市场经济中存在着"企业家族主义"（Entreprenerial familism），而不存在现代的、适应大规模社会化生产的"经理资本主义"（managerial capitalism）。这些显然是与中华文化中不重视甚至排斥"理性化的制度结构"的特征相联系的。

在韦伯所分析的基督教文化与中华"儒家文化"的区别当中（韦伯，1930），笔者以为只有一点是在解释近代资本主义发展过程的民族差异方面是真正重要的，那就是：在"资本主义精神"当中，包含着对"严谨形式的法律"、对"可以预测的法定程序"的追求，而儒家文化则认为"天人合一"，追求"伦理导向"，只求"实质上的公平，而非形式上的法律"。没有法律制度作保障，并不是不能发展起专业化分工和市场交换的经济关系。比如，单凭人与人之间对他人人格的了解，也可以建立起信用关系。但是，这种信用关系显然只能在真正熟悉、了解的人之间才能建立起来，因而难以成长为大规模的社会信用关系，甚至不能发展起依靠"外人"的委托—代理关系。雷丁等人所注意到的华人企业规模大的不多，家族企业较普遍，其实正是与华人文化中不注重"正式制度"的传统分不开的。缺乏对制度理性化的重视，导致华人通常只能在家族内部经营企业而不能将规模扩大到"外人"，不能发展起"经理资本主义"的现代化大公司的一个基本原因。在中国的近代历史上，不是没有出现"资本主义的萌芽"，而是的确没有出现，事实上也不可能出现能够有利于现代工业技术产生并与社会化大生产相适应的现代社会信用结构。在一种信用关系只能存在于家庭成员之间的文化背景下，社会化大生产所需要的由严格的法律体系保障的信用关系无从形成，现代资本主义制度的建立和经济的大规模发展也就不可能与西方同步进行。

四 "灵活性"："渐进主义"与"生存能力"

不追求形式上的"正规化"，也可以形成一种"不求形式、只重内容"的实用主义文化。这种文化不是没有优点，它可以具有较高的灵活性和对变化着的外界环境较强的适应性。

不重视正式制度的建立与遵守，非正式的规则就会在支配人们的行为当中起到更大的作用，而新的行为规则也可以较容易在一定范围内，比如说在某一地区或某些"熟人"当中以非正式的方式实行起来，比较灵活，可以在各种具体情况下找到较为合适的制度安排，制度成本会低些。这可以说是华人经济在面临制度变革问题时，"渐进式"制度改革方式（incremental approach）较容易被采纳并能够行得通的一个重要原因。这种"渐进的"方式的实质就是在"先不争论"的条件下，通过非正式的、逐步的（piece-meal）制度变迁，在正式制度可能还未改变的情况下，就已经使社会经济体制发生了部分的变化，然后再开展正式制度的变革，使有些非正式的变革，获得正式的法律形式。而在另一些文化传统下，人们很难在正式的规则未经修改的情况下容忍一部分人采取另外的行为方式，他们也就只能选择"先把一切谈清楚"再采取一揽子行动进行制度改革的激进方式（不同的国家在不同的条件下采取不同的改革方式，是由多种因素造成的，这里分析的只是其中可能起作用的一个因素，这点请读者注意）。

中国近十几年来的体制改革与经济发展，像海外华人经济一样在很大程度上得益于中华文化中所谓"重内容不重形式"、重非正式关系而不重正式制度这样一种传统。许多实质性的经济变革，都是在正式的制度没有改、正式的"名称"没有变的情况下，人们首先在事实上采取了正式的规则相冲突的行动，改变了事实上的行为约束（behavioral constraints），创造出了各种新的经济关系，使人们得以捕捉获利的机会。比如，农村集体经济的形式没有变，但通过"家庭承包责任制"，使得中国农村事实上改变为一种农户经济；正式的市场交易不允许进行，就在私下里先发展起"灰市"；在私有产权仍被歧视的制度结构中，许多私有企业就变通地采取了"集体""合作"的形式，戴一顶"红帽子"；许多正式的改革方案存在争议，就采取"先看一看、不下结论"的政策，允许其在旧的规章制度不变的情况下先自发地发展；更多的情况则是通过搞"试点"、搞"特区"的方式，绕开一些总体规则修改的难题（特别是一些最高决策规则或基本制度规则的修改）。许多地方经济的发展，则主要通过用各种非正式的地方税（各种"费"或"摊派"）的办法截留财政收入用以发展地方经济和各种公益事业；而"中央"在遇到财政困难时，也是不顾正式规则或正式的"合同"，随时要求地方追加上缴的收入。可以说，如果不是先满足于非正式制度的改变、不追求正式制度的变革，中国不可能出现一方面进行体制变革，另一方面经济还在调整增长、没有出现大的社会动荡的情况。

人们总是先注意到中国人"保守""传统"的一方面，固守"祖宗的遗训"。其实，这种"保守性"并不是华人文化所固有的；世界上所有的民族、所有的文化，一旦形成，都会自然地具有这种维护自身存在的保守倾向；文化越是古老，与新的生存环境的反差越大，这种保守性也就越是明显。中国人、中国文化真正独特的地方，其实在于他和它的"顽强的存活能力"——其他一切与中华文化同样久远的文化都已经死亡了，唯有中华文化一直活到今天，而这正有赖于它的"灵活性"——有赖于它能够容忍各种适应新环境的新的行为方式，使它们在既有的、正式宣布过的原则下面能够获得某种"非正式的"存在。显然，这种"不讲原则"的实用主义文化，有利于新的规则在旧制度下面成长，而不一定非要首先打碎旧体制，才能开辟出新体制成长的道路。

五 现代市场经济制度如何在"华人经济"中获得发展：借助"外部约束"与打破内部传统

容易"存活"的东西，并不一定在任何时候都是最适合时代潮流的东西。中华文化因其"灵活"而不易死亡，但也因其不重视制度理性化而不适合于经济长期稳定的发展，形成现代社会化在生产所需要的经济体制。

非正式的规则有其固有的不稳定性或不确定性——易形成的东西，也易改变、易打破。如前所述，不能在任何情况下坚持实行的约束，可以依具体情形被"灵活地"加以改变、放弃的规则，不利于人们建立起稳定的行为预期。制度不规范，法治薄弱，结果一定是人治居主导的地位，导致一人可"兴邦"一人也可"丧国"，制度总是依人事更迭而变化。中国历史上经济在长期的改朝换代的社会循环中停滞不前，都是与缺乏稳定的正式制度相联系。事实上，制度不稳定，就很容易产生出对强权（当然最好是"明主"的强权）统治的要求（以此来达到稳定）；而强权统治又进一步削弱法制、巩固人治的传统。如果说西方古代宗教中的"天"可以理解为一种上帝强加于人类社会的、不以人的意志为转移的外在"规则"的话，在缺乏真正意义上的宗教传统的中国，"天人合一"的文化，则构成不稳定的制度和强权政治这一对双胞胎并存的一个重要原因，因为既然一切都可以因人的好恶、因人的具体需要而改变，那么稳定的社会与稳定的预期就只有由一个暂时稳定而又独一无二、其他人都无权改变它所制定的规则的高度集中的强权来加以提供。长期来看制度的不稳定与短期内强权的存在，在我们的历史上并存，二者相互巩固，以至于我们都很难区别哪一个是因，哪一个是果。

轻视或忽视理性化的制度建设，在很多情况下是为了"省事"，为了一时的简便、快捷，或者是为了适应于一些特殊情况。正式制度的制定，往往是一个涉及全社会的公共选择过程，有时会导致旷日持久的政治斗争，往往不如许多随机的措施或在一定范围内的非正式的安排更加简捷。同时，任何一项制度，都不能适应于一切情况，严守一项制度，在一些"特例"中往往不能取得"最优的"结果，不如一些随机的非正式的安排更灵活、更能适应于各种可能情况。正因如此，非正式的安排、随机的"人治"，从短期来看，会显得很"经济"，并因此而对人们产生很大的诱惑。但是，要看到的是，经过反复权衡谈判之后建立起来的、在任何情况下都强制实施的理性化制度，虽然"生产成本"较大，有时"机会成本"也较大，但它所能提供的"稳定性"，却是任何非正式安排都不能替代的,由"稳定性"带来的经济效益,特别是在经济发展的动态过程中所能产生的长期经济效益,一定是会大大超过那些不稳定的非正式安排所能提供的好处。

以上的分析与结论,有利于对华人经济或受中华文化影响较大的经济的发展历史作出更科学的解释("华人经济"这里不妨可以理解为以中华文化传统占统治地位的情况下运行的经济实体,包括国家、社区或企业)。除了上述关于华人企业特征的分析,我们还可以解释以下三个重要的事实:

第一,如果只遵循中华文化的传统,尽管在这一传统中存在着许多有利于经济发展的"美德",但我们只会有或长或短的"盛世",却由于缺乏理性化的制度结构,经济和社会却总会为周而复始的起义暴动和改朝换代所打破,很难有长期稳定的发展,在世界的相对关系中,经济早晚会趋于落后。中国大陆近代发展的历史可以证明这一点。

第二,中国大陆近年来通过各种形式的"变通"使经济得到了较高的增长,但在此过程中也伴随着频繁而剧烈的波动,而经济体制也一直难以摆脱"放权—收权"的"体制循环"——最大的不稳定是体制的不稳定;很大一部分的经济损失(包括财富的挥霍浪费与"资本外流")都是与人们缺乏稳定的制度预期相关联的。

第三,近代一切成功的、获得长期稳定发展的华人经济,都发生在"海外",发生在"对外开放"、遵循某些"国际通用的规则"的地区。总之,发生在中华文化与其他文化(无论是西方文化还是某些"当地文化")相互影响、相互交融的地方,发生在某些外在文化、外在规则事实上起到了"正式制度"的约束作用的地方。"海外华人经济"、东亚一些国家和地区以及中国大陆沿海地区的经济繁荣,虽然主要的原因是从内部进行了经济制度的改革,但不能不说在"对外开放"的过程中,外部的制度、规则起到了稳定内部行为方式的作用。这并不是说华人只有依赖于外来制度的约束才能发展，而是说只有有了某种理性化的制度约束，华人经济才能长期稳定地发展并实现现代化；没有外来的制度影响，如果我们能克服自己文化传统中的缺陷，自己发展起较为规范的制度规则，一样能够取得同样的效果；但"外部约束"起到了加速打破传统习惯的作用。

有的人认为：中华文化完全有利于经济的发展和现代经济制度的建立，关键的条件在于破除掉"集权政治"的统治。这一观点其实很难被一些东亚新兴工业国的发展历史的证明。有了对外开放，内部制度尽管仍（暂时、在"短期内"）保持着较大程度的"集权"，经济同样能够起飞。纵观全世界"华人经济"的发展历程，将"存在或形成了某种理性化的制度约束"，视为华人经济发展的一个必要条件，显然更具有一般的意义，更能对现实情况作出合乎逻辑的解释（一个经济的内部制度的"理性化"过程，本身包含着民主程序的成熟与发展；但一开始却不一定完全取消集权）。

中华文化中存在着许多有利于经济发展的美德，如节俭、勤奋、适应性强、善于处理人际关系、重视教育，等等，但之所以在历史上特别是近代历史上长期处于落后的状态，是因为这种文化中的一个基本弱点是不注重制度的理性化，因而不能适应于近代的大规模社会化生产的要求。而其他一些文化，如西方的基督教文化传统，存在着很多弱点，但恰恰有一点，即尊崇和努力探究那种外在于个别人的、不以人的意志为转移的、表现为"上帝意志"的"自然法则"，并坚持按既定的规则办事，显然有利于形成稳定的制度，使人们得以在一种长期稳定的规则与约束中，节省交易费用，发展市场交换和社会化生产。当这些外部的文化或制度对华人起到了"理性化制度约束"的实际作用，华人文化中的种种美德，便可以发挥出较大的优势，使华人经济显示出强大的竞争力。

这一分析，有助于我们清理以往关于"中华文化"的种种争论，同时也可以使我们得到有益的"政策结论"：华人经济要想发展，一定不能"夜郎自大"，而要尽可能地吸收外来文化的精华，发展与外界的联系，保持经济与文化的开放性，把自己融于国际经济体系和国际社会大家庭之中去，遵循一些"国际通行的规则"。同时，最重要的是，我们自己要吸取以往的经验教训，更加重视理性化、规范化制度的建设，用"法治的精神"来实现自我的完善。只有这样，华人经济才能发展，并更好地发扬中华文化传统的优势，尽快地缩小华人经济与世界上先进国家的差距。

就中国大陆来说，可以预见的是：只要在今后保持并不断扩大对外开放，经济发展和体制变革就是大有希望的；而中国的市场经济的发展和完善，一定取决于自身内部的社会经济制度理性化程度的提高。

（原载《二十一世纪》1994 年第 6 期）

渐进与激进:制度变革的若干理论问题

多数经济学家已经将中国过去 15 年的改革视为"渐进式改革"的典型,将苏联、东欧国家视为"激进式改革"的典型。但在如何定义不可改革方式、如何分析不同改革方式的特征及其优点与缺点、如何认识不同改革方式在不同条件下的可行性等问题上,迄今为止无论在国内经济学界还是国际经济学界,都还是众说纷纭。本文拟就一些有争议的理论与概念、问题进行一些分析。需要指出的是,本文不是要分析"应该"怎样改革,而是实证性地分析不同改革方式的特征与改革过程本身的逻辑。

一 中国"渐进式改革"的特点究竟是什么

给定改革在"性质"上的一些差异,我们着重研究"方式"上的不同。在这个问题上,目前存在着一些不同看法,都或多或少与如何定义"渐进式改革"与"激进式改革"相关。一种相当普遍的观点是:中国的"渐进式改革"就是"部分改革",是"分步走"逐步展开的过程;而苏联和东欧的"激进式改革"则是"一揽子的""一步走的"、总体推进式的改革。从一定意义上说,这无疑是对的。1990 年以后,苏联和东欧的改革采取了迅速放开物价、放开利率、放开外汇、大规模私有化等改革措施,并在各个领域里同时推进;而中国的改革迄今为止一直还是一步一步、一部分一部分地展开的。先是农村改革,然后才"进入城市";价格改革在很长时期内搞的是"价格双轨制";所有制改革迄今为止仍然只是发展起了一部分非国有经济，从而在一定程度上改变了整个经济的所有结构，而对国有经济本身的改革仍未真正展开；等等。

但是这种差别似乎并未抓住中国改革与其他一些国家改革的根本性差别，因为其他国家的改革在很长时期内其实也是"部分的"。比如价格改革，俄罗斯迄今为止也还是有些物品的价格没有完全放开，如石油等基本原材料的价格；食品价格也仍然有所控制；所有制改革迄今为止也只是部分的，如俄罗斯大中小国有企业全部算起来迄今只私有化了不到50%。如果说苏联和东欧改革的特点是因在所有领域里展开而更加"整体"，中国的改革在1985年以后也已经开始在各个领域里展开，只不过有的领域里进展快些，有的领域里进展慢些。同理，所谓"一步走"与"分步走"的差别，似乎也未反映出事物的本质。即使是激进的、速度较快的改革，也会在一些领域里"分步走"，不可能一下子完成全部改革。特别重要的是，即使是一下子破坏掉了旧体制，新体制的成长也仍然是一个"进化的过程"，无论人们如何希望新体制"立即生效"，也仍然会有一个逐渐成熟的过程。

在笔者看来，中国渐进式改革与苏联和东欧激进式改革的根本性差异在于：中国的渐进式改革的基本特征，是在旧体制因阻力较大还"改不动"的时候，先在其旁边或周围发展起新体制或新的经济成分（如市场定价机制，各种形式的非国有经济等），随着这部分经济成分的发展壮大、经济结构的不断变化和体制环境的不断改善，逐步改革旧的体制；而苏联和东欧激进式改革的基本特征则在于从一开始就必须（只能）对旧体制进行改革，以此为新体制的成长铺平道路。从这个意义上说，"渐进式改革"的基本含义就是"增量改革"，用D.诺思（1990）的概念"incremental reform"来加以概括更为准确（但这个概念一般也翻译为"渐进改革"），而不是用更多具有"速度"含义的"gradual reform"概念。中国的渐进式改革是在存量改不动的时候，先通过增量改革来发展新体制，随着增量改革的积累，逐步改革整个经济的体制结构，为

"存量"的最终改革创造条件；而苏联和东欧的激进式改革，则是（在增量改革缺乏条件的情况下）直接进行"存量"的改革，并以此来促进新体制增量的成长。

如果不从"增量改革"的意义上来理解中国的改革过程，往往会得出误导的结论。比如最近美国经济学家 G. 杰弗逊和 T. 罗斯基在一篇论文中提出了一种对中国经济改革的解释，他们首先认为中国的国有经济与非国有经济没有差别（否认存在新体制的"增量"），然后认为中国的"渐进式改革"的基本内容就是在不改变所有制关系的前提下"放权让利"，改革了价格机制与企业管理机制；最后他们对中国改革所取得的成就（所谓的"中国奇迹"）归因于他们所说的以"放权让利"为核心的"渐进式改革"。其实只要不带偏见地观察，都可以发现，虽然在中国国有经济内部的"放权让利"改革中政府付出了大量的努力，但是迄今为止国有经济的改革仍然收效甚微，这几年市场经济机制的发展和国民经济的增长，主要靠的是非国有经济的发展，而不是国有经济的改革。我们显然不能将中国改革的成就归结为这种意义上的"渐进式改革"。

但是反过来，我们也不必因为国际上有人以上面的这种方式"定义"或解释"渐进式改革"，并用国有经济的改革来解释中国所取得的成就，就否定中国过去走过的是一条渐进式改革的道路。"中国从实际出发，找到了一条新路。不是咬住国有经济这一块不放，而是一方面维持国有经济的运转，另一方面到以市场为导向的非国有经济这一块去寻找新的增长点。这就使整个改革无论在经济上还是在政治上都找到了支撑点"（吴敬琏，1994），这里描述的其实就是本文所说的"增量改革"意义上的渐进式改革。国际上越来越多的经济学家现在实际也正在趋向于以这种方式定义"渐进式改革"。至于这种改革是否有它特殊的弊病，是否会产生新的经济与政治矛盾，是否把该早些解决的问题推向未来，现在是否应该加快改革步伐进行"攻坚"，则属于另一个问题。不妨碍我们在分析以往走过的道路时，实证性地对中国的改革道路作出科学的评判，并在理论上采取较为科学的概念。

二 增量改革的特殊局限性

渐进式改革有其特有的缺陷，就像激进式改革有其特有的缺陷一样。它导致经济中存在的许多扭曲和无效率情况长期存在，使得改革旧体制的进程被一再拖延，并因此而阻碍新体制的更快成长；新旧体制在"双轨过渡"过程中的摩擦会产生新的无效率；长期存在的腐败、通货膨胀、经济不稳定等问题会加剧社会的不稳定；过渡性体制会产生出新的既得利益集团，它们会成为进一步改革的新的阻力，而不是改革的动力，使进一步的改革不是更容易而是更难；等等。正因为如此，在渐进式改革的过程中，人们会不断提出加快改革速度、尽快实施"全面推进""总体突破"的要求（就像在激进式改革的过程中不断会有要求"放慢改革步伐"，稳步前进的声音一样）。

但是，我们也应看到，如果渐进式改革在最初阶段取得了一定的成果并使经济有所增长的话，在这样的经济当中，反对更为"激进"的改革、要求继续实行渐进式改革的力量也会有所增长，而不必然会有所削弱。理由如下。

第一，改革越有成绩、经济状况越好，许多人会越倾向于"稳定"，不愿"激进"。一般来说，改革方式越激进，遇到的阻力越大。但在社会经济已经发生危机、人均收入已经停止增长或事实上开始下降的情况下（如苏联），由于较多的人不再有很多既得利益需要维持，任何改革都可能只给人们带来好处，激进的改革就较容易为社会所接受，许多人会同意忍受这种改革所会带来的眼前的某些"阵痛"。而在一个经济的增长率仍然很高，人们的收入在不断增长的情况下，多数人便不会有很强的"危机感"和"打破坛坛罐罐"的动机，总还怀着"明天或许会有办法"的心理，因而不愿进行激进的变革。渐进式改革若在某些条件下没有取得成功（如在东欧一些国家曾经发生的那样），最终当然会为激进式改革所替代；但在渐进式改革已经取得一定成果的情况下，由于经济的增长，人们的生活总体上仍在改善，就会很少有人支持那些激进的改革方案，而是更多地倾向于维持现状或继续进行渐进式改革。

第二，渐进式改革的成功，主要依靠的是增量改革与新体制成分的成长，而新体制成分的成长，既可能成为改革旧体制的一个有利的因素，也可能成为延缓旧体制改革，使全面的存量改革一拖再拖的一个条件。这是因为，新体制创造出来的收入增量，可以被用来对一些在改革中受损失的既得利益集团进行一定的"补偿"，却也可以被用来对旧体制进行"补贴"，延缓矛盾的充分暴露，使其依然"混得下去"，甚至还会使旧体制进一步"扩大再生产"。比如，中国的国民收入增量，目前80%来自非国有经济，但这当中有很大一部分通过银行信贷，事实上被用作对国有企业的亏损补贴（政策性贷款），或被用来进行国有部门的投资或国有企业的"技术改造"，形成了80%的贷款在"贷款初次分配"中投入国有部门、70%左右的投资是国家投资的"资源逆配置"现象。在整个经济状况停滞或下降的经济中，对国有部门的补贴导致高额通货膨胀（如当前的一些独联体国家发生的情况），因为在那里没有真实收入增量可被利用来进行补贴（补贴说到底要么是一种转移支付，是收入从一个部门向另一个部门的转移；要么只能是名义价值的变化，搞"通货膨胀税"）；而在中国，由于事实上存在着新增的真实收入，对国有企业的补贴过程是真实收入的转移（要么来自较好的国有企业，要么来自非国有经济），通货膨胀可以被控制在较低的水平。结果是，虽然经济中旧体制成分的问题越来越严重，但整个经济的状况看上去却仍然不错，大家（包括尚在旧体制中就业的人群）的收入也都在增长，通货膨胀似乎也能够得到控制，政治局面也仍然稳定。在这种情况下，有多少人能够根据自己的经济状况、根据自己的切身体验认识到经济问题的严重性而期望加快改革？政府也很难冒着出现社会不稳定的风险而大胆地进行全面的存量改革。

一个可以检验的假说是：渐进式改革越是成功，新体制成分增长越快、经济增长率越高、居民的收入增长率越高，就越是难以从渐进式改革转变为激进式改革。这或许是一个悲观的论点，但也许是一个现实的结论。这并不是说不会出现"突破"，突破性的进展早晚会出现，但需要各种条件的进一步演化、改善。事实上，对旧体制改革能否加快、深入，很大程度上将取决于新体制成分的进一步增长、在税收中所占比重的进一步扩大、人们观点的进一步转变等。

三 利益冲突与改革方案的"可接受性"问题

以上各种问题的分析，都把问题引向某种改革方案的"可接受性"问题。经济学家不仅要分析什么改革方式是"最好的"，而且要分析什么改革方式是在一定条件下"可被社会接受的"。

制度是一种社会行为规范，因此它的供给涉及公共选择，而不是一个个人最大化问题。无论社会政治制度如何，无论有多少人事实上能够参与公共选择的过程，制度改革都不是由经济学家或少数领导人认为"应该怎么做"的问题，而是一个要由社会上的主要利益集团的利益格局所决定的事情。而问题在于，由于各利益集团在制度改革中是相互冲突的，对于你好的对我可能不好，所以明明在精英们眼中是好的改革方案，却由于其并不是一个"帕累托改进"而不能被大家"一致同意"地接受，并常常因此在现实中"行不通"。

在一些涉及一部分人的既得利益的改革问题上，我们就必须研究任何一种改革方案的可接受性问题：经济学家提出来的方案，可能是最好的，可能从长期来看对多数利益集团都有利，但是它却可能在目前就是不可行的，其原因就是它不能在利益斗争中为多数利流集团所接受，或者仅仅是不能为实际参与决策的各主要利益集团所接受。

我们不妨以中国的"利率改革"问题为例做一些分析。中国的利率，长期被人为地压在很低的水平，造成了极大的扭曲。这在最初可以说是由所谓的"赶超战略"所决定的，但到了20世纪80年代以后，在经济学家们一致认为利率过低、应该提高利率之后，在中央政府实际上已经放弃了"优先发展重工业"的战略之后，利率仍然迟迟不能提高，相反却每每被重新置于严格的计划控制之下。却显然要用别的原因来加以解释，主要就是由既得利益集团的反对来加以解释（同时还要由各地方、各部门相互"赶超""软约束竞争"的需要加以解释）。当由国家分配的低利率贷款事实上成为国家转移收入补贴国有部门、维持亏损的国有企业生存和扩大国家投资的主要手段的时候，任何提高利率、放开利率这样一种"激进改革"的企图都会遭到一些部门①的反对。而在一种国有部门的代表是政策决定的主要参与者的选择机制下，"提高利率"这一改革方案，一定是不会被接受的，不管它是多么的对"整个经济"有利、对提高资源配置效率有利、对深化改革有利。这已不是什么"认识问题""战略错误"或"政策错误"，人们是"故意"这样做的！在这种利益格局的制约下，尽管我们应该进一步提倡加快利率的市场化改革，但现实中却很难实现一步到位的"激进改革"。在这种情况下，恐怕"最好"的选择（"条件极值"或"不能再好"），可能还是先用某种"渐进"的办法、"增量"的办法、"双轨"的办法，打开一个突破口、逐步地加以改进。渐进的办法有其特殊的缺陷，这点不容忽视，但总僵在那里不改，等

---

① 从某种意义上说，这时反对提高利率的国有部门不包括国家银行，因为银行可以从贷款利率提高中获益（只"提高"不一定获益，因为存款利率可能也"规定"要同时提高，只有利率"放开"，才能真正获益）。但是，这也只是中央银行和某些高级银行管理人员会希望提高利率，而"基层"对提高利率可能并不热心，宁愿保持低利率下的信贷短缺，这样他们可以从中获得"寻租"的好处。

到问题进一步恶化再"一步到位"地大改（这时这种方案会变得可以接受了），总的损失可能更大。

这就是研究"可接受性"问题的"政策意义"所在。它要求我们在提出一项改革方案时，认真分析这一方案对各利益集团的意义。研究当时经济中各集团的利益对比关系，研究在经济中是否有足够大的有效势力（在决策过程中没什么发言权的势力，不是"有效"的势力）支持一项改革，而不能一厢情愿。苏联和东欧国家一些激进的改革方案之所以能够被接受并加以实施，是因为在它们的那种特定的经济条件下，多数人已经没有很多既得利益需要保护，已经对旧体制失去了信心，已经不可能再损失许多东西。同一项激进的改革方案，在他们那里实际上比在我们这里遇到的阻力要小，而不是更大，所以能够被接受、被通过，而在我们这里却可能不被采纳，这是不同条件下利益格局不同的结果。

这绝不是说经济学家就无事可做。不过理论家的工作说到底只是传播知识，是把一般人认识不到的经济关系揭示给大家看，消除经济中因信息不完全、知识不完全而造成的决策错误、选择错误。我们不可能使人们不去追求自己的利益，因此我们不可能改变经济中的利益格局，而只能在给定的利益格局下，在人们认识不清经济运行规律的情况下，告诉人们什么是对他们最有利的选择，告诉他们每种选择的必然后果，调节各利益集团的矛盾。特别是能够告诉人们什么是他们的眼前利益，什么是他们的长远利益，当前的选择会有什么长远的后果，以避免"短视"造成的错误选择。这样，我们虽然不能改变决定改革方案选择的利益格局，却可以改变选择过程中的"认识格局"，并因此而影响选择的结果。在现实中，多数人只有在现实中吃了亏之后才能够改变认识，事前则只根据眼前见得到的利益行事，无论经济学家的警告多么明确也无济于事。尽管如此，我们还是应该提出忠告：渐进式改革不是停滞不前不改革，不是把那些根本性的体制改革问题无限期地推迟下去，不是不需要在必要的时候加快改革的步伐、加大改革的"力度"，更不是

"用反劲"、逆经济发展的规律而动。"双轨体制"在过渡时期是不可避免的,但是如果只有"双轨"而不"过渡",把旧的一轨长期维持下去甚至加以巩固,那么经济中的矛盾将会激化,到头来改革的成本将会更大。

参考文献

杰弗逊和罗斯基(G. Jefferson and T. Rawski):《工业改革如何在中国取得成功:创新、竞争与产权的作用》(How Industrial Reform Worked in China: The Role of Innovation, Competition and Property Rights), The World Bank Working paper. 1994.

诺思:《制度、制度变迁与经济绩效》,剑桥大学出版社1990年版。

吴敬琏:《邓小平经济思想的战略意义》,《人民日报》1994年8月22日。

(原载《经济学动态》1994年第9期)

论作为一种公共选择过程的体制改革

一 "政府决策"与"社会过程"

在改革的年代，不论是在国内还是在国外，经常会有人提出这样的问题："既然已经知道现行体制是缺乏效率的，为什么中国政府还不采取措施进行改革？"人们提出问题的场合可能有所不同，针对的问题有时宏观一些，有时具体一些，但涉及经济体制改革的进程，总会有人以某种方式提出类似的问题，总是似乎改革只取决于某些人的决策。

这个问题实际涉及两个方面：一是"知道或不知道"的问题，这与知识、信息、经验等相关；二是"改革或不改革"或者说采取行动还是不采取行动的问题。显然，并不是在任何问题上所有的人都会对现实中的矛盾有充分的、正确的、全面的认识，许多不同的意见，包括在改革方案问题上的不同意见，都根源于人们对现实情况的不同理解、不同感触、不同解释。这方面的问题我们在后面会有专门的章节进行讨论，现在存而不论，先假定人们已经对现实的状况有了正确的并且是一致的认识（真理毕竟只有一个），于是问题可以归结为在完全信息的条件下，政府为什么不采取正确的改革措施以解决问题？

这个问题本身以及问题的提法，实际表明在提问题的人的心目中存在着这样的假定：改革与不改革，或者说，采取怎样的改革措施、改革方案、改革政策，是由政府决定的，或者说，是由构成政府的那些"决策者"所决定的；政府改革措施的正确与否、有效与否，仅取决于这些决策者的认识是否正确；只要认识到了应该改革，就会改革，改革就能进行；给定决策者的认识水平，他们可以采取任何可能的措施或政策来解决问题。因此，错误的政策，只取决于错误的认识，最多是取决于"官僚主义"（知道了问题所在而不采取行动，被许多人认为是一种官僚主义行为）。

事实上，时至今日，仍有许多人认为（包括我们中国人，也包括许多"外国专家"），改革就是一个政府决策的问题，是一个政府是否明智，是否有一个正确的"改革战略"或改革措施的问题。在他们的心目中，政府是无所不能的，一方面可以对问题有正确的认识，另一方面可以采取任何适当的政策来解决问题，政府若没有这样做，则是"失职"或者是"官僚主义"。因此，所谓体制改革成功与否，就取决于政府的明智与否与政府"改革战略"的正确与否。

但问题在于我们如何理解"政府"以及"政府决策"本身。即使假定政府（决策者们）可以取得对问题的正确认识（我们知道现实中远不是这样），政府也不可能有采取任何一种"适当政策"的"自由"——政府本身是受各种因素所制约的。在一个经济中、一个社会中，政府不过是一个公共事务的机器，政府的决策不过是在一定的社会条件下公共选择结果的一种反映；再"专制"的政府，事实上也不可能想做什么就做什么而不考虑公众的反应；而公众对政府政策的反对无论其形式如何，都会对政府产生这样或那样的影响。与此同时，一方面，"公众"本身是由各种不同的利益集团组成的，它们之间的利益冲突会导致对于政策的不同意见和不同反应，而政府不过是在它们之间"周旋"的一种平衡机制；另一方面，政府一旦形成并运转起来，本身会形成一个特殊的利益集团即官僚集团，这一集团的特殊利益也会对政策的形成产生影响。

可见，关于政府、关于政策、关于"改革的战略"，问题要远比表面上看去复杂得多。事实上，把政府放到整个经济与社会关系当中，我们就会发现，最根本的问题并不在于政府本身，而在于一定社会经济条件下的各种利益集团的利益冲突以及它们之间力量平衡的状态；而政府政策，不过是这种利益平衡的一个产物。一个较为"明智"的政府，也就是一个信息、知识较为完全的政府，说白了就是一个第一知道当前的问题根本上出在哪里，第二知道"大势所趋"，知道解决问题的根本办法，第三知道如何在当前采取适当的措施一步一步地沿着正确的方向（不怕步子小，方向正确这一点最重要）将社会推向前进。这样的政府，当然要比稀里糊涂、无所作为，作"无用功"，甚至逆大势而动的政府要好，但从长期来看，从社会进步的根本趋势来看，从平均水平来看，第一，政府的明智程度基本上不会有很大的差别；第二，政府本身的作用也是有限的；第三，社会中总会形成足够的力量来制约政府的行为，也会形成足够的需求来不断地纠正政府的错误。

所以，虽然在一个一个的短期的、具体问题上，我们总可以看到政府决策者的重大作用，有的时候是决定性的作用，但是从长期来看，根本的问题不在于抱怨政府的政策，甚至不在于理解政府的决策过程，而在于理解社会中各种利益集团的经济利益以及各利益集团的相互作用，理解各种利益集团如何对体制改革的进程以及政府的改革政策产生影响。总之，在于理解经济学中所说的"公共选择"这个社会过程本身。

二 改革是"内生"的还是"外生"的？

与上面分析的观点相类似，还有一种观点，就是认为改革可以分成经济内部"自发的"和由政府作为一种外部力量"强制"进行的，还有人则把制度的变革，分成由经济利益"诱致的"和由政府"强制的"。比如有的人认为苏联和东欧国家激进式改革是"外生的"，即由少数改革家、领导人（以至外国人）从上至下加以推行的；而中国的渐进式改革，虽然后来的过程是"内生的"

"自下而上"逐步展开的,但"最初的几项改革"却是"外生的"(G. 杰弗逊与 T. 罗斯基,1994)。这些观点同样具有误导性。

就苏联和东欧国家改革而论,激进式改革的"方案",或许是由"少数人"在"上面"制定的,甚至是由一些"外国人"帮助设计的,但这样一种方案能为社会、政治家及民众所接受、采纳,这件事本身却是"内生的",是由当时这一特定社会的经济条件、经济形势与利益集团之间的力量对比决定的。东欧、独联体各共和国相继采取了激进式改革,采取了"休克疗法",说到底是因为在它们国内出现了对这种改革方式的"内生的需求"。比如,正是因为 20 世纪 90 年代初东欧国家内普遍存在的"立即回到欧洲去"的强烈要求,"休克疗法"才得以被采纳;正是由于苏联的旧体制在运行了 70 年之后已陷入了深刻的危机,渐进改革已在政治上不可能,激进的改革方案才被提出并被多数人接受(当时恰恰是渐进式改革是"内生"的不可接受的),即使面临眼前生活水平的下降,多数人也仍然在"公民投票"中支持"激进的政府"。一个社会中,少数几个"精英"提出激进变革方案(其实经常不断地会有这样的方案出现),与多数人、大的利益集团要求激进的变革,是完全不同的情况。在市场上,少数几个人的需求,可以把少数几件(私人)物品"召唤"到市场上来,而制度却是一种"公共物品",没有足够大的广泛的内在需求,大规模的、激进的制度变革不可能发生,新制度不可能实际地产生并扎下根来。

中国的渐进式改革,同样从"最初"开始就是一种内生的过程。政府"最初的几项改革措施",也是中国政府对中国当时(20 世纪 70 年代末)社会经济的内在矛盾与社会中存在的变革要求的一种反应。最明显的例子是:中国"最初的"、第一项改革措施即在农村实行家庭联产承包责任制,就是农民"内生"地要求的结果,而不是什么人"外生"地加以贯彻的。至于国有经济的改革,由于国有企业有"统一的所有者",因此许多改革,特别是最初的一些改革,不可避免地表现为"由上而下达文件"加以贯彻执行的结果，但是无论是最初的下放自主权，还是后来的企业承包制，都是因为国有经济存在着长期未解决的问题，才"内生地"产生了改革的要求，政府的改革决策，不过是对这些问题、对这些要求的一种反应方式。过去如此，今后仍会如此。

同理，关于所谓"强制性改革"与"诱致性改革"（林毅夫，1989）的差异也似是而非。任何改革在一定意义上都是"强制的"：政府可以强制民众，民众反过来也可以强制政府，有些国家的改革就是在民众造反或"潜在地要造反"的情况下才迫使政府不得不采取了一些改革的措施，包括那些"自上而下"的改革措施。任何改革又都是"诱致的"：个人与企业受利益的诱导而实行改革，政府实施某种改革同样也是因为它看到这样做要比不这样做对它更有利，当然有时并不是对全社会有利，而是只对当政的集团有利，对政治稳定有利，对现政权的巩固有利。事实上，很难想象存在着不是基于"利益诱致"的改革。同时，任何一种改革都至少对要求改革的一方、对改革的发动者来说是"诱致的"，一定是为了捕捉某种利益，但不一定是"强制的"，因为可能存在着一种"一致同意"情况：一项改革对经济中所有的人都有利可图。而在一切不存在"一致同意"的情况下（不幸的是，现实中多数情况是无法使各利益集团都同意一项改革，原因见本书后面的分析），只要有人会因此项改革而受损，我们就可以说这一改革具有某种强制性，尽管有时不一定是少数人集团强制多数人集团，而是多数人集团强制少数人集团。

这里的问题还是出在如何看待政府上（这可以说是人类迄今为止不断犯的一个错误）。从现代政治经济学的观点来看，"政府"本身也是经济中诸多行为主体的一个，而并不是一个"外生的"、超然的行为主体；它也是根据政治经济形势的内部变化、根据自己的特殊利益最大化原则进行选择、作出决定。把由政府推进的改革说成为"外生的改革"，相当于把政府说成外在于整个社会的存在。就"变量关系"而言，我们可以说"政府政策"对于"市场变量"体系来说是"外生变量"（在经济学中，"制度"对于"市场均衡体系"来说一般被处理为"外生"的因素），但在制度改革的问题上，由于我们是在谈论"制度"，这时政府本身就在所考察的范围之内，否定政府行为的"内生"性，实际就变换了论题，并且无法解释制度变化本身，比如，无法解释与"政府更迭"相联系的制度变化（有许多人在研究苏联和东欧国家改革时常常无视政府本身变化这一重要的事件与整个制度变革过程的关系及其在这过程中所起的重要作用，因而导致了许多错误的结论）；无法理解政府改革措施的形成与变化。

三 改革方案的"可接受性"问题

改革作为一种内生的社会过程，突出地表现在改革方案或改革政策的"可接受性"问题上。时至今日，我想大多数人已经认识到，无论是激进的改革方案还是渐进的改革方案，都有一个是否遭到抵制、反对或反抗的问题，都有一个是否被相关的利益主体接受的问题。经济学家经常提出的问题是什么改革方式是"最好的"，但首先应该问的是什么是"可被社会接受的"（它的一个"子问题"是：什么是政府、领导层所能接受的）。

制度是一种公共物品，因此它的供给涉及公共选择，而不是一个个人最大化问题。无论社会政治制度如何，无论有多少人事实上能够参与公共选择的过程，制度改革都不是一个经济学家、少数社会精英认为什么是"应该"的问题，而是一个要由社会上的主要利益集团的利益格局所决定的事情。而问题在于，由于各利益集团在制度改革中是相互冲突的，对于你好的对我可能不好，所以明明在精英们眼中是好的改革方案，却由于其并不是一个"帕累托改进"而不能被大家"一致同意"地接受，并常常因此在现实中是"行不通的"。所以，在现实的改革过程中，我们遇到更多的是利益冲突问题，是改革的阻力问题，是总会有人反对改革的问题。这种反对完全可能不是出于某种意识形态的考虑，而只是出于利益的实际需要。

我们不妨以中国的"利率改革"这样一个"小问题"为例作一些分析。中国的利率长期被人为地压在很低的水平，造成了极大的扭曲。这在最初不妨说是与所谓的"赶超战略"相关的，但到了20世纪80年代以后，在经济学家们一致认为利率过低，应该提高利率之后，在中央政府实际上已经放弃了"优先发展重工业"的战略之后，利率仍然迟迟不能提高，相反却每每被重新置于严格的计划控制之下，却显然无法再用什么"战略"问题或政府的认识错误来加以解释，而必须要用别的原因来加以解释。显然，利率调不动的主要原因就是既得利益集团的反对。当由国家分配的低利率贷款事实上成为国有企业逃避市场竞争、控制经济资源的主要渠道，成为国家转移收入补贴国有企业、维持国有部门的生存与扩大的主要手段的时候，任何提高利率、放开利率这样一种"激进改革"的企图都会遭到国有部门①的反对，除非它们会同意使一部分亏损企业破产，同意一批工人立即失业，以及放弃其他许多既得利益。而在一种国有部门的代表是政策选择的主要参与者的选择机制下，或者说，在出席"国务院会议"的绝大多数人都代表着国有部门的某些利益集团的情况下，"提高利率"这一改革方案，一定是不会被接受的，不管它是多么地对"整个经济"有利、对提高资源配置效率有利、对深化改革有利。这已不是什么"认识问题"，什么"战略错误"或"政策错误"，人们是"故意"这样做的！在这种利益格局的制约下，尽管我们从理论上说"应该"进一步提倡将利率提高到市场水平，或更彻底地一步放开利率，但现实中却很难实现这样一种"激进的改革"；最可能的结局，其实也是"最好"的结果

---

① 从某种意义说，这时反对利率提高的国有部门不包括国家银行，因为银行可以从贷款利率提高中获益（只"提高"不一定获益，因为存款利率可能也"规定"要同时提高，只有利率"放开"，才能真正获益）。但是，这也只是中央银行和某些高级银行管理人员会希望提高利率，而"基层"对提高利率可能并不热心，宁愿保持低利率下的信贷短缺，这样他们可以从中获得"寻租"的好处。

（"条件极值"或"不能再好"），不过还是先用某些"渐进"的办法、"增量"的办法、"双轨"的办法，逐步地加以改进。

这就是研究"可接受性"问题的"政策意义"所在。它要求我们在提出一项改革方案时，认真分析这一方案对各利益集团的意义，研究当时经济中各集团的利益对比关系，研究在经济中是否有足够大的有效势力（在决策过程中没什么发言权的势力，不是"有效"的势力）支持一项改革，而不能一厢情愿。苏联和东欧国家一些激进的改革方案之所以能够被接受并加以实施，是因为在他们的那种特定的经济条件下，多数人已经没有很多既得利益需要保护，已经对旧体制失去了信心，已经不可能再损失更多东西，同一项激进的改革方案，在他们那里实际上比在我们这里遇到的阻力要小，而不是更大，所以能够被接受、被通过，而在我们这里却可能会只有人提，而不会被采纳，这是不同条件下利益格局不同的结果。

这绝不是说经济学家就无事可做。不过理论家的工作说到底只是传播知识，是把一般人认识不到的经济关系揭示给大家看．消除经济中因信息不完全、知识不完全而造成的决策错误、选择错误。我们不可能使人们不去追求自己的利益，因此我们不可能改变经济中的利益格局，而只能在给定的利益格局下，在人们认识不清经济运动的规律的情况下告诉人们什么是对他最有利的选择，告诉他们每种选择的必然后果，调节各利益集团的矛盾。特别是能够告诉人们什么是他们的眼前利益，什么是他们的长远利益，当前的选择会有什么长远的后果，以避免"短视"造成的错误选择。这样，我们虽然不能改变决定改革方案选择的利益格局，却可以改变选择过程中的"认识格局"，并因此影响选择的结果。在现实中，多数人只有在现实中吃了亏之后才能够改变认识，事前则只根据眼前见得到的利益行事，无论经济学家的警告多么明确也无济于事。尽管如此，我们还是应该提出忠告：渐进式改革不是停滞不前、不改革，不是把那些根本性的体制改革问题无限期地推迟下去，不是不需要在必要的时候加快改革的步伐、加大改革的"力度"，更不是"用反劲"、逆经济发展的规律而动。"双轨体制"在过渡时期是不可避免的。

四 中国"渐进式改革"的特点究竟是什么

给定改革在"性质"上的一些差异，我们着重研究"方式"上的不同。在这个问题上，目前存在着一些不同看法，都或多或少与如何定义"渐进式改革"与"激进式改革"相关。一种相当普遍的观点是：中国的"渐进式改革"就是"部分改革"，是"分步走"逐步展开的过程；而苏联和东欧国家的"激进式改革"则是"一揽子的"、"一步步的"、总体推进式的改革。从一定意义上说，这无疑是对的。1990年以后，苏联和东欧国家的改革采取了迅速放开物价、放开利率、放开外汇、大规模私有化等改革措施，并在各个领域里同时推进。而中国的改革迄今为止一直还是一步一步、一部分一部分地展开的，先是农村改革，然后才"进入城市"；价格改革在很长时期内搞的是"价格双轨制"；所有制改革迄今为止仍然只是发展起了一部分非国有经济，从而在一定程度上改变了整个经济的所有制结构，而对国有经济本身的改革仍未真正展开；等等。

但是这种差别似乎并未抓住中国改革与其他一些国家改革的根本性差别，因为其他国家的改革在很长时期内其实也是"部分的"。比如价格改革，俄罗斯迄今为止还有些物品的价格没有完全放开，如石油等基本原材料的价格；食品价格也仍然有所控制；所有制改革迄今为止也只是部分的，如俄罗斯大中小企业全部算起来目前只私有化了不到50%的国有企业。如果说苏联和东欧国家改革的特点是因在所有领域里展开而更加"整体"，则中国的改革在1985年以后也已经开始在各个领域里展开，只不过有的领域里进展快些，有的领域里进展慢些。同理，所谓"一步走"与"分步走"的差别，似乎也未反映出事物的本质。即使是激进的、速度较快的改革，也会在一些领域里要"分步走"，不可能一下子完成全部改革。特别重要的是，即使是一下子破坏掉了旧体制，新体制的成长也仍然是一个"进化的过程",无论人们如何希望新体制"立即生效",也仍然会有一个逐渐成熟的过程。

在笔者看来,中国渐进式改革与苏联和东欧国家激进式改革的根本性差异在于:中国的渐进式改革的根本特征,是在旧体制因阻力较大而"改不动"的时候,先在其旁边或周围发展起新体制或新的经济成分(如市场定价机制,各种形式的非国有经济,等等),随着这部分经济成分的发展壮大、经济结构的不断变化和体制环境的不断改善,逐步改革旧的体制;而苏联和东欧国家激进式改革的基本特征则在于从一开始就必须(只能)对旧体制进行改革,以此为新体制的成长铺平道路。从这个意义上说,"渐进式改革"的基本含义就是"增量改革",用 D. 诺思(1990)的概念"incremental reform"来加以概括更为准确(但这个概念一般也翻译为"渐进改革"),而不是用更多具有"速度"含义的"gradual reform"概念。中国的渐进式改革是在存量改不动的时候,先通过增量改革来发展新体制,随着增量改革的积累,逐步改革整个经济的体制结构,为"存量"的最终改革创造条件;而苏联和东欧国家的激进式改革,则是(在增量改革缺乏条件的情况下)直接进行"存量"的改革,并以此来促进新体制增量的成长。

如果不从"增量改革"的意义上来理解中国的改革过程,往往会得出误导的结论。比如最近美国经济学家 U. 杰弗逊和 T. 罗斯基在一篇论文中提出了一种对中国经济改革的解释,他们首先认为中国的国有经济与非国有经济没有差别(否认存在新体制的"增量"),然后认为中国的"渐进式改革"的基本内容就是在不改变所有制关系的前提下"放权让利",改革了价格机制与企业的管理机制;最后,他们又把中国改革所取得的成就(所谓的"中国奇迹")归因于他们所说的以"放权让利"为核心的所谓的"渐进式改革"。其实只要不带偏见地观察,都可以发现,虽然在中国国有经济的"放权让利"改革中政府付出了大量的努力,但是迄今为止国有经济的改革仍然收效甚微,这几年市场经济机制的发展和国民经济的增长，主要靠的是非国有经济的发展，而不是国有经济的改革。我们显然不能将中国改革的成就归结为这种意义上的"渐进式改革"。

但是反过来，我们也不必因为国际上有人以上面的这种方式"定义"或解释"渐进式改革"，并用国有经济的改革来解释中国所取得的成就，就否定中国过去走过的是一条渐进式改革的道路。"中国从实际出发，找到了一条新路。不是咬住国有经济这一块不放，而是绕过它，到以市场为导向的非国有经济这一块去寻找新的生长点。这就使整个改革无论在经济上还是在政治上都找到了支撑点"（吴敬琏，1994），这里描述的其实就是本文所说的"增量改革"意义上的渐进式改革。国际上越来越多经济学家现在实际也正在趋向于以这种方式定义"渐进式改革"。至于这种改革是否有它特殊的弊病，是否会产生新的经济与政治矛盾，是否把该早些解决的问题推向未来，现在是否应该加快改革步伐、进行"攻坚"，则属于另一个问题，不妨碍我们在分析以往走过的道路时，实证性地对中国的改革道路作出科学的评判，并在理论上采取较为科学的概念。

五　渐进式改革能否转向激进式改革

渐进式改革有其特有的缺陷，就像激进式改革有其特有的缺陷一样。它导致经济中存在的许多扭曲和无效率情况长期存在，使改革旧体制的进程被一再拖延，并因此而阻碍新体制的更快成长；新旧体制在"双轨过渡"过程中的摩擦会产生新的无效率；长期存在的腐败、通货膨胀、经济不稳定等问题会加剧社会的不稳定；过渡性体制会产生出新的既得利益集团，它们会成为进一步改革的新的阻力，而不是改革的动力，使进一步的改革不是更容易而是更难；等等。正因如此，在渐进式改革的过程中，会不断地有人提出加大改革力度、加快改革速度、尽快实施"全面推进""总体突破"的要求（就像在激进式改革的过程中不断会有要求"放慢改革步伐"、稳步前进的声音一样）。

但是，我们也应看到，如果渐进式改革在最初阶段取得了一定的成果并使经济有所增长的话，在这样的经济当中，反对激进改革、要求继续实行渐进式改革的力量也会有所增长，而不会有所削弱。理由如下。

第一，改革越有成绩、经济状况越好，人们越倾向于"稳定"，不愿"激进"。一般来说，改革方式越激进，遇到的阻力越大。但在社会经济已经发生危机、人均收入已经停止增长或事实上开始下降的情况下（如苏联和东欧国家），由于较多的人不再有很多既得利益需要维持，任何改革都可能只给人们带来好处，激进的改革就较容易为社会所接受，许多人会同意忍受这种改革所带来的眼前的某些阵痛。而在一个经济的增长率仍然很高、人们的收入在不断增长的情况下，多数人便不会有很强的"危机感"和"打破坛坛罐罐"的动机，总还抱着"明天或许会有办法"的心理，因而不愿进行激进的变革。渐进式改革若在某些条件下没有取得成功（如在东欧一些国家曾经发生的那样），最终会为激进式改革所替代；但在渐进式改革已经取得一定成果的情况下，由于经济在增长，人们的生活总体上仍在改善，就会很少有人支持那些激进的改革方案，而是更多地倾向于维持现状或继续进行渐进式改革。

第二，渐进式改革的成功，主要依靠的是增量改革与新体制成分的成长，而新体制成分的成长，既可能成为改革旧体制的一个有利的因素，也可能成为延缓旧体制改革、使全面的存量改革一拖再拖的一个条件。这是因为，新体制创造出来的收入增量，可以使一些在改革中受损失的既得利益集团得到一定的"补偿"，却也可以被用来对旧体制进行"补贴"，延缓矛盾的充分暴露，使其依然"混得下去"，甚至还会使旧体制进一步"扩大再生产"。比如，中国的国民收入增量，目前80%的来自非国有经济，但这当中有很大一部分通过银行信贷，事实上被用作对国有企业的亏损补贴（政策性贷款）或被用来进行国有部门的投资或国有企业的"技术改造"，形成了80%的贷款在"贷款初次分配"中投入国有部门、

70%左右的投资是国家投资的"资源逆配置"现象。在整个经济状况停滞或下降的经济中,对国有部门的补贴导致高额通货膨胀(如当前的一些独联体国家所发生的情况),因为在那里没有真实收入增量可被利用来进行补贴(补贴说到底要么是一种转移支付,是收入从一个部门向另一个部门的转移,要么只能是名义价值的变化,搞"通货膨胀税");而在中国,由于事实上存在着新增的真实收入,对国有企业的补贴过程是真实收入的转移(要么来自较好的国有企业,要么来自非国有经济),通货膨胀可以被控制在较低的水平。结果是,虽然经济中旧体制成分的问题越来越严重,但整个经济的状况看上去仍然不错,大家(包括旧体制中就业的人群)的收入也都在增长,通货膨胀似乎也能够得到控制,政治局面也仍然稳定。在这种情况下,有多少人能够根据自己的经济状况、根据自己的切身体验认识到经济问题的严重性而期望加快改革?

一个可以检验的假说是:渐进式改革越是成功,新体制成分增长越快,经济增长率越高,居民的收入增长率越高,就越难以从渐进式改革转变为激进式改革。

参考文献

樊纲:《两种改革成本与两种改革方式》,《经济研究》1993年第1期。

杰弗逊和罗斯基(G. Jefferson and T. Rawski):《工业改革如何在中国取得成功:创新,竞争与产权的作用》(How Industrial Reform Worked in China: The Role of Innovation, Competition and Property Rights, The World Bank working paper),1994。

林毅夫:《论制度与制度变迁》,《中国:发展与改革》1988年第4期。

诺思:《制度、制度变迁与经济绩效》,剑桥大学1990年版。

吴敬琏:《对邓小平经济体制改革战略思想的学习体会》,《理论动态》1994年第6期。

(原载《社会科学实践》1996年第5期)

改革与开放的"一致性"

——过渡经济学的一个一般理论问题及其特例

中国改革开放 20 年，为过渡经济学理论的发展提供了深厚的素材；而最近爆发的全球性的金融危机，又提供了一系列的外部教训，使我们可以进一步加深理解国内改革与对外开放之间的相互关系，加深对过渡经济学一些一般性的基本理论问题的研究。

体制改革说到底都是为了更有效地利用经济资源和市场机会，更快地发展经济，最终赶上世界发达国家。自己与自己的过去相比较，很容易有成就感；而"发展"这一概念的核心则是"赶超"，尽管"赶超"的方式可以大不一样，效果也可以大不相同。因此一个国家体制改革、经济发展，最终要走到国际上去，要参加经济全球化的进程，要在国际市场上与世界列强去进行竞争。为此目的，开放的进程必须尽早开始，尽早感受到国际竞争的压力，尽早用国际市场的高标准来要求自己，尽早用国际竞争的需要来改革自己的体制。中国自 1978 年以来，扩大对外贸易、出口导向、引进外资、参加国际组织等，从经济全球化中受益，不仅使经济逐步走向国际，也对我们国内的经济体制改革起到了积极的促进作用。从这个意义上说，改革与开放是可以相互促进的，开放是有好处的。这也是为什么许多发展中国家都积极开放的原因所在。对于那些资金短缺的国家来说，就更是这样，因为在一定时期内人们可以很快在国际市场上融到大量资金。

而这次东南亚及全球性的金融危机则表明，在国内体制改革和对外开放之间，必须具有某种"一致性"，对外开放的速度不可过快,否则。脱离了国内体制改革的进程,到头来会发生严重的"体制混乱",甚至严重的经济危机。

人们(包括发展中国家自己的理论家)通常指责发展中国家或体制转型国家的经济体制(包括法制和意识形态等)与经济全球化进程不相适应,缺乏"一致性"(compatibility)。这种指责的含义当然是要求这些国家加快国内经济体制的改革,以便与发达国家为主导的国际市场保持一致,并从中获益。从一定的意义上说,这是不错的。但这种理论忽视了一个重要的"经济变量",即"体制改革的速度"。中国改革20年的经验,以及其他一切发展中国家和体制转型国家的经验都已表明,旧体制的改革和新体制的形成,是一个长期而痛苦的过程,而不是想改革就能改革成功的,不是想要有一个好的新体制就能够马上办到的。况且连"打破旧体制"都不会是一蹴而就的事,名义上今天打破了,事实上若与其他仍然存在的体制(包括各种"非正式体制")不一致,第二天又会以某种形式"复辟"。更重要的是,体制改革的目的不仅是"打破旧体制",而是要建立起一种有效率的、能在竞争中立足的新体制,这无论如何是一个长期的过程,不可能在短期内顺利完成。发达市场经济国家今天的"发达",也是过去三四百年不断地体制创新和体制完善的结果,而不是天生就有了一个效率较高的市场机制,不是一朝一夕的成就。这不否定在新的历史条件下,发展中国家可以有发达国家的经验和体制作为参照,体制转轨的过程可以快一些,但仍不可避免地要经历相当长的时期。

在这种情况下,如果一个发展中国家或一个转型经济,过快、过早地实行了对外开放,就会在国际市场上(包括商品市场和金融市场上)出现一种不利于发展中国家的"不平等竞争"情况:与市场体制较为成熟、经验丰富、实力雄厚的发达国家的大公司、大财团竞争的,是受到本国尚未完成改革的经济体制和由此而产生的各种经济问题所困扰和制约着的发展中国家。前面已经指出,发展中国家对外开放是为了从国际上获益。但市场不仅提供机会,也产生风险。受国内诸多问题（如国企与银行之间的"坏债"问题，资本市场不发达问题，法制不健全问题等）所困扰的发展中国家，在市场上面临的风险，会比发达国家大得多；再加上缺乏市场竞争的经验和市场管理的能力这些"经验"和"能力"也是要在长时期内才能积累起来的，就更是处于不利的地位，很容易被竞争对手利用，在市场上受到攻击，陷入债务危机和金融危机之类的困境之中。近一年来世界上发生的金融危机和经济动荡，实际上是建立在前二三十年国际"金融创新"和金融市场全球化基础上的一个"全球金融大泡沫"的破裂过程，只不过这个泡沫是先在东南亚国家这个最脆弱、最易受打击的环节上崩溃而已，是由于东南亚一些国家在自己本国还存在一系列经济、社会与政治问题，许多体制还未改革的情况下，就过早地开放了自己的市场特别是金融市场，结果导致外债超出经济所能承受的范围（韩国、泰国、印度尼西亚和俄罗斯等），或是为过多的短期金融投资所包围（泰国、印度尼西亚、马来西亚等），自己陷入支付危机或是被国际对冲基金进攻得手，大量资产被洗劫而去。这些事实，充分表明了与国内体制转轨程度不相"一致"的过高的对外开放程度会造成怎样的后果。

上述"不一致"现象为"过渡经济学"的进一步发展提供了一个重要的经验基础。在基本理论层次上，这是与"体制改革速度"（不是设计的速度，而是客观实践中与主观努力程度相关的可能达到的速度）相联系的一个一般性问题。国内改革与对外开放的一致性，只是"各种体制改革进程的一致性"这个一般性问题的一个特例。过去人们在谈到这种"不一致"问题时，往往强调的是哪一个环节比较"落后"，而这次世界性的金融危机和东南亚国家因"金融早熟"（国际上开始承认的一个事实）而产生的问题，则表明"不一致"也可能是因为某一环节过于"超前"所造成的——假若我们在客观上无法使其他环节的改革速度提高到与这一环节相"一致"的水平的话。因此，东南亚经济危机能使我们对"改革速度"这一过渡经济学的一般性的基本理论问题及其相关的一系列重要理论与政策问题有更深刻的理解，尽管这种理论本身还有待我们加以进一步的发展。

　　从以上的分析中所能直接得出的结论似乎是"消极的"，因为它是在说发展中国家不应该"开放过快"。在国际上，这是一个对发展中国家有利的论据，因为它可以用来反对那些一心希望尽快占领新兴市场而不顾发展中国家面临多大风险的国际财团（包括代表它们利益的一些国际组织）。不过，对于我们发展中的体制转轨国家自己而言，我们其实也应该从以上的理论问题和实践问题中得出"积极的"政策结论——我们只有在主观上更加努力地改革国内的体制，解决束缚我们手脚的各种国内问题，我们才能更好地发展，更好地参与国际竞争，更多地利用国际市场的好处而较少地面对风险。我们当然应该充分利用上述理论，在国际社会上争取我们作为发展中国家的正当权利（金融管制和资本控制在一定程度上是必要的），并在国际金融体系改革的过程中最大限度地争取我们的利益，但不能尽快开放，不能尽早地参与国际竞争。无法更多地从国际市场中获益，毕竟是我们自己的损失。因此，加快改革的步伐，才是我们最终能在国际经济体制占据一席之地、赶上发达国家的根本保证。

（原载《经济研究》1998 年第 11 期）

论体制转轨的动态过程[*]

——非国有部门的成长与国有部门的改革

本文试图通过一个简化的动态模型，对从计划经济向市场经济的过渡中的一系列基本问题进行综合、系统的分析。读者可以看到，改革的各种进展及当前困扰我们的各种问题，在这一简单模型中都有其特定的位置，得到相互关联的说明。

一 渐进改革与经济的"体制结构"

（一）渐进式改革与国有企业地位的改变

"渐进式改革"的特点，不在于其"慢"，而在于最先实行的改革不是立即取消旧体制，而是在暂不触动旧体制的情况下，先发展"新体制"，然后随着经济结构的改变，逐步改革旧体制。

中国过去的20年中，渐进式改革的主要成就就在于发展起了一个以市场为导向的"非国有经济"，包括外资合资企业、私人企业、个体劳动、股份公司、合作经济以及各种形式的集体经济（主要是以社区所有制为特征的乡镇企业）。到1998年，这个非国

---

[*] 本研究是国民经济研究所"中国经济增长可持续性研究"课题的一部分，课题得到了中国经济改革研究基金会、德国阿登纳基金会的资助。作者感谢王晓鲁、余永定、易纲等的批评与建议。在研究过程中，作者得到了高明华、武建等在资料整理方面的帮助。因篇幅所限，在此发表时作了一些删节，并且没有包括所有的统计分析和图表。原文的最后一部分另成一文单独发表（见笔者《论国家综合负债——兼论如何处理银行不良资产》，《经济研究》1999年第5期）。

有经济部门已经创造出 73% 以上的工业总产值，63% 的 GDP，100% 以上的新增长就业和 80% 的经济增长。[1]

而这就意味着，无论国有企业无效率的问题多么严重，尽管它仍占用着 70% 左右的银行信贷资源，但在工业总产值中它的贡献率已不足 30%，对 GDP 的贡献率不到 40%，对经济增长的贡献不到 20%。也就是说，国有部门问题再严重，它从统计上说只关系到 20%—30% 的经济收入与经济增长。只要占 70%—80% 的非国有经济仍能增长并越来越发展、占有越来越大的比重，中国经济就仍然能够成长。

这里的第一个政策含义就是：要想保持中国经济增长的势头，必须着眼于发展非国有经济。在这个方面，我们在对私有产权的保护、对历史遗留下来的产权不明问题的清理、鼓励和允许许多领域内的私人投资、金融业非国有机构的发展等许多方面，都还大有文章可作。[2]

以上分析的另一个含义是：要判断中国经济是否还能持续增长，不仅要观察国有部门的状态，而且还要观察非国有经济发展的趋势，观察两个部门之间的比例关系的变化。

（二）经济的"体制结构"

我们现在将一个处于体制转轨过程中的经济分为两大部门，国有部门 S 和非国有部门 N；将它们所创造的国民总产值之间的比重定义为"经济的体制结构"，用 J 表示。

$$J_0 = \frac{S_0}{N_0} \tag{1}$$

J_0 指的是在任一初始时点上（我们可以理解为改革初期）经济

---

[1] 参见《中国统计年鉴1999》，中国统计出版社1999年版。
[2] 非国有经济本身也面临着一个逐步发展、规范、完善、优胜劣汰的问题（特别是其中的一些集体所有制经济），但它们的改革与发展总的来说属于一种自我调整的过程，而不像国有部门改革那样是一个涉及各种经济政治权利的社会工程，所以从各种意义上都可以说非国有经济是一种有别于旧的国有部门的"新体制"。

的体制结构。在中国改革初期,这一指数大约为900%(90∶10),而现在按工业总产值算约为35%(26∶74)。最近几年按工业产值计算非国有经济所占比重一直以每年高于2个百分点的速度增加。

体制改革的原因是因为旧体制的效率较低而新体制的效率较高。我们假定效率的差别在长期内体现在各部门的增长率的差别上。正因如此,非国有部门在经济中所占的比重才能不断地加大。定义 g^s 为国有部门的增长率,g^n 为非国有部门的增长率,$g^s < g^n$。我们称此条件为"体制改革的基本假定",因为没有这一点,改革就不需要进行了。

在这个"基本假定"下,在足够长的时间里（t→∞）,我们有[①]:

$$J_t = \frac{S_0(1+g^s)^t}{N_0(1+g^n)^t} = J_0 \frac{(1+g^s)^t}{(1+g^n)^t} \xrightarrow[t\to\infty]{} 0 \qquad (2)$$

此式的含义为:无论经济结构的初始状态（J_0）如何,即无论开始时非国有经济多么弱小,只要非国有经济的效率及增长率比国有部门高,国有经济在整个经济中的比重将趋于缩小。J趋于0,不意味着国有部门在绝对量上不增长,只是相对地缩小,而且,J在现实中并不一定就趋于0,而是趋于一个比较小的"均衡值",也就是国有部门仍在经济中占有一定的比例,只不过这个均衡比例即使在将来也会随条件的变化而不断变化。

这一动态关系式看上去很简单,但对于我们理解体制转轨的过程及其性质,以及我们在改革中所遇到的各种问题、改革进程的各种后果是很有用的。

（三）"不改革"或"简单过渡"的可能性

公式（2）提出了一个可能性,即"不改革国企的可能性":只要 $g^s < g^n$,我们就可以集中精力发展新部门、新体制（并不断改

[①] 在本文中,我们尽可能地简化数学模型分析,所用数学公式仅以帮助表达理论内容为限。上式的数学含义是"以时间t为变数对J_t求极值"。但是读者不难发现,在本文理论逻辑的基础上,可以发展起一个完整的联立方程数理模型。

善、规范它,不断克服它本身存在的问题),我们就可以不去考虑改革旧部门、旧体制,而"让时间去解决问题"。

如果这个"可能性"还有点太抽象的话,上述推理至少提出了这样一种改革的可能性:由于 $g^n > g^s$,非国有经济逐步发展并支撑了经济增长,当非国有部门提供的"剩余收入"足够大时,我们就可以用这一部分收入将旧体制内的"职工"全部"养起来",然后随着时间的推移,在"一代人"的时间里,完成旧体制的消亡过程。

在德国,在一定意义上人们其实就是这么做的:在民主德国经济解体的过程中,原有的企业基本被解体,同时用联邦德国的"剩余收入"把民主德国的职工养起来(失业补贴);如此持续20—30年后,民主德国遗留下来的问题将不复存在。在我国的一些沿海地区,由于国有部门所占比重已经很小,非国有经济又发展较快,当地的人们往往会选择对国企"不改革",而只是不再扩大国有企业不再雇用新的工人,把原有的企业或职工,通过"补贴"(包括以银行贷款形式发生的补贴)养起来,等待过一段较长时间后问题本身逐步淡化、消亡。

这种"养起来"的做法,实际上也是改革——改了体制,但把人养起来。这可以说是一种痛苦较小因而改革阻力较小的改革。人总是要有所养的,一切补贴(包括事实上用作补贴的"坏债")的合理性就在于此。但合理性的界限在于:只能养人,而不能养制度——最好是直接补贴给"下岗职工",而不要再补贴企业通过让企业继续生产而"养人",那样不仅会耗费更多的资源,而且还会使制度得不到改革,使对企业的补贴越来越大。这就是政府增大对下岗职工的补贴而缩小对企业的补贴的做法的合理性所在。

我们称这种通过把人养起来实现改革的做法为"简单过渡"。

"简单过渡"在现实中的不可行性在于:"把人养起来",也就是使人们处于失业的状态,这在心理上、政治上是难以被接受的。就业不仅意味着"挣工资",而且意味着人的价值与尊严的实现;

对原国有企业职工来说，还意味着"社会地位"。因此，至少人们会通过各种政治斗争力求使国家去"养企业"从而维持"冗员的就业"，而不是简单地在企业之外"养人"。而这正是我们在后面将要分析的对国有部门的补贴会不断增大的一个重要原因。

二　结构改变与国有部门改革条件的变化

(一) 国有部门本身状况的恶化与国企"改制"

首先要明确的一点是：其他条件不变，国有企业本身的效率和财务状况会不断恶化，这是这种制度本身演化的一种趋势。人们已经分析过的"棘轮效应""预算软约束""败德行为""劣币驱逐良币"等原理并对此进行了分析，这是一个动态的过程，问题会随着时间的推移而逐步恶化。苏联的例子说明，即使没有其他条件的变化，当时间足够长，g^s本身将趋于0，从而经济增长会趋于0。这时改革的要求和行动将会从国有体制本身的恶化中产生出来，但那时，改革将不可避免地以更痛苦的方式发生。

国有部门情况的恶化，不一定表现为所有国有企业情况全部恶化，而是首先表现为由于"亏损面加大"及由此引起的净亏损的加大。当亏损企业越来越多时，改革的要求开始产生，这时，若其他条件具备（特别是下文要分析的非国有经济的发展），就可能发生国有企业的部分改革（我们后面要分析哪一部分企业先改革）。

这里所说的"改革"，不是指仅仅改进管理方式或结构的一些操作，而是指涉及产权重组的各种变化，如股份制、合资（包括被国内民营企业所兼并）、拍卖、租赁以及倒闭破产等。而这样一来，原来的国有企业就变成了非国有企业。用现在已经在实践中有了较为确切含义的概念来说，这里所说的一切都属于"国企改制"。

国企改制会对我们的上述公式产生影响：改革使g^s缩小而使g^n增大，因为这时一部分原来的国有企业通过改变产权关系而变成了非国有企业①。这些年，非国有经济的增长率之所以高，部分原因就是一些原来的国企经过改造后被并入了非国企范畴，或是民营企业通过收购、兼并国有企业而壮大了自己。另一种类似的情况是，由于激励机制不对称，一些人以"占国有经济便宜"的办法来发展非国有经济，甚至包括国有资产的暗中转移。这种可以称为"自发的私有化"的行为，在实际上也起到了加快国有经济改制的作用。

可见，国企改制本身，在我们的理论框架中意味着 J 值的缩小，意味着效率的改进和经济的增长，这就是所谓"从改革中要增长速率"的基本含义。

（二）非国有经济的发展与国有企业改革条件的改变

我们这里要着重分析的是：非国有经济的发展，不仅支撑着经济的增长，而且改变着国有部门改革的条件和环境。这一点非常重要，虽然它经常被人们忽视。

——非国有经济的发展，逐步形成了对国有企业的竞争压力，原有的垄断被打破，垄断利润消失，导致一些国有企业财务状况恶化。亏损加剧，使得国有企业体制上的弱点进一步充分暴露出来。市场竞争压力的加大、旧体制"难以为继"的危机感的形成，是迫使国有企业走向改革的重要外部条件。

——非国有经济的发展，支撑了经济的增长，提供了一定的收入增长和"经济剩余"，使得政府有可能以某种方式利用这部分收入增量来对在国有部门改革中受到损害的利益集团进行一定的补偿，这可以减少改革可能带来的痛苦，从而使改革的阻力减小。

——非国有经济的发展，为转移一部分国有职工提供了就业机

---

① 这里我们事实上将一部分"存量"的变化转化为"增量"的变化，即将已经存在的企业的改制，算成国有部门增长率的下降和非国有经济增长率的提高。前几年中国的统计实践，其实也是这样做的。在我们的理论分析中，这样做的好处是可以简化模型分析。这完全不排除我们可以严格地进行存量与增量的划分，只不过是要使公式（2）中的 S 和 N 发生变动罢了。

会。当国有企业状态进一步恶化的时候，或当社会保障体制改革有所进步的时候，一些国有企业职工往往会主动地离开国有企业，另一些职工则更容易接受"下岗"。这一趋势在最近几年已经开始形成。

——非国有经济的发展，形成了既具有资本实力又具备管理知识的新型企业与企业家，使得通过收购、兼并等较为平和、较为自然的方式改革国有企业成为可能。非国有经济的发展、人们收入的提高，也在事实上为企业资本重组提供了资金与资本的条件（人们开始"有钱买资本"）。

——非国有经济的发展，为国有体制的改革，提供了国内的"体制示范"。同在一个经济大环境中，非国有企业能办到的事国有企业办不到，使改革的必然性更加明显。

在以上所有这些条件的改变中，首先起作用的是"竞争"。非国有企业的进入，首先使国有企业原有的"垄断利润"下降，使其体制的无效率暴露出来，进而越来越多的企业发生亏损，成为政府的包袱而不是收入的源泉。与此同时，当非国有部门越来越显示出其提供产值、就业和税收的竞争能力，人们也就越来越具有改革的动机，对改革的阻力也就越来越小，从而使改革得以发生。第二个重要的因素就是使社会有办法（收入与就业机会）化解改革引起的社会冲突。事实上，在国有经济一统天下的情况下，国有企业情况再糟，为了维持经济的稳定与社会的稳定，政府也只能对其采取"保"和"补"的办法，无论财政或金融上的"包袱"已经有多重（直到像有些国家那样最后走进大危机、大动荡的境地）。而在经济中存在一大块非国有经济的条件下，政府也就有了"逼"国有企业改革的余地。而不怕经济与社会陷入危机；在一些地区，政府财政收入已经更多地依靠非国有经济，改革国有企业的决心也就会更大一些。

我们以下仅从"国企职工"和"政府"的角度，来具体分析一下非国有经济的发展如何改变着国企改革的条件。

(三) 减员与下岗

改革的阻力首先来自国企职工,而改革意味着国企职工离开国企而转向非国企就业。这又分为两种基本形式:"离职"(或"下海")和"下岗"。前者为自愿主动离开,后者为当发生倒闭、减员等情况时被迫离开。

在过去相当长的时间内,"离开"这件事是不可接受的,从而阻碍着改革。但到后来,不仅开始发生自愿离开,而且下岗的阻力也越来越小,变为可接受的,下岗人员也越来越多。其根本原因就在于,随着经济结构的变化,职工离开后(在非国有部门)的预期综合收益 w^n,开始大于不离开时(在国企中)的预期综合收益 w^s,即

$$w^n(J_t) \geqslant w^s(J_t) \qquad (3)$$

这里,一切收入都应为折算后的单位时间内的收入(如年收入、月收入),并且都是在一定时点上的预期收入的折现值;其中一些项目则是需要进行某种"货币化"的"主观收益",如"痛苦""轻松"等。我们现在就来分别看一下 w^n 和 w^s 都是怎样构成的。

$w^n(J_t) = $(下岗后)民营企业工资奖金实物收入
　　　　　+ 社会保障收入
　　　　　- 工作努力程度的加重所造成的新增痛苦
　　　　　- 对民营企业从业者的社会歧视
　　　　　+ 从国企离开时可带走的收入(如住房等)
　　　　　- 下岗后失业的损失及民营企业就业风险贴水[①]……

$w^s(J_t) = $(不下岗)国有企业工资奖金福利收入
　　　　　+ 住房、养老、医疗和其他社会保障收入

[①] 就业的"风险贴水"可以理解为在就业不稳定情况下依据一定的失业概率而事先做出的一种收入的扣除,也可理解为失业保险而付出的额外费用。

− 企业少发停发工资造成的损失

　　+ 国企职工的工作轻松与社会荣耀……

在这里，最重要的一个经济关系就是：职工对待改革的态度是经济的"体制结构"J的函数——随着时间的推移、经济体制结构的变化，上述不等式两边的各项都因非国有部门的发展而发生了各种各样的变动，导致 w^n 和 w^s 发生变化，一方面的收入在不断增加，而另一方面的收入在不断减少，从而使人们的决策依据发生变化，使原来不可接受的事情变得可以接受使改革得以发生。这一不等式在计量上可能难以确定（特别是因为包含一些"主观收益"），但可以作为我们对人们行为和改革进程进行分析的理论模型，作为进一步实证分析的一个基础。它同时可以启示我们应该在哪些方面做出努力，才能使改革尽快发生。

1995年以来，国有企业职工下岗的人数不断增加。这对于经济结构和资源合理配置来说是一个趋向好转的指标，是保持经济增长的有利因素。在许多企业特别是一些大企业目前进行全面"改制"条件还不成熟的情况下，人员下岗是资源配置的一种改善。

（四）政府改革企业的动机

国有企业过去一直是政府的权力基础（人事和经济的权力）；改革国有企业是一件十分麻烦的政治运作，所以不到万不得已、"最后一刻"，任何政府和企业官员都不愿进行改革。是否改革，取决于以下的不改革时的政府净收益 z^s 和改革后的政府净收益 z^n 的比较：

$$z^n(J_t) \geqslant z^s(J_t) \tag{4}$$

其中

$z^s(J_t) = $（不改革情况下）国企所能提供的利、税收入（包括政府的非预算收入）

　　+ 国企提供的就业即工资收入

　　− 财政补贴（包括企业发不出工资时的补贴）

　　　　　　　－银行坏账①

　　　　　　　－管理国企、处理国企干部、职工日常矛盾的麻烦……

z^n (J_t) = （改革情况下）非国有企业的税收收入

　　　　　　　+ 出售国有资产的收入

　　　　　　　+ 非国有企业提供的就业与工资收入

　　　　　　　- 为改革的债务支出（如清理坏账的财政支出）

　　　　　　　- 为安置下岗职工的支出

　　　　　　　- 改革所承担的政治风险……

　　这里最重要的经济关系也即政府决策是体制结构 J 的函数——当国有企业所能提供的利税收入越来越少，所需的财政准财政（银行坏账）补贴越来越多，停产企业"开不出工资"的问题越来越严重、越来越麻烦。而非国有企业提供的税收越来越多，所能提供的就业越来越多，以致可以由民营企业来并购国企，从而政府为安置下岗职工所需支付的补贴可以越来越少（平均到每人较少，不一定总量较少，因为下岗职工越来越多），改革就会越来越实际地发生。而这一切，都是以非国有经济的发展为基础的。

　　以上两个不等式，可以使我们在一方面表明，在 w^s 和 z^s 不变的情况下（至少国有企业职工的个人收入具有一定的"刚性"），非国有部门的发展，如何可能使改革发生；而在另一方面，事实也表明了以下这样一些道理：无论外部环境如何变化，非国有部门如何发展（即不等式的左边 w^n 和 z^n 如何变大），只有当国有企业状况越来越坏，坏到一定程度之后，改革才会发生，而且无论我们如何鼓吹应该"靓女先嫁"，但从逻辑上说，改革一般总是先发生在那些最先亏损、亏损最严重的国有企业，而不会最先发生在较好的国有企业，因为一定是那些最先陷入危机的企业最先满足我们上面的不等式②。

---

　　① 地方政府不考虑这一项。

　　② 这完全不否定当我们引入另一些变量如"远见卓识""思想认识""意识形态"等因素之后，上述结论会发生变化。

在1992年左右，非国有经济在工业总产值中的比重第一次超过50%。就在这一年年底，党的十四届三中全会通过的有关改革的"决定"，第一次将国有企业的"产权改革"写了进去。在1996年第一季度，中国的国有企业第一次发生全部门净亏损，1997年上半年又是这样。在1997年召开的党的十五大上，正式提出了"抓大放小""发展多种形式的所有制"等政策。用本文的理论模型加以观察，这些事情的发生不是没有道理的。它们从实践中证明了：政府决策本身是随着经济结构和经济条件的变化而不断变化的；重要的问题不在于政府在某一时点上做出了什么样的决策，而在于政府政策变化的趋势是什么。从这个角度观察，我们有理由认为中国政府有关改革的政策走势，在朝着正确的方向发展；决策本身不能说有多大的前瞻性，但至少具有务实性，能对现实条件的变化做出较为及时的反应。这有利于经济走出困境、持续发展。

（五）小企业改革：条件最先成熟

以上的理论分析也用来解释为什么中国的国企改革先从中小（特别是小型）国有企业取得突破。根本的原因是：中小企业本来搞国有制就最缺乏经济理由，经营状况自然最先恶化；而非国有经济在夹缝中发展，从小开始逐步成长，最先对中小国有企业开展竞争，使国有中小企业的亏损面变得最大，最先成为政府的包袱；同时，非国有中小企业的发展，又使它们最先有能力吸收中小企业的下岗职工；最先形成一些小资本，得以并购（包括通过股份合作制而实现的产权变革）国有小企业。而大型国有企业一方面本身有国家的扶持，引进了许多先进技术设备，生产率较高，又在一些行业中处于垄断地位，所以亏损面一直相对较低；加上几万人、十几万人的企业改起来困难与阻力太大，在经济中还没有形成大资本的情况下，很难实现根本上的改制。

再往后，体制过渡能否继续，经济风险能否得到控制，经济能否持续增长，则将取决于非国有经济能否进一步成长、进一步为改革国有部门创造条件。从逻辑上推断：中国非国有经济发展至今形成了一大批中小企业、中小资本、中小企业家,于是到了改革国有中小企业的阶段;再进一步发展,随着中小企业进一步成长,形成一些大资本、大企业家,改革大型国有企业的阶段才会真正到来。

三 增长停顿以致发生危机的可能性:J 值是否会逆转

前面我们在论证经济的体制结构逐步变化、实现体制转轨这一可能性的时候,全部立论基础是前面给出的"体制改革的基本假定",即非国有部门增长率 g^n 高于国有部门增长率 g^s。这应该说是一个相当现实的假定,无论在理论上还是在现实中都很容易得到证明。但这样一来,我们的理论模型似乎就只可以论证成功的过渡,而无法分析失败的可能,因为我们无论如何很难作出相反的假定,即 $g^n < g^s$。

前面的理论模型所没有包含的内容,是两个部门之间的"收入转移",也就是非国有部门对国有部门的补贴。而这是两部门之间经济关系的一个至关重要的方面。

(一) 对国有部门的补贴及其各种形式

我们知道,国有企业接受国家的补贴。但补贴必须是"有出处的",是经济当中存在的某种收入的转移;而在一个只把经济区分为国有与非国有两大部门的理论模型中,对国有部门的补贴,必然是非国有部门的一部分收入的转移,是对非国有部门以各种方式"征税"而来。即使在现实中,经过各种必要的折算,我们总是可以论证对国有部门(包括企业、银行、政府)的各种补贴其实最终要么来自个人(他们的财产也属于"非国有财产"),要么来自非国有企业。

我们先来看一下这种收入转移的各种具体形式。

第一,财政支出的企业亏损补贴。这一块在目前的政府收支账户中已经不大了,但仍然存在。

第二,企业欠银行的坏账。无论是国有企业向银行借钱,还是政府机构出于维持运转或提高公款消费标准而通过企业向银行借的钱①，不能偿还的部分（加上应付利息），即所谓的"坏账"，都应视为社会（通过银行）对国有企业和政府的补贴。在现实中，非国有部门和个人将存款放进银行，然后银行借给企业或政府，由它们花掉因不能偿还而形成坏账，最后或是银行"冲销坏账"，使存款事实上减少；或是由财政将税收的一部分拿出来清理坏账，或是用通货膨胀的办法使大家的货币、存款等都贬值就完成了补贴即收入转移的全过程。正因如此，我们称银行坏账为"准财政赤字"（当年新增）或"准政府债务"（累积）。它表明除了财政补贴外，还有多少是通过银行而实现的收入转移。

这里的坏账，也应包括"坏掉了的外债"，除了中央政府的财政外债以外，还有企业和地方政府所欠下的外债。这些外债一旦不能偿还，最终也要由国家即中央政府来还，说到底还是要由一国的全体公民来还（想一想东南亚各国的情况），包括"还未被允许借外债"的非国有企业来还。这也相当于是社会对国有企业的补贴。

在这里，国有部门和非国有部门的"平等"问题显得非常重要。如果银行部门能对国有企业和非国有企业按同等标准借贷，使其"坏债率"达到同样水平，那么，我们可能说银行的风险更大，而且仍可以说公众（存款人）在给企业补贴（像日本那样），但不能说非国有企业在给国有企业补贴。但是，在国有银行占据垄断地位、银行贷款向国有企业倾斜，非国有部门很难获得贷款，也不允许上市直接融资或到国际上去借外债，而非国有部门创造着近70%的国民总产值的情况下，我们就可以说事实上发生着收入的转移。在这种情况下，国有银行对银行业的垄断，国有企业对资本市场"上市权"的垄断，事实上决定了金融部门在执行着为国有部门获取补贴所需要的收入再分配的功能。

---

① 在中国现行体制下，政府不允许直接向银行借钱支出。但政府通常会以某种方式通过下属国有企业借到钱。这也是国企债务负担重的一个原因。

第三，直接融资情况下发生的"坏股"。随着财政资源枯竭、银行坏债膨胀，国有企业后来发展起来的一个融资渠道是资本市场。在国有资产占大头、政府控制企业等条件不变的情况下，为了给一些企业注资、输血，就让它们上市融资。如果上市后的确能使经营、财务状况发生好转，则不能说发生了补贴；但若没隔几年这种企业的股就变成了"垃圾股"，则说明由"上市"而获得的资源也被浪费掉了，该企业也是吃了相当于上市融资量的"社会补贴"。

由于以上的一些收入转移是在政府操作的情况下完成的，有时很难分辨哪些收入是用于公共支出，哪些是用于对国有部门补贴（包括对那部分"额外的政府"的补贴）。这也是为什么只要是国有制，"政企不分"就是必然现象的原因之一。但我们这里强调的是，只要我们看到国有部门（企业、银行与政府机构）浪费了资源，那被浪费了的东西一定是"有出处的"，一定是来自经济中某处的经济收入，一定是某种收入的转移。在两部门模型中，它们只能来自非国有部门。

不过，在两部门模型中，我们有必要计算国有部门的"净值"。比如，在国有企业还有"利润上缴"的情况下，在预算平衡表上的"对企业的亏损补贴"就不能都直接算作对国有部门的补贴，而要计算"利润上缴"与"亏损补贴"的净差额。无论如何，在现阶段对国有部门的补贴，主要的形式不是财政补贴，而是"坏债""坏股"之类的金融性收入转移。

（二）对非国有部门的"额外综合税赋"与"资源配置的结构"

对国有部门的补贴，来自非国有部门的收入转移。我们就将以上的各种收入转移概括地称为对非国有部门的"额外综合税赋"。"额外"指的是在支付了与国有部门同等水平的用于社会支出（包括政府必要支出）税收之后额外的支出部分；而这里的"综合"，指的是它不仅包含了一部分严格意义上的"税"，而且包含着以上述其他种种方式转移的收入，无论是较为直接的部分（如"税费捐贿"），还是较为间接的部分（如银行坏账），或是较为隐蔽的部分。我们用 D_i 代表各种形式（i = 1，2，3，4，……）的额外税赋，定义

$$d = \frac{\sum D_i}{N} \qquad (5)$$

为非国有部门的"额外综合税赋率"，其中 N 仍代表非国有部门的产值。

相应地，我们可将公式（2）改写成：

$$J_t = \frac{S_0(1+g^s)^t}{N_0(1+g^n-d)^t} \qquad (6)$$

公式（6）的含义已经不同于公式（2）。公式（2）只是表明不同部门的不同经济增长率所会产生的差别；而公式（6）则表明在两部门之间的收入转移所引起的资源配置的变化。公式（6）中的 J 其实已经表明的是"资源配置意义上国民总产值的结构"，而不仅仅是生产或产出意义上的国民总产值的结构：由于从非国有部门拿走了比率为 d 的一部分收入去补贴国有部门，非国有部门可用于下一步经济增长的资源只有 $N(1+g^n-d)$ 的部分，而不再是 $N(1+g^n)$。[①]

问题在于，公式（6）中所反映的收入转移和资源配置关系最终也会影响到公式（2）中所反映的产出与增长的关系。这是因为：收入一方面是企业经济增长的动机，另一方面也是经济增长的源泉，因为较高的收入（"经济剩余"）是较高的投资率的源泉。因此，经济增长率 g 事实上是 d 的函数，特别可以认为是前期 d 函数，即：

$$g_t^n(d) = f(d_t, d_{t-1}, d_{t-2}\cdots\cdots)$$

[①] 这里 d 不出现在公式的分子中，因为对国有部门来说 d 只是被浪费掉了，并不构成增长的源泉，虽然更详细的分析将表明，对国有部门的补贴，事实上也会多少对该部门的增长率产生影响。

当d还不太大,从而还存在$d<g^n$时,非国有部门还可以成长,经济就还会成长,体制结构也在向好的方向转化;但若国企不改革,政府不改革,补贴就越来越多,坏债就越来越多,出现$d>g^n$,这时就会发生非国有部门的萎缩,体制结构就会发生逆转,经济风险就会加大。

因此,在分析长期问题时,公式(6)意义更加重要,因为公式(2)事实上是由它决定的。体现在d中的收入转移是两大部门之间经济关系中的一个至关重要的组成部分。由d我们可以看出,国有部门不改革,社会对国有部门的补贴就难以减少,还会不断增加,不仅本身是一种资源的浪费,还阻碍着非国有部门的成长和整个经济的增长。

在这里,"综合补贴"的概念是重要的。因为在$\sum D_i$的各个构成部分之间可能存在相互替代关系。对于一个民营企业来说,如果税赋重了,但可以得到更多的贷款,它的日子还好过;如果贷款贷不到,但税赋轻了,它也还能扩大生产;但如果税赋也重了,同时贷款又更加难以得到,它一定难以增长,甚至发生萎缩。由此推断,1998年的情况特别值得警惕。在这一年,正式的税收增加1000亿元,按实际值(物价在下降)财政收入相当于增加了14.4%,几乎是经济增长率7.8%的两倍;地方上"乱摊派"、乱收费的问题仍未见好转(如果不是恶化的话);而与此同时,对中小民营企业的贷款融资渠道更少了(原因参见樊纲,1999a)。结果是在1998年非国有中小企业投资增长率为零,乡镇企业大量减员,增长率大大下降。这里面显然有宏观波动的因素(总需求还未扩大),不完全是体制方面的问题。但这是一个相当危险的征兆。

(三)增长停顿或"危机"的可能性

对于公式(6)来说,我们已不能确定它在$t\to\infty$时,是否能有$J\to 0$,当$d>0$,$g^n(d)$可能小于g^s(这种对"改革基本假定"的破坏,表明"向国有企业优惠倾斜补贴,是反改革")。这时,经济的体制结构 J 就不再趋于 0，而是趋于无穷大：

$$J_t = J_0 \frac{(1+g^s)^t}{[1+g^n(d)]^t} \xrightarrow[t \mapsto \infty]{} \infty$$

而这就是我们所说的增长停顿以致发生"危机"的可能性所在——经济结构趋于恶化，体制效率下降，增长率也会停顿下来。

在现实中，这不是不可能发生的。国有部门中各种反对改革的势力过于强大，而本身的状况又不断恶化，要想维持其生存就势必利用自己对资源分配的垄断地位、利用国家强权，将大量非国有部门生产出的收入用各种方式转移到国有部门，使非国有部门越来越难以增长，整个经济的增长率也就会慢下来，最后各种矛盾暴露，经济陷入危机。

当非国有部门还较弱小的时候，少量的收入转移就可能导致其无法增长（俄罗斯在未实行私有化前，私人部门很难成长）。但即使非国有部门已经很大，剩余收入量也较大，如果国有部门吃掉的补贴更大，这种情况同样可能发生。这就是为什么恶性膨胀的国有部门（企业、银行、各级政府）开销、苛捐杂税、各种贪污腐败等问题潜在危害性极大的原因——当这些东西还没吃光作为非国有部门增长的动力和源泉的剩余收入时，我们还能不断增长，而一旦将"剩余"全部吃光，甚至"吃得更深"，吃到了"必要收入"，经济增长就会停止，社会就会陷入危机。

这种"危机的可能性"的政策含义自然是"改革的紧迫性"——旧体制不改，它就会继续吞噬资源；只有尽可能积极而及时地加快改革，防止收入转移的恶性膨胀，才能使经济结构的改善和经济增长持续下去。

（四）国有企业的状况与"综合赋税率"的高低

显然，国有部门需要的补贴越多，d 值越高，非国有部门增长越困难。同时我们也应该看到国有部门状况和国企改革与 d 值相互关系的其他一些方面，以解释一些经济现象。

1. 在改革之初，也就是在非国有经济开始发展的时候，中国国有部门的情况还没有十分恶化，利润率还较高，本身还能有较高的增长。也就是说，从总体上看国有部门还不需要补贴。甚至，出于其他方面的考虑（如就业农村收入提高等），政府还可以对非国有企业实行税收减免。这与俄罗斯的情况有很大的不同。在那里国有经济发展了70多年，矛盾积累，由高额补贴引起的高额通货膨胀可以使非国有经济的任何"剩余"都被挖走，使其难以在不彻底改革国有部门的条件下有所成长。这就是说，在改革之初较好的国有部门状况有利于非国有部门的成长。

2. 国有企业改革，一部分国企改制，不仅使 g^n 加大，而且因国有部门所需补贴减少而使 d 缩小也使非国有经济今后能更好地发展。所以说国有企业的改革越快，反过来可以使非国有经济发展越快，经济增长速度也可以越快。

（五）如何判断"增长"或"危机"的趋势

公式（2）和公式（7）分析的是两种极端的可能，现实中的情况是处于某种中间状态。但理论抽象的好处就在于它可以使我们抓住要点，对现实进行分析。上面的理论可以使我们对两大现实问题进行判断与分析：第一，经济是否在走向"危机"，或者，近期内是否会出现危机？第二，要想保持经济增长，并使体制实现过渡，我们需要在哪些环节上做文章？

如果我们能够在统计上测量出 d，我们就可能对经济结构变动的趋势进行较为精确的分析。但是显然 d 在实际中是很难度量的，特别是因为它在经济中会和其他许多经济因素混在一起决定着一些实际的统计指标。因此，我们事实上必须间接地观察它的影响。比如，我们可以通过"银行坏债"占 GDP 的比重来间接地判断 d 的变化趋势；实际上，控制这个比重的增大，在目前就意味着控制 d 的加大，对此笔者已在另一篇文章中有所分析（见樊纲，1999b）。

建立在本文以上分析基础上的一个观察经济变动趋势的简单方法就是观察经济的体制结构指数 J。经济结构指数 J，事实上有两方面的含义：当 J→0（国有部门越来越小）时，不仅表明经济体制过渡在向前推进,也表明经济增长在持续进行,因为它表明资源配置在趋于合理,效率较高增长率较快的非国有经济在进一步成长。J 值变小的速度越快,经济在近期发生危机的可能性越小。

反之,若 J→∞,即国有部门比重在提高,或者,虽然 J 值仍在变小,但其变小的速度在下降,则说明改革发生了一定程度的停滞,收入转移在加大,非国有经济增长的动机与资源在萎缩,经济增长速度也将下降,危机的可能性增大。

至少到 1997 年年底,我们看到非国有经济每年在工业产值中的比重都在上升。最近几年至少在 2 个百分点以上,这反映出其增长率大大快于国有企业。这可以解释为什么尽管国有企业问题重重,但经济整体还在持续增长,并且短期内从国内体制的角度看,没有发生经济危机的危险。[①]

对于今后的情况,我们也应密切注意 J 的变化趋势。比如 1998 年非国有企业中的中小企业投资活动因信贷萎缩而增长有所放慢,全年投资为负增长(－3.8%)。而与此同时,1998 年政府投资有所扩大,当然这些投资主要用于全社会都可利用的基础设施建设,并没有更多地用于建新厂,但国有部门更新改造投资还是有了较大的增加。这可能导致今后一两年内 J 值下降速度放慢。从一定意义上说,这可能使经济增长率下降,经济风险也可能加大。

四 小结:改革与增长

现在我们可以把本文所分析的体制转轨动态理论的基本结论概括如下。

经济的持续增长取决于改进资源的配置,使其从利用效率较低的部门体制下释放出来,转移到利用效率较高的体制中去;而这种资源配置的改进,在转轨经济中就表现为非国有部门在经济结构中

[①] 有许多原因可以导致经济陷入危机。我们这里只是指特定的因素。

比重加大而国有部门的相对缩小；这两个部门效率的差别，最终体现为其增长率的差别；非国有部门较高的增长率 g^n，支撑着国民经济整体的增长，并使国有部门的问题造成相对较小的危害。正因如此，经济的"体制结构"（J）对于经济的持续增长意义重大。

非国有经济的发展，不仅支撑了整个经济的增长，而且改善着国有企业改革的条件与环境，使改革的阻力逐步缩小；在这一过程中，由于非国有经济的发展由小到大，因而国有经济中也必然是小企业改革的条件最先形成。

国企改制（破产、拍卖、合资、股份制改造、股份合作制等）和国企职工的离职、下岗，意味着"资源的释放"，并且使公式（2）中的 g^n 更大而 g^s 更小，从而加快体制结构 J 的改变。

同时，国企的改革由于使今后对国有部门的补贴减少而使 d 减小；银行业、金融业的改革以及银企关系的改革能使反映在 d 中的银行"坏债"增量的增长速度缩小，从而使社会对国有部门的补贴缩小。

政府改革因能使（用于维持庞大政府）"税费捐赂"减少而使 d 减小，从而也使非国有部门对国有部门的收入转移减少。

所有这些改革，都起到减轻非国有部门"收入转移负担"的作用，起到减少对国有部门补贴即优化资源配置效率的作用，使经济的体制结构（J）向更有效率的方向转化。这是中国这样的转轨经济得以持续增长，在增长中平和地、痛苦较小地完成体制转轨的根本保证。

由此可以推论：判断经济是否在今后一段时间内能否持续增长——或者它的反命题——经济是否会在不久的将来陷入危机、增长停顿下来，就要密切注视体制结构 J 的变动速率，以及决定它的各主要经济变量的变动情况。

就目前情况来看，最近一两年 d 值可能增大。这是因为，在宏观经济处于低谷时，国有部门财务状况更加困难，各种收入与支出都具有刚性，因此一方面社会对它的补贴可能有所加大，另一方面不变的补贴对于较低的平均增长率来说,也会加重非国有部门的负担,从而使 J 值有所增大。这说明整个经济的风险有所加大,并会影响近期的增长(g^n 会因 d 的增大而下降)。

但是,就目前 J 值的变动情况来看,仍然在趋于缩小。只要目前改革的势头继续保持下去,同时通过扩张性的宏观政策,消除经济波动的负面影响,在可以预见到的将来(3—5 年),中国经济尚不会因体制结构的恶化而出现危机或崩溃,经济增长还会持续下去。

至于长期经济增长的可持续性,从体制方面来说,则取决于本文中所涉及的各方面改革能否及时地深入下去。

参考文献

樊纲:《中国渐进改革的政治经济学》,上海远东出版社 1996 年版。

樊纲(1999a):《克服信贷萎缩与银行体系改革》,《经济研究》1999 年第 1 期。

樊纲(1999b):《论国家综合负债——兼论如何处理银行不良资产》,《经济研究》1999 年版第 5 期。

黄益平:《制度转型与长期增长》,《经济研究》1997 年第 1 期。

李实:《中国经济转轨中劳动力流动模型》,《经济研究》1997 年第 1 期。

林青松、杜鹰主编《中国工业改革与效率——国有企业与非国有企业比较研究》,云南人民出版社 1997 年版。

吴晓灵主编《中国国有经济债务重组研究报告》,中国金融出版社 1997 年版。

中国经济改革研究基金会:《现实的选择——国有小企业改革实践的初步总结》,上海远东出版社 1997 年版。

Byrb, Willam A., & Lin, Qingsong, 1990, *China's Rural Industry: Structure, Development, and Reform*, Qxford University Press.

FAN, Gang, 1994, "Incremental Changes and Dual-track Transition: Understanding the Caso of China", *Economic Policy*, Great Britain, December.

FAN, Cang and Wing T. Woo, 1996, "State Enterprise Reform as a Source of Macroeconomic Instability: The Case of China", (Fan and Woo) *Asian Economic Journal*, Vol 10 No. 3. November 1996, pp. 207 – 224.

Sach, Jeffrey and Wing Thye Woo, 1994, "Structural Factors in the Economic Reforms of China, Eastern Europe and the Former Soviet Union", *Economic Policy*, April.

(原载《经济研究》2000 年 1 期)

"循序渐进"还是"平行推进"?[*]

——论体制转轨最优路径的理论与政策

自从亚洲金融危机爆发以后,在处理一些发展中国家和体制转轨经济中出现的所谓"金融市场过早自由化"问题时,"循序渐进"(sequencing)这个概念开始频繁出现在经济讨论中。这对于纠正过去转轨政策讨论中的许多重大谬误,有积极的意义。因为那些在过去长期一味鼓吹"越快开放就越好"的国际货币基金组织的官员、跨国公司的经济学家以及许多西方学者,现在不得不承认他们以前不谈任何前提条件地鼓吹发展中国家或转轨经济要全面、迅速地开放市场,是荒谬的。由此引起的理论讨论,引导了人们去更多地关注体制转轨的路径或方式的研究。但同时,"循序渐进"这个概念又会引起误导,因为它可能不是一个确切地描述制度变革的现实与本质的概念,也不是一个有用的改革政策的分析工具。

在这篇文章里,我们将提出另一个概念框架,即"平行推进"(parallel partial progression,PPP),来分析制度变革的路径,以便能够:(1)对不同的国家和地区的体制转轨过程的实践做更为准确的理解与分析,特别是对实际发生的事情做出更科学的解释;(2)为体制转轨经济和发展中国家的制度变革提供更为有用的政策研究工具。

---

[*] 合作者:胡永泰。

一 "循序渐进"(sequencing)概念的缺陷

"循序渐进"理论的基本内容是：改革政策 B 应当在改革 A 完成以后才能实行，B 体制的实现以 A 体制的形成为前提条件。它可以图示为：

循序渐进：A→B→C→……

图1

这一理论相对于以前的"无条件改革"观点，其优点主要是它对一种体制改革的"前提条件"的重视，确认了一种体制的"有效性"与其他体制之间的存在一定的依赖关系。而这一理论之所以在最近开始受到重视，现实原因是亚洲一些国家，在许多体制（如公司制度、金融监管、政府改革、法律体系建设等）都还很不充分的情况下，就搞了"金融开放"，结果因"金融早熟"而导致金融危机、经济衰退。

但"循序渐进"的概念，仍然不能用来全面地分析各种体制之间的相互关系。它不能反映各种制度之间相互依存、相互制约的关系和制度变迁过程中各种制度必须相互"协调"或相互"兼容"的基本要求。问题在于：如果 A 体制没有形成，则 B 体制不能有效，但是，另一方面，如果 B 不能建立与发展起来，A 也不可能有效动作和发展——体制之间的形成、发展和成熟，往往是互为条件、相互依存，而不是单方向的依存关系。比如，没有企业改革，金融体制不可能充分改革；但没有金融体制的改革与发展，企业改革也难以充分展开。没有产权改革，使"所有权约束"发挥作用，法律体系很难完善，但反过来说，没有法治的建设，所有权也不能充分发挥作用。就金融监管与"金融开放"的关系而言，金融监管制度的发展与完善，是重要的条件，但如果没有金融开放，没有国际金融资本的进入，监管制度也不可能最终完善起来，因为人们都无法知道在开放的条件下哪些东西要进行监管。不开始放开部分金融市场并允许一些国外金融机构进入这个市场博弈，所谓的"金融监管"也就不会真正的建立。没有游戏者的参与，也就不可能建立起真正有效的监管游戏者的监管框架。

同时，就这个概念的解释力而言，它也无法对体制改革的实际情况做出充分合理的说明。比如，中国正在进行的渐进式改革，其实不是等 A 改好了，再开始改 B，也就是说，并不是一个"循序"的过程。举例而言，理论界曾有争论是"先放开价格"（A），还是"先改企业"（B），而现实是价格改革和企业改革（包括发展非国有企业）是同时一步一步"部分地"展开，在逐步放开价格（"双轨价格制"）的同时，逐步展开企业的改革，并没有等到一个搞完了再搞另一个。另一个曾有的争论是先改企业（A），还是先发展资本市场（B），但在现实中，是搞了"上市公司 30% 的股份可以由私人持有"，一方面是搞了部分的企业改革，另一方面是部分地开始发展资本市场。现实中也很难想象中国可以没有资本市场的发展就可以完成企业改革，也很难设想要等到企业都改好了再来发展资本市场。有人说中国没有向世界开放其金融市场，但事实并非这样。中国只是没有"彻底"地开放其金融市场，但已经"部分"地进行了开放，比如中国已经从 1997 年实现了人民币经常账户的可兑换，并在近些年渐渐地增加了可以在国内"部分"地区经营"部分"金融业务（例如外币）的国外金融机构的数量（所有申请者中的"部分"）。加入 WTO 后，可以想象在未来的改革开放中，中国将继续这种"渐进式变迁"，尽管这"部分"会有不同程度的加大，在资本市场上，也可以通过先允许少数国外证券公司进入中国市场，再逐步地扩大国外证券投资的规模的办法来开放其证券市场。

"循序渐进"这个概念在一定意义也是"消极的"政策建议，因为它要人们去推迟某些改革来"等待"其他一些改革的完成。

但是，根据制度和制度变迁的性质，任何以建立新制度为目的的改革都可能要经历很长的时间。如果要等到这项改革完成以后再去开始其他制度的改革，在这个漫长的"等待"过程中，第一，那些没有改的旧体制，还会继续损害经济效率，阻碍资源的有效配置。比如，人们通常都认为社会保障体制的改革是国有企业改革的一个前提条件。但是，建立一个新的充分有效的社会保障体制是一个长期的过程；如果要等到社会保障改革完全成功之后再来改革国有企业，恐怕是太迟了，国有企业在这过程中还会继续产生出越来越大的问题。第二，同样重要的是，在这漫长的等待过程中，那些没有开始改革的旧体制，就会成为成长中的新体制的障碍或"瓶颈"，各种体制之间的"相互协调性"就会受到破坏，整体体系就会是没有效率的，或是更没有效率的，甚至会引起某种混乱或导致经济危机。

"循序渐进的路径"可能无法实现，还因为很难有一个事先设定好的"检验标志"来检验以前的步骤有没有完成，以及下一步该怎么做。改革和开放的过程是如此复杂，并且有着如此多的方面，以至于一个特定方面的单独"标志"是没有多大意义的。而且，如果我们要等待所有方面都达到这个"标志"，我们会使整个过程慢得无法前进。

循序渐进战略在现实中其实也是不可能实行的，因为很难有任何完美计划好了的改革过程能被称作"循序渐进"。现实生活中的体制转轨通常充满了变化带来的各种利益冲突和混乱。政治家实际上能采取的最好的办法，就是在力所能及的范围内，尽可能地推进所有能够推进的改革，并适当照顾到各种体制之间的"协调性"问题。

当然，不是说"循序渐进"的概念一无是处。在对待某一方面、某一种具体体制的改革进程中，技术上先做什么、再做什么的"顺序"当然是重要的问题。但是在考虑一个制度体系整体改革的过程时，关键的问题就不在于顺序，而在于"协调"。

二 "不协调成本":改革进程最优化的理论分析

现实中,体制转轨可以采用任何路径,形成任何状态。它可以是迅速平稳,在增长中实现改革,也可以是大混乱、社会革命,导致经济衰退。体制转轨路径可能是由完全与经济逻辑无关的因素所决定的。但是,从经济学的角度来看,我们仍然需要以"平稳过渡"为目标,需要提出经济学的政策建议,以便尽可能地实现"改革过程的福利最大化"。

1. 各种体制改革进程("速度")之间的差异性:基于事实的三个假定

为此,我们首先假定存在一个以社会福利最大化为自己行为目标的政府,在体制改革的问题上,它需要进行的理性选择,就是制定一个能使社会福利最大化的"改革战略"。现在我们就来分析一下,就体制改革这个问题而言,它都要思考哪些问题、权衡哪些利弊。

第一,我们假定社会是为了福利的增进而进行改革。这一点的重要性不仅在于没有它我们甚至无法做经济分析,而且在于,这是经济学者向政府决策者建议"加紧改革步伐"的理论基础:你是为了人民的福利最大化吗?如果是,请加紧改革,能做什么做什么,越快越好!

但是,第二个假定是,体制改革,不仅是破坏旧体制,还要建立新体制,是一个长期过程,需要一定的时间。对于一些诸如私有产权、法治、金融监管等最基本的制度的建立(事实上的,而不只是纸面上的),更是如此。例如,要建立一个能够快速公正地处理商业纠纷,执行合同义务,监督破产企业的重组的清晰可预期的法律制度,需要有足够的十分专业化的人力资本的积累。而这种专业化人力资本的积累是一个干中学的过程,按其本性来说是很耗费时间的。法律制度的成熟只能通过法律案件数量的增多来实现。我们应当提醒政策制定者和大众，尤其是国际组织和跨国公司的经济学家，一个有序运行的市场体制必备的最基本的条件是需要时间逐步成熟起来的。从发达国家"拷贝"过来的法律条款，并不等于就是建立起了新制度，真正的新制度是在实践过程当中、在一个相当长的时期内逐步形成的。从这个意义上说，"大爆炸"（big bang）式的一步到位的改革是不存在的，改革从客观上来说，就是一个渐进的过程，这从本质上说，不是因为不能在一夜之间破坏旧体制，而是因为不能在一夜之间建立起新体制。

而且，我们可以假定，每一个具体的体制，都是在一个逐步成长、发展、完善的过程中形成的。我们甚至可以大致地对每一种体制的状态，给出一个相对的数量指标，说完整地建立起了一种体制，是"100%的新体制"。在此之前，在体制逐步改革与成长的过程中，出现的则是"20%的新体制""50%的新体制"等，这可以是一个连续的区间，走完这一区间，就是完成了改革的全过程。

也正是在以上两点假设的基础上，所谓"激进"与"渐进"改革方式的争论，是没有意义的。作为改革的主观政策取向来说，只要以社会福利最大化为目的，改革总是越快越好、越"激进"越好（在充分考虑本文分析的"协调性"的前提下）。但是，作为一个客观的过程来说，体制改革只能是渐进的，因为它不可能是一个一步到位的事件。

真正值得研究的问题在于：在各方面的体制改革进程之间，如何保持一定的"协调一致"，以实现"平稳过渡"。

要研究这个问题，我们假定，一个经济体系（system），是由多种不同的体制（institutions）构成的。而且，我们的第三个假定是：不同的体制的"成长速度"可能发生差异，从而产生各种体制之间的"不协调"问题。

"体制之间的相互协调"（coherence）问题的基本点，就在于不同体制因素的改变速度或新体制的"成长速度"之间会存在差异。这可以有两种原因（或两者同时发生，组合在一起，对此本文不多作研究），第一种原因是体制本身的成长过程不同。有的体制改革从技术上说复杂性较小、需要的时间较短；有的体制改革则更为复杂，新体制的成长需要的条件较多、过程较长。比如说，价格改革可能只要宣布价格放开就可以完成，第二天人们就可以自由定价，但是企业改革或者产权改革需要的时间则要长得多。建立一个资本市场容易，用几个月的时间，设定一些股市交易规则就可以实现，但要完成企业改革，使资本市场上的行为主体都能以利润为动机、都面临严格的所有制约束，所需的时间则要长得多。开放一个金融市场容易，但要使得在这个市场上运作的主体具有自我约束的机制，银行借贷不存在"裙带主义"，信用能得到严格的法律保护，则要依赖于一系列其他体制的发展和建立，所需的时间就会长得多。在一定意义上，建立起一种市场交易机制容易，但要建立起完善的法律体制和法治社会，所需的时间会长得多。

第二种原因是"政策失误"，也就是说由于改革政策制定上存在问题，有些领域的改革没有及时展开，产生"滞后"，而在另一些领域可能急于求成，导致"超前"。这种不协调情况的产生可能是以下两种原因，一是利益冲突导致有些领域的改革迟迟不能展开或受某些利益的驱使而操之过急。这当中意识形态方面的冲突或"思想解放"程度的差异，也是起作用的因素之一。比如，在有的国家中，人们较容易接受经济改革，但不太容易接受政治改革；在有的国家中，则可能不进行政治改革，经济改革就不能展开。在有的领域，改革所涉及的既得利益较少，特别是较少涉及决策者本身的利益，改革就容易进行，而在另一些领域，如果较多地涉及了决策者的既得利益，涉及当权者权利的再分配，改革就容易"滞后"。二是缺乏明确而正确的改革目标，缺乏对问题的正确而系统的理解，因此并不知道某些改革的重要性，甚至不知道问题的根源在哪里，哪些是真正需要改革的，结果就容易出现混乱。在有的情况下，由于领导层有较清晰的改革目的和较强的政治魄力，能够及时打破利益僵局，改革就容易展开。而在另一些场合，由于领导层本身缺乏改革的决心和明确的目的，改革自然就容易滞后，等等。总之，这些是改革决策者本身所造成的不同体制"改革速度"的差异。

2. "不协调成本"（incoherence cost）

科尔奈最早在体制转轨的研究中提出了"体制之间的相互协调"（coherence）的问题。一个经济体系中各种体制之间的相互兼容和相互协调，是一个稳定的体系性的重要保证，也是这个体制有效运行的基本保证。各体制之间相互不协调，就会出现混乱，从而破坏效率，使经济增长率下降。我们将这种由"体制间不协调"所引起的无效率，称为"混乱的效率损失"（efficiency loss of chaos），或称为"不协调成本"（incoherence cost）。事实上，这种"不协调"在社会科学中是一个普遍被讨论的问题。政治学称其为"社会冲突"（social conflict），而社会学家称其为"认知无序"（cognitive dissonance）。

这种"不协调成本"对体制转轨问题的研究具有特别的重要意义。一个较为完整地建立起来的体制，这种成本也会存在（因此这个概念具有一般性），但其规模可能不大，不构成专门研究的对象。传统的计划经济，本身可能是具备内在的协调性的。计划经济的问题是其他成本太高（如信息成本、代理人成本等），导致效率低下，最终要进行改革，向市场经济转轨，但它本身可以是在运行中具备协调性的。而较为完整的市场经济，也具有内在的协调性。在计划经济向市场经济的体制转轨过程中，由于上一小节中所分析的原因，各种具体体制之间会发生不协调的问题，可能会产生很大的问题，不协调成本就会特别的显著，人们对"混乱"的担心就会特别大，甚至可能成为阻碍人们进行改革的一个重要因素——人们会因惧怕发生混乱而不愿、不敢开展改革。改革之所以被一拖再拖，有时不是因为人们看不到改革的必要和可能带来的好处，而是因为惧怕改革在短期内可能造成的混乱或"不稳定"。

由于多数的体制改革和新体制建设是需要时间的，因此，从一种协调的体系（计划经济）向另一种协调的体系（市场经济）的"飞跃"，是不可能的。因此，在理论上，我们排除整个体制一步到位或"完美的大爆炸"发生的可能性。同时，由于前面分析的各种原因，不同体制改革的速度可能也不同，所以我们也排除体制转轨过程"完美地始终协调一致"的现实性（尽管我们在后面会用这种情况作为参照系，以便于理论分析）。也就是说，不协调成本总会发生。

因此，人们在面对体制转轨时所要权衡的一个重要关系，是改革红利（payoff），即改革所带来的效率改进，与改革过程中所发生的"不协调成本"之间的关系。而对于一个以社会福利最大化为目的的政府来说，它要解决的，其实就是以下的基本问题：怎样以最小的"混乱"（从一般的"不协调"，到经济衰退、危机或是发生革命、政府倒台，或是全都发生），最快地实现体制转轨的目的（假定这个目的是明确的和正确的），以实现效率的最大化。

我们设想一个经济体系（或某个特定的问题）有 n 个需要改革的体制方面，并将这 n 个方面表示为：

$$(x_1, x_2, x_3, \cdots, x_n)$$

$x_i = 0$ 表示 i 方面尚未改革（仍处于中央计划体制）；

$x_i = 1$ 表示 i 方面已经改革（已实现市场体制）；

$0 < x_i < 1$ 表示 i 方面部分改革。

我们构建一个福利指数 W，定义为：

$$W = \alpha \{\sum_{i=1}^{n} x_i\} - \beta \{\sum_{i=1}^{n} \sum_{j=1}^{n} (x_i - x_j)^2\}$$

这里，α = 收益系数；β = 冲突系数。

改革战略与政策制度的基本问题就是，如何最大化上述函数 W，其文字表述是：社会福利增量 = 改革带来的收益 − 因改革而发生的不协调成本。

在本文附录中，我们用"模拟模型"的方法，对"不协调成本"如何决定"最优改革进程"问题进行了理论的说明。下面，我们则通过"平行推进"的概念和对一些"不协调"情况的分析，做一些进一步的论证。

三 "平行推进"的改革战略

以上对体制转轨过程中"不协调成本"分析，表明各方面体制改革互为条件的性质和相互协调的必要。这一问题，显然是"循序渐进"的概念所不能涵盖的。为了更为全面地分析问题，并用更全面的理论概念作为政策建议的工具，这里提出"平行推进"概念（英文为 Parallel Partial Progress，PPP），其基本内容可以概括如下。

——由于一个体系内的各种体制都是互为条件的，因此应该尽可能早地开始改革经济体系的各个方面，或改革体系中的各种制度，无须等待别的体制改好了再改"这一个"，因为体制 A 的改革可能是体制 B 改革成功的条件，而 B 的改革又同时是 A 的改革成功的前提，等等。

——由于许多体制改革不能在短时间内一蹴而就，人们在改革的过程中事实上能做的只是在所有领域都做部分的改革，例如在第一个五年里改革 A 的 20%，改革 B 的 25%，改革 C 的 15%，等等。

——在这个过程中，理想的状态就在于保持各项不同改革之间的相互协调与相互促进，避免出现因某一方面改革滞后而形成的"体制瓶颈"，或因某一领域改革过于超前而导致混乱，产生过大的"不协调成本"。

理想化的（"完美的"）平行推进可以图示为：

"循序渐进"还是"平行推进"？　　259

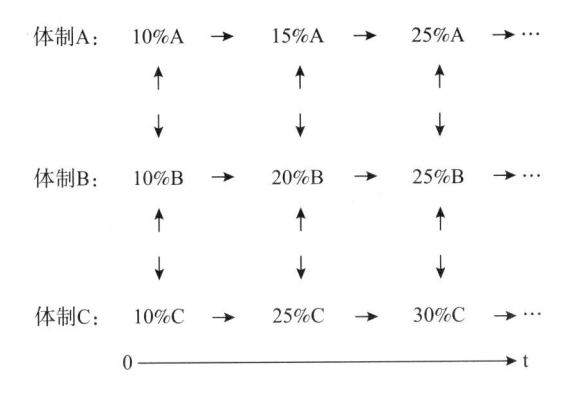

```
体制A:    10%A  →  15%A  →  25%A  →  ⋯
          ↑↓       ↑↓       ↑↓
体制B:    10%B  →  20%B  →  25%B  →  ⋯
          ↑↓       ↑↓       ↑↓
体制C:    10%C  →  25%C  →  30%C  →  ⋯
        0 ─────────────────────────→ t
```

图 2　平行推进

图中横坐标 t 代表时间，是指改革开始后的一系列时点；竖的箭头表示体制之间的相互依存与相互协调。图中的所有数字都是随机假设的，并无真实意义，但它们要表示的是在改革开始后的各个阶段上各种体制之间的改革相互协调，从而使"不协调成本"最小。请注意，各种体制在改革过程中的"相互适应的改革进度"可能是不同的，而不一定都按照同样的比例进行。比如，15% 的体制 A 的改革，可能与 20% 的体制 B 的改革相互协调。

各种体制的"部分改革"的例子有：

——在企业改革方面，先发展非国有企业，非国有企业在工业产值中所占的比重从最初的 1%，1992 年的 50%，再到 2001 年的 78%；随着非国有企业的发展，改革国有企业的条件逐步成熟，小企业最先开始改革，到 2001 年，县市级的小型国有企业已有 70%—80% 实现改制或退出；等等。

——在价格改革方面，从最初的部分开放农贸市场，到后来的价格双轨制，到 1992 年价格基本放开，市场定价的比重逐步提高；同时逐步部分放开要素价格，2002 年后又开始试行利率自由浮动。

——资本市场方面，先是只有国有企业可以上市，只有 30% 的股份可以交易并由私人持有，然后是加大非国有企业上市的比重，最后进行"国有股减持"，提高私人持股的比重。

——在对外开放方面，先是部分开放外国直接投资，然后逐步提高允许外资持股的比重；逐步加大外资银行、金融公司在华投资的比重，逐步扩大地域范围等。

……

所谓"平行推进"，就是指以上这些步骤同时逐步展开，而不是等一个体制的改革搞完再搞另一个体制。应当注意的是，"部分改革"不同于所谓"一步走完再走一步"的"循序渐进"方式，一个领域的"部分改革"不是另一个领域"部分改革"的"前提步骤"。例如，小型国有企业的民营化不是一步，而是整个国有企业改革的一部分。大中型国有企业的改革也可以同时进行，而且并不需要等到小型国有企业的民营化完成以后才开始，它们可以同时进行，只是在体制转轨动态过程的开始阶段，小型国有企业的民营化与私有部门的成长更为协调。同样地，金融部门的改革也是这样。民营金融机构的发展不能看作是其他金融机构改革的"前提步骤"。最重要的是，制度变迁在许多方面都不是"一步"进行的，而是以一种渐进的方式发展和成熟的。例如，私有部门一年一年地成长，市场机制也因此在许多领域一年一年、一点一点地成熟。这是一个演进的过程，而不是一个顺序的展开。

"平行推进"的含义，就在于在各个领域内同时进行着部分的改革，尽可能地相互协调、相互促进，而不是相互阻碍。在现实中，没有价格改革、资本市场改革和对外开放，就不可能有非国有经济的发展和国有企业改革的逐步展开；没有企业改革和企业行为的改变，没有金融市场的发展，价格改革也不可能最后完成，价格信号也不可能完全反映资源配置的效率；没有企业改革和对外开放的逐步展开，金融市场的改革也不可能取得进展；等等。而且，更重要的是，在下面所要分析的两类"不协调"情况时，我们会看到，如果不能"平行推进"各个领域中的"部分改革"，就可能产生混乱，影响整个体制的效率。

四 两类不协调:"瓶颈"与"过激"

相对于改革的"最优路径",我们可以定义两类"不协调"的情况:"瓶颈"和"过激"。

1. 不协调之一:"瓶颈"

"瓶颈"意味着在一个或更多的领域中出现了改革滞后,导致这些改革过慢的体制,成为整个体系有效运行和进一步改革的制约因素。这是因为没能在所需的"正常时间"里足够快地在某一领域中推进改革,以致这个领域成了限制其他改革的"短线"。自然地,整个体制转轨过程的进展会因此而放慢,导致效率损失,而且还可能出现因体制不协调而产生的混乱(见图3)。

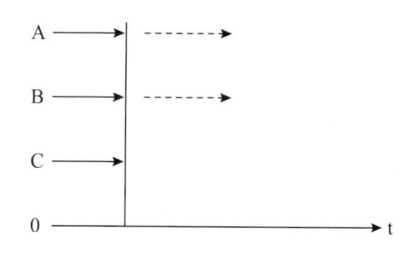

图3 瓶颈

图中虚线表示的是因瓶颈存在而不能正常发挥作用的体制。

以中国的改革进程为例,部分地区是由于缺乏明确的体制转轨目标,部分地区是因为既得利益集团势力太大。中国现在面临两个主要的改革瓶颈:金融改革和政治改革。

中国的金融体制可以说是在经济领域里目前问题最多、最大的部门,包括银行体系和资本市场。而基本的问题,就是没有及时跟随其他体制领域一起实行部分的改革,特别是没有像产业领域中那样,及时地发展民营金融机构。结果,时至今日,整个金融体制依旧是国有部门垄断，市场竞争严重不足，占制造业产出值 70% 以上的非国有制造企业只享用不到 30% 的金融资源。这样导致的结果是很明显的：由国有企业欠下的大量坏债与民营企业融资困难并存，大量的居民储蓄无法转化为投资，导致通货紧缩，经济效率大大下降，整个体制转轨的过程也受这种瓶颈的阻碍。假如中国能在产业部门中非国有企业增长的同时就开始部分地发展非国有的小型金融机构（平行推进！），今天中国的局面将会很不一样。

政治改革的问题也相类似。没有哪个国家需要等到经济改革完成以后再来进行政治改革，反之亦然。而当今中国制约经济发展和经济体制改革的许多问题，其实都与政治体制改革的滞后有关。如政府审批过多的问题、中央与地方利益冲突的问题、农民负担重的问题、公司治理结构难以改善的问题、产权改革过慢与产权保护不足的问题、法治不健全的问题、腐败问题等，都是如此。都是由于在 20 多年的时间里，在经济领域的改革方面做了许多事情，而在政治改革方面做得太少、太慢。为了防止出现大规模的混乱，政治改革同样不能以激进的方式企图一蹴而就，但是如果中国能从一开始就以更快的速度以"部分改革"的方式，在经济改革的同时逐步"平等推进"各方面的政治体制改革，今天已经改革了的经济体制就会更有效率，经济改革也可以以更快的速度展开，以取得更大的效益。

2. 不协调之二："过激"（over-shooting）或"早熟"（premature）

这是指一些领域的改革进行得过快（"早熟"），以致与其他以"正常步骤"推进的改革不相协调。这类不协调的问题在于它会导致一些过度混乱和无秩序甚至危机，而这些也会放慢整个体制转轨的过程（见图 4）。

亚洲金融危机就是这类问题的一个例子，一些东南亚国家饱受此害。它们在没有充分的国内改革（不只是建立一些监管）的基础上就对国际开放了金融市场，将自己暴露在国际金融市场的风险面前，导致了金融危机。

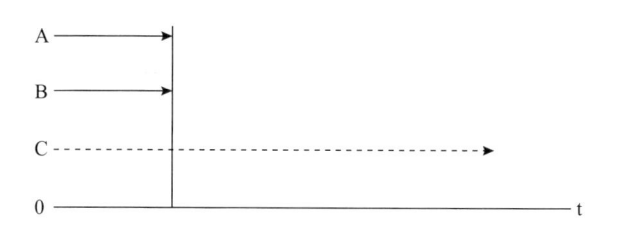

图 4　过激

值得注意的是，以往一些人在谈论不协调时，经常将"过激式不协调"，定义为"瓶颈式不协调"，也就是把过度混乱归因于"其他领域的改革"进行得太慢了，没有赶上最快的。从以上的两个图示中，我们也可以看到，这的确是容易混淆的问题——曲线都是有长有短，如何论证这个问题是因为某个曲线太长，还是因为某些曲线太短？这里的关键显然在于如何定义各种改革的"正常进程"。如果其他的改革必须要有一定的时间才能展开，不能如我们所希望的那样很快完成，那么应该怪罪的显然是"早熟"的"长线"，而不是相反。例如，有人批评东南亚国家发生危机是因为它们"内部自身的问题"，是它们国内的经济、政治和金融监管问题，导致它们遭受国际金融危机。那些问题确实存在。但有哪个发展中国家不存在这些问题？为何不是所有的发展中国家都遭受同样的金融危机呢？为什么要在国内那些问题没有改善的时候就完全开放金融呢？即使其他领域改革太慢是由于政策失误（迟迟不改或拒绝改等），真正的问题也是：在其他领域改革还无法取得进展的时候，为什么要这么早搞金融完全开放（而不是部分开放、平等推进）呢？

五　政策结论：作为实际改革政策建议的"平行推进"

像一切理论概念一样，平行推进的体制转轨路径也有些理想因素在内。它可能只是经济领域的实践的近似描述。但它是思考实际的改革政策的有用方法。这一概念最关键的实际意义可归结为两个短语："不要在任何领域等待"和"尽量保持彼此的协调"。也就是：

——在所有的制度领域尽可能早地开始推进改革。

——但不要指望任何一项改革能在短时间内完成。

——在体制转轨的任何一个阶段，改革者都必须防止不协调的发生，并努力避免"瓶颈"和"过激"，以达到最大可能的协调，这将体制转轨所需的总时间最小化。

平行推进方式是"半吊子"的改革吗？当然可以这样说。但只要你不能一夜之间就完成整个体制转轨，在整个漫长的过程中，所有的体制就一定都是处在"半吊子"的转轨形态（体制间的相互制约）。只有目标不明确，把"半吊子"的市场经济当成"目标模式"，才会发生真正意义上的"半吊子"改革。如果改革目标是完整的，这种"平等推进"过程当中发生的体制不完整就是正常的、是过渡性的。

体制转轨的平行推进方式会在这一过程中产生不公平的竞争和寻租活动，因为它在某种程度上仍是一个政府管理的过程，而且作为一种渐进变化在过程初期只能有少数竞争者进入市场。经济学的问题只在于：这种方案是否比其他供选方案的净收益更大（时间更短、成本更低）？

平行推进减少经济收益吗？例如，开放过程的放慢会减少利用国际市场的好处吗？较慢的金融开放进程可能会减少一国利用外国投资的数量（包括短期借贷和证券投资），但同时它也降低了过度开放"不协调"所带来的风险。一些国家之所以会发生危机就是因为有太多的外国资本流入。从净值来看，平行推进可能是更有利的。

平行推进并不意味着改革会更慢。它可以避免导致整个过程中断的危机和挫折，因此会节约时间。在任何情况下，改革和开放都需要有勇气、决心、政治愿望和明晰的目标，不能尽最大可能在各个领域（同时）大力推进改革，才是"太慢"的根本原因，而无论采取哪种改革政策。迅速变化的世界需要一个发展中国家能尽可能快地跟上，要更快地做好自己的事情。因此，政策建议永远都是：在充分顾及协调性的前提下，尽可能快地在所有领域推进改革！

参考文献

樊纲:《中国渐进改革的政治经济学》，上海远东出版社1996年版。

樊纲（1999a）:《克服信贷萎缩与银行体系改革》，《经济研究》1999年第1期。

樊纲（1999b）:《论国家综合负债——兼论如何处理银行不良资产》，《经济研究》1999年第5期。

黄益平:《制度转型与长期增长》，《经济研究》1997年第1期。

中国经济改革研究基金会:《现实的选择——国有小企业改革实践的初步总结》，上海远东出版社1997年版。

Fan, Gang, 1994, "Incremental Changes and Dual-track Transition: Understanding the Case of China", *Economic Policy*, Great Britain, December.

Fan, Gang, and Wing T. Woo, 1996, "State Enterprise Reform as a Source of Macro-economic Instability: The Case of China," (Fan and Woo) *Asian Economic Journal*, Vol 10 No. 3. November 1996, pp. 207–224.

Sach, Jeffrey and Wing Thye Woo, 1994, "Structural Factors in the Economic Reforms of China, Eastern Europe and the Former Soviet Union," *Economic Policy*, April.

附录 优化改革进程的模拟模型

我们通过以下的一个模拟模型，将以上的讨论形式化。

我们设想一个经济体系（或某个特定的问题）有 n 个需要改革的体制方面，并将这 n 个方面表示为：

(x_1, x_2, x_3, …, x_n)

$x_i = 0$ 表示 i 方面尚未改革（仍处于中央计划体制）

$x_i = 1$ 表示 i 方面已经改革（已实现市场体制）

$0 < x_i < 1$ 表示 i 方面部分改革

我们构建一个福利指数 W，定义为：

$$W = \alpha \left\{ \sum_{i=1}^{n} x_i \right\} - \beta \left\{ \sum_{i=1}^{n} \sum_{j=1}^{n} (x_i - x_j)^2 \right\}$$

这里，α = 收益系数；β = 冲突系数。

改革战略与政策制度的基本问题就是，如何最大化以下的函数：

社会福利 = 改革带来的收益 − 制度不协调带来的冲突成本

我们排除以下两种可能：

（1）完美的大爆炸，这种状态下所有 x_i 的值都同时从 0 跳到 1（否则完美的大爆炸就是唯一的解）。

（2）完美的平行推进，这种状态下所有 x_i 的值都能平行的以相同的比例增长（否则中央计划体系就不会如我们所见的那样存在广泛的协调失败）。

为方便讨论，我们来考虑一个 n = 4 的情形。

（1）"循序渐进"的情形（每一方面都充分改革），我们有：

当经济处于完全的中央计划模式时，$W = 0$

当经济完成 1 个方面的改革时，则有 $W = \alpha - 6\beta$

当经济完成 2 个方面的改革时，则有 $W = 2\alpha - 8\beta$

当经济完成 3 个方面的改革时，则有 $W = 3\alpha - 6\beta$

当经济完成 4 个方面的改革时，则有 $W = 4\alpha$

从附表 A 部分我们可以看到，"循序渐进"的改革可能会因为各项改革之间的不协调带来的巨大冲突成本而使得改革的净收益为负。也就是说，"循序渐进"的改革甚至可能无法开始。

（2）"平行推进"的情形，我们假定这种情形下在每一阶段只能提高 1/3 的两个 x_i 的值。每一阶段的一个最优的改革次序是

起初：(0, 0, 0, 0)

第 1 阶段：(1/3, 1/3, 0, 0)

第 2 阶段：(1/3, 1/3, 1/3, 1/3)

第 3 阶段：(2/3, 2/3, 1/3, 1/3)

第 4 阶段：(2/3, 2/3, 2/3, 2/3)

第 5 阶段：(1, 1, 2/3, 2/3)

第 6 阶段：(1, 1, 1, 1)

不管"平行推进"的改革会采用哪种最优次序，都有如下的福利含义：

0 阶段，$W=0$ 第 1 阶段，$W=(2/3)\alpha-(8/9)\beta$

第 2 阶段，$W=(4/3)\alpha$

第 3 阶段，$W=2\alpha-(8/9)\beta$

第 4 阶段，$W=(8/3)\alpha$

第 5 阶段，$W=(10/3)\alpha-(8/9)\beta$

第 6 阶段，$W=4\alpha$

附表 B 部分显示，因为相互依赖的各项改革之间会产生冲突成本，所以重要的不是优化次序而是优化步调。

附表　不同改革战略的福利结果（一个四元经济的情形）

收益系数	1	1.5	2	2.5	3	3.5	4	4.5	5	5.5
A　循序渐进改革									
冲突系数	0.5								
0 方面	0	0	0	0	0	0	0	0	0
1 方面	-2.0	-1.5	-1.0	-0.5	0	0.5	1	1.5	2	2.5
2 方面	-2.0	-1.0	0	1	2	3	4	5	6	7
3 方面	0	1.5	3	4.5	6	7.5	9	10.5	12	13.5
4 方面	4	6	8	10	12	14	16	18	20	22

续表

A 循序渐进改革

冲突系数	2									
0 方面	0	0	0	0	0	0	0	0	0	0
1 方面	-11	-10.5	-10.0	-9.5	-9.0	-8.5	-8.0	-7.5	-7.0	-6.5
2 方面	-14.0	-13.0	-12.0	-11.0	-10.0	-9.0	-8.0	-7.0	-6	-5
3 方面	-9.0	-7.5	-6.0	-4.5	-3.0	-1.5	0	1.5	3	4.5
4 方面	4	6	8	10	12	14	16	18	20	22
冲突系数	3									
0 方面	0	0	0	0	0	0	0	0	0	0
1 方面	-17.0	-16.5	-16.0	-15.5	-15.0	-14.5	-14.0	-13.5	-13.0	-12.5
2 方面	-22	-21	-20	-19	-18	-17	-16	-15	-14	-13
3 方面	-15	-13.5	-12	-10.5	-9	-7.5	-6	-4.5	-3	1.5
4 方面	4	6	8	10	12	14	16	18	20	22

B 平行推进改革

冲突系数	0.5									
0 阶段	0	0	0	0	0	0	0	0	0	0
1 阶段	0.22	0.56	0.89	1.22	1.56	1.89	2.22	2.56	2.89	3.22
2 阶段	1.33	2	2.67	3.33	4	4.67	5.33	6	6.67	7.33
3 阶段	1.56	2.56	3.56	4.56	5.56	6.56	7.56	8.56	9.56	10.56
4 阶段	2.67	4	5.33	6.67	8	9.33	10.67	12	13.33	14.67
5 阶段	2.89	4.56	6.22	7.89	9.56	11.22	12.89	14.56	16.22	17.89
6 阶段	4	6	8	10	12	14	16	18	20	22
冲突系数	2									
0 阶段	0	0	0	0	0	0	0	0	0	0
1 阶段	-1.11	-0.78	-0.44	-0.11	0.22	0.56	0.89	1.22	1.56	1.89
2 阶段	1.33	2	2.67	3.33	4	4.67	5.33	6	6.67	7.33
3 阶段	0.22	1.22	2.22	3.22	4.22	5.22	6.22	7.22	8.22	9.22
4 阶段	2.67	4	5.33	6.67	8	9.33	10.67	12	13.33	14.67
5 阶段	1.56	3.22	4.89	6.56	8.22	9.89	11.56	13.22	14.89	16.56
6 阶段	4	6	8	10	12	14	16	18	20	22

续表

B 平行推进改革

冲突系数	3									
0 阶段	0	0	0	0	0	0	0	0	0	0
1 阶段	-2	-1.67	-1.33	-1	-0.67	-0.33	0	0.33	0.67	1
2 阶段	1.33	2	2.67	3.33	4	4.67	5.33	6	6.67	7.33
3 阶段	-0.67	0.33	1.33	2.33	3.33	4.33	5.33	6.33	7.33	8.33
4 阶段	2.67	4	5.33	6.67	8	9.33	10.67	12	13.33	14.67
5 阶段	0.67	2.33	4	5.67	7.33	9	10.67	12.33	14	15.67
6 阶段	4	6	8	10	12	14	16	18	20	22

(原载《经济研究》2005 年第 1 期)

"过渡性杂种"：最优改革方式的理论与实践[*]

经过 25 年的改革和制度转型，中国已不再是一个中央计划型经济，但又还远未成为高效率的市场经济体制。从微观层面上讲也是如此，因为许多企业仍然在改革和重组。在中国经济的转型过程中，产生了不少被经济学家认为是奇怪的"物种"。"乡镇企业"和"股份合作制企业"正是其中的两个典型，引起了经济学家和政策研究者广泛的争论。一方面，有人认为它们代表了"第三条道路"的模式，既不是资本主义的也不是社会主义的。中国政府把这种模式定义为"社会主义市场经济"，本身也引起理论上概念的混淆。另一方面，更多的人认为任何不同于经济学教科书上的模式都不可能有效率地运作。他们认为，"不彻底的转型是最糟糕的转型"。其中一些人甚至不屑于研究这种现象，当被问及他们对此的观点时仅仅以"我不理解"一句带过。他们等待着在这些陌生的物种"垮掉"之时庆祝"经典理论"的胜利。

正当这些讨论还没有得出最后定论，乡镇企业的实际情况又发生变化了：几乎所有的乡镇企业都被民营化了！同时，其他的部门也在以"股份合作制企业"的形式进行民营化。那些"不理解"中国经济的人或许感到了某种庆幸，因为这些转型确实是以教科书式的私有制形式作为了结局。但是，他们所期望的中国经济及那些特殊物种的崩溃并没有发生。而且更重要的是，这种"不彻底"

---

[*] 本文与澳门大学经济系陈瑜合作。

的转型被证明是一条可行的转型道路。

这正是我们研究中国的乡镇企业和它的转型问题的意义所在。乡镇企业这种现象所蕴含的理论和政策含义的重要性在于，它可能是中国第一类成功地完成"渐进式转型"的制度形式：从刚开始的公有制（集体所有）形式，经过许多阶段变化，最后成为典型的非公有制形式。

既然反正几乎所有的乡镇企业已转变成如教科书里描述的民营企业，为什么还要"不嫌麻烦"地"回过头去"研究其转变的过程？因为我们认为现代经济学应当包括更多的制度和制度转型的内容。这对于进一步研究那些制度背景不符合标准经济学教科书所假设的条件的经济体是十分重要的。首先，应当理解"过渡"的特殊含义。目前我们所提到的"过渡"是20世纪80年代末所定义的，专指从计划经济转型为市场经济。也就是说，经济转型的起点是计划经济和国有的产权。这种经济转型过程完全不同于几个世纪前西方国家的发展过程，它们从私人手工业发展成私有制经济，从农村庄园主经济发展到现代工业体系。其次，研究经济转型需要弄清楚任何一种制度的改革是如何起步的，又是如何依赖于或受制于其他制度的。在经济决策过程中，制度（包括思想意识）及制度组成部分之间的相互影响（内生或外生的）起到了怎样的作用？我们如何把"最优"和"均衡"这些概念和现实经济转型联系起来？一种"次优"状态能否通过内生的推动力转化为"最优"状态？这些问题目前为止尚未被经济学家充分研究。简而言之，从纯学术的角度来看，对像乡镇企业这样的"新生物种"的关注也许会为制度经济学增添新的研究内容，并且可能有助于将制度经济学纳入现代经济学的一般理论框架之中。

关于中国转型过程中非公有制经济的发展情况已经有了大量的文献。这些研究涉及中国转型的许多方面，然而并没有从全局和动态的角度看待这次转型。例如，Li（1996）提出，"含糊不清"的产权安排是企业家和政府在面对不完善的市场时的内生性选择：当市场环境是高度不确定的，政府"有能力"提供帮助，企业家和政府就会共同作为企业名义上的所有者。在他的模型里，市场的不完善性被设定为外生。Bai、Li 和 Wang（2003）的研究表明，中国的非公有制经济被置于不平等和不利的运作环境中，特别是在市场准入、银行信贷和法律保护方面。我们同意以上的看法，但我们在本文中更想表述的观点是，不仅企业产权的安排是内生的，市场的不完美性、整个制度环境的公平程度也是内生的，而且这些因素互相作用、相互决定。

然而在现阶段，我们仅建立几个有用的假说，希望能够引发学术界的相互交流，从而推进对转型经济更深入的研究。缺乏充足的数据是做实证研究面临的一个重大困难，做乡镇企业的研究时这更是一个难题。国家统计局并没有关于乡镇企业的系统的统计数据。作为乡镇企业上级主管部门的国家农业部也仅仅能够提供乡镇企业整体变化的少量资料。实际上，通过与各级政府中数据搜集人员的交流，我们发现，所需数据的缺乏恰恰反映了对制度转型理论的研究的缺乏。这使得如果现在对此进行深入的经验研究，即使不是完全不可能的，也是相当困难的。

因此，在本文中，我们试图通过对一些统计数据和案例的分析建立假说。尽管还是一份初期的研究，我们希望本文中的观点是具有前瞻性的，而且有深刻的政策含义：如果乡镇企业能够顺利转型，成为真正的市场体系中的一员，那么其他的"不彻底的改革"或"教科书以外的制度"——我们称为"过渡性杂种"——或许也会找到出路。

本文分为以下几个部分：第一部分主要分析乡镇企业转型构造一个理论框架。我们指出，"过渡性杂种"是特定条件下制度变化的最优途径，然后详细阐述了它转型过程中的动态性。这里我们研究了两种主要的转型推动力：一种是在成长过程中表现出的"次优"状态下的"残余低效率"；另一种则是这种制度安排及其相关条件或约束之间动态性的相互作用。在第二部分，我们分析可视为制度安排的乡镇企业的发展与政府政策环境的变化之间的宏观性关系，并且具体研究乡镇企业的转型过程。文章最后就中国经济转型的前景提出一些前瞻性的结论。

一 理论假设和分析框架："过渡性杂种"

1."过渡性杂种"的含义

我们假设"过渡"是指从一种"初始制度"（如计划经济）转型到"目标制度"（如市场经济）。我们在这里不打算讨论应该采用什么样的目标制度的问题，而是假设目标已经确立。[①] 所以，"过渡性杂种"被定义为转型过程中"处于两种制度之间的有条件的最优制度"，而

（1）无论大众或政策的制定者自己是否清楚地知道目标制度是什么，这种转型既不同于初始制度（如计划经济体制），也不同于目标制度（如一种完全的市场经济制度，它能够"完美地运行"，并拥有现代经济教科书所描述的私有企业的一切必备条件）。

（2）这种过渡时期的制度也不仅仅是两种不同制度中某些组成部分的一个简单组合。也就是说，它是一个既不同于初始制度也不同于目标制度的全新产物。

（3）它的目标是至少使一部分经济实体获益并且至少部分地提高经济效益，而不损害其他经济体的利益。

（4）这种过渡，在制度转换的动态作用之下，会进化成更新的过渡性"物种"。

限制制度演变的条件有如下几条：

（1）在新制度赖以生存或运转的环境中，存在着没有改变或

---

① 实际上，这种过渡应该被定义为有一定清晰的目标，而且这种制度的转换应该被称为"制度的演进"。然而，我们今天现实生活中的过渡，正如我们在某些国家能够看到的那样，在改革的一开始就没有清晰的目标，而领导者和大众把其他国家的体制当作一种潜在的目标模式，或者至少参照其他国家的实践。

者改变很少的旧制度或某些旧制度的组成部分。

（2）政府的政策或行为没有受到正式制度或规则的制约，而且十分灵活多变。

（3）某些政府的经济官员仍然受一些旧的非正式制度的限制，如意识形态、社会准则、行为方式等，这也会对新制度形成障碍。请注意这些非正式制度比正式制度更难改变，所以当正式制度改变时这些非正式制度也许还很盛行。

（4）一些新制度和改革目标的信息，以及人们对漫长而痛苦的过渡时期的预期（但我们在本文中除了在讨论"改革目标"的问题时，一般假定信息完善）。

（5）自然禀赋、技术进步等，也能够加速或阻碍制度的变化（但在本文我们对此不作讨论）。

2. 为什么是"杂种"

一种制度向最优模式的完全过渡，也许不会像某些人期望的那样迅速。因为过渡是有条件的，同时受到未准备过渡的一些旧制度或政策的限制。

为了理解制度的转型，我们需要了解经济制度的如下特征：

（1）任何制度或制度的组成部分必须和其他制度或其组成部分相互配合运行，这样才能产生效果，提高效率。

（2）任何改革或者任何制度的变化都需要花费时间，其中某些变革（如新制度的建立）可能需要花费很长的时间。

（3）一些制度的变化会快于或慢于其他制度，甚至在其他制度开始变化时保持原样。

以上的条件促成了"杂种"的形成，而且实际上意味着任何一种制度都以其他制度为条件。

我们可以把中国农村工业的民营化作为例子来讨论一种制度的条件问题。20世纪80年代早期，在实现中国农村的工业化目标过程中，为什么先前的集体企业没有发生民营化从而发展成为现代化的民营企业？为什么人们"不嫌麻烦"组建了到后来仍然是私有化了的集体性质的乡镇企业？这是因为当时的条件对于现代民营企业的有效运作来讲还不够成熟，或者不存在。这些"条件"包括：

（1）宪法。那时尚未存在对私有财产权的任何宪法保护。

（2）法律体系（尽管我们也许可以在一夜之间草拟一部好的宪法）。当时还没有企业法或其他的法律框架被制定或实施（这也许要花费几代人的时间），以保障企业的有效运行（在这种条件下，民营企业也许不能雇用工人）。

（3）金融市场。没有银行（不夸张地说，在20世纪80年代早期真正的商业银行并不存在），没有其他金融机构或金融市场配合民营企业的运行。国有银行只贷款给国有企业和集体企业。从广义上来说，当时还不存在民营企业的要素市场。

（4）税收政策。某些税收优惠政策只有集体企业享有而排斥民营企业。集体企业享有的其中一项税收优惠政策是，在企业创建之初2—3年内免税，而在接下来的3年中享受减税政策。

（5）市场准入制度。大多数的市场和行业都不允许民营企业进入，从而缺乏适合民营企业竞争和成长的市场环境。

（6）意识形态歧视。20世纪80年代早期，私有权不能被当时的中国政府和大多数群众接受。意识形态被当时仍然从旧体制中受益的既得利益集团利用。

（7）政府的政策。就中国而言，政治上和意识形态上的制约，以及某些经济、金融和财政等方面的限制，被反映在了对待民营企业民营化程度和发展方向的"政府政策"上。

……

在上述经济、金融、政治和意识形态等条件约束下，乡镇企业可能是在特定的过渡时期最佳或最优的解决途径，即首先以脱离之前的制度为出发点而开始的过渡。这种"脱离"体现在乡镇企业的下述特点之中：

（1）即使一些地区的乡镇企业（例如江苏省）最初是集体所有制并且受到地方政府的控制，一些创立企业的经营者（即使只有一个人）仍然开始逐渐拥有对企业更多更独立的控制权，这种控制权在后来逐步演变为私有权。

（2）在其他地方（例如浙江省）的许多情况下，创办乡镇企业的个人拥有企业的实际控制权。企业实际上也许是在民营企业的机制下运作，但却在"集体所有"的名义下获得正常运转所需的一切必要的金融和政策环境。

正是上述这些特点，使得乡镇企业成为"杂种"。在一开始，许多乡镇企业便不同于以前的集体公社制度。但另一方面，同那种具有明晰的所有权、私有权被法律有效的保护，以及在竞争性市场环境下运作的教科书式的民营企业相比，乡镇企业又是截然不同的。但是，也许正是这种"杂种"才能从旧的体制中"脱离"出来。教科书中所描述的那种理想的市场经济制度不能作为我们当时的选择，因为在那个时期，必要的条件还不具备。那时的人们甚至不能拥有可用于投资的私有资产，人们只能从一些家庭作坊开始进行原始的资本积累（它们中的许多也是在乡镇企业的名义下运作的）。由于当时的政治氛围并不接受"公有财产的再分配"或民营化的概念，人们不可能成立民营企业。

3. 为什么是"过渡性的"

有人认为乡镇企业是一种定型的企业形式了。然而历史事实表明，乡镇企业并非一成不变，它们会根据自身的逻辑和动态特征，一步一步地随时间变化。"过渡性杂种"最有趣和最重要的特征并不是因为它们是"杂种"，而是因为它们是"过渡性的"。

推动一个杂种转变的因素主要有两种：

（1）"残余的无效率"（remaining inefficiency）是继续转变的内生动力。人们创造出"杂种"是为了提高效率，因为"杂种"比原来的旧体制更优越，或者是一种新的"杂种"比转变过程中的前期"杂种"更优越。可是同时，"杂种"始终是"杂种"。它的不完美性（正如我们经济学者所知道的那样）可能会在企业发展的后续阶段逐步暴露出来，从而激励人们探求进一步的改变。

（2）从外部环境来看，如果一种"杂种"是符合一系列既定条件的最优选择，那么当既定条件发生改变时，"不均衡"和"次优"的情况就会出现，成为推动"杂种"继续演变的动力。

这两种因素还会共同作用，产生"连锁反应"。正如我们在前面指出的，制度和体制最重要的特点正是各种制度条件之间的相互作用。一种制度转变成一个"杂种"后，还会因其本身的"残余的无效率"而进一步变化，而这变化可能为其他制度的变化提供了条件，会引起其他制度的变化，然后变化了的其他制度又会再反过来影响最初变化的制度，为它提供更进一步变化的条件，引起它的更进一步变化，以此类推下去。

当乡镇企业逐步发展成为大企业时，人们会发现它们在"公司治理"（corporate governance）方面存在的一些由于产权不清而引起的问题（尽管即使当时最优秀的企业家也可能对这个学术名词感到陌生），例如，"短期行为"、过多的政府干预、地方社区的资源浪费等。这些就是"残余的无效率"。创办企业的企业家因此会有意图要与地方政府和集体之间重新定义或重新划分企业的所有权和财产权，以使企业更市场化地运作。因此，乡镇企业会进一步变化，即向更高阶段的杂种演进，以提高效率。

与此同时我们看到，整个经济的其他方面也进行着各种改革。市场机制越来越活跃，价格逐步变得由供求决定，金融体制也开始对非公有制企业放松限制，国有企业开始改革，更多的行业允许私人进入和鼓励竞争，同时对私有财产权的法律保护也得到了改善。政府政策变得鼓励民营企业的发展，比如税收的歧视开始减少。民营企业开始逐渐为政府和大众所接受。这样乡镇企业就会进一步变化。

可以说，乡镇企业的发展为其他制度的改变创造了更好的条件（樊纲，2001；樊纲、陈瑜，2002），而其他制度的改变反过来又为乡镇企业的进一步发展创造了条件。正是乡镇企业以及整个非公有制经济的发展，体现出市场经济的效率，为后来的国有企业改革和金融体制改革提供了有利条件。也正是乡镇企业以及整个非公有制经济在经济发展和制度转型过程中所起到的积极作用，说服了政府和广大的群众，改善了他们对私有权和民营企业的政策和态度。而所有这些又反过来为乡镇企业的进一步发展创造了条件。

下文将以乡镇企业为例子更详细地探讨上述的关系。我们再一次强调，我们的重点不在于讨论乡镇企业本身，而是在于对制度转型的理解。我们列举乡镇企业成功转型的例子，并不是想说明渐进式改革一定优于其他方式的改革（在其他一些条件下，其他方式的改革有可能更有效），我们只是想表明这种所谓的"不彻底的"改革方式也许正是我们的出路，因而不应该被大家忽视！

二 "过渡性杂种"：乡镇企业的转型

我们把乡镇企业视为"过渡性杂种"的典型，主要是从宏观层面上看它发展过程中的各个阶段，以及它与整个制度环境的转型之间的联系，特别是它与政府政策的变化之间的关系。

首先我们给出表1，总结自1978年以来中国中央政府的政策演进和改革目标的形成过程。把这些政策变化和改革目标同现实相比较，我们将探讨政策环境的变化同乡镇企业的发展之间的关系（这种关系可推至整个非公有制经济）。这种关系是相互的。政府对乡镇企业的政策可能直到乡镇企业做出某种贡献的时候才能发生变化。同时，乡镇企业只有在政策环境发生好的变化之后才能获得长足发展。

表1　1978年以来政府对改革目标的表述的演变过程

时间	改革目标的表述
1978年至1984年10月	一些市场要素作为补充的计划经济
1984年10月至1987年10月	有计划的商品经济
1987年10月至1989年6月	政府调节市场，市场调节企业

续表

时间	改革目标的表述
1989年6月至1991年	计划和市场机制的有机结合
1992年	社会主义也能采用股份制和证券市场；社会主义市场经济
1994年	国有企业的公司制和产权改革
1997年	发展公有制为主体的多种所有制形式；"抓大放小"
1999年	宪法修正案：平等发展和保护私有制；国有企业从竞争性行业退出；所有制形式多样化；合作制和混合所有制；国有企业经理股权激励
2001年7月	"三个代表"；允许个体企业主和私营企业家加入中国共产党；进一步发展多种所有制形式
2004年3月	宪法修正案：保护私有财产权；平等对待私有制和公有制

资料来源：根据相关文件整理。

我们用图1来说明"乡镇企业转型路径"。主要特征如下：横轴代表时间，竖轴代表经济效率水平。"目标情况"指民营企业，对应的是最高效率（这些假设基于现有文献）。

每个箭头的末端连接一个方框，代表一个发展阶段。下文将详细介绍每个阶段的情况。在每个阶段，当前水平同目标水平之间存在效率上的差距。因此，我们说这些过渡形式，或者所有的过渡期的"杂种"，都不是"最优"的。

然而，每一种"杂种"都是在给定包括政策环境在内的其他制度条件下最好的形式，并且在所处的特定时间点上不可能再改进，即它们是各阶段的"约束下的最优"（从总体上看的"次优"）。因此，路径上的点是约束下的最优点，路径以下的点都次于约束下的最优点，因为它们代表了所处的特定时间点上效率的损失。而路径以上的点是在特定时间点上给定的制度约束下不可能达到的点。因此，这条路经可以命名为"过渡边界"，类似于"生产可能性边界"（PPF）。

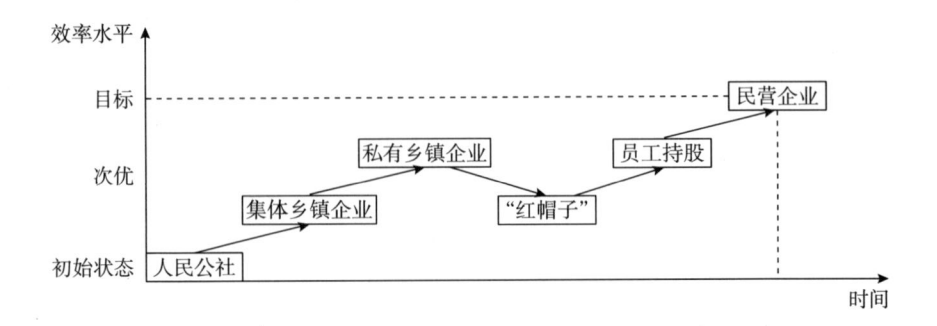

图 1　中国乡镇企业的转型路径

表1和图1要说明的是，乡镇企业发展的情况同政府的政策环境息息相关。乡镇企业在图1中的位置受约束于整个制度和政策环境（表1）。对非公有制经济有利的制度和政策环境有利于乡镇企业发展；同时，乡镇企业的发展推动了政策向有利于非公有制经济发展的方向转变，也推动了市场导向型制度的建立。反过来，有利于市场的制度环境促进了乡镇企业的进一步发展。

为进一步详细说明，我们以下将乡镇企业25年来的发展历程分为5个阶段来阐述。所区分的五个阶段，并不是说在每个阶段上只有某一特定类型的乡镇企业在发展，而只是以这时"新出现的"企业形态作为这一阶段的"特征值"。毕竟，每一阶段上新出现的企业形态，表明新的"外部环境"已经形成，这种形态是这一阶段特殊的新条件的集中反映。

阶段0：1978年以前——人民公社

乡镇企业的前身是农村公社。所有财产公有，管理高度集中，实行的收入平均分配的体制（大锅饭）不能激发个人的积极性，因而效率低下。20世纪70年代后期，为实现农业机械化而成立了一些公社所有的小厂，主要从事制造农业机械和维修农具等与农业相关的生产活动。

阶段1：1978—1983年——集体所有制乡镇企业

随着20世纪70年代末和80年代初的农业改革，公社体系被家庭联产承包责任制所代替。这项改革将大量的农村劳动力从田间"释放"出来，也促使人们去创造新的劳动机会。这就是在 70 年代末和 80 年代初发展农村工业和乡镇企业的背景。

越来越多的农民开始寻找新的工作机会，但因为受户籍制度的限制，农民进城相当困难。很大程度上讲，在农村建立工业企业是许多农民唯一的出路。然而，发展"私有"或个体所有农村工业企业在那时是受制度约束的。虽然公社制度被废除了，许多制度性政府政策以及普遍的态度仍然反对发展私有或个体形式的企业，称为"无政府主义"和"歪风"。因此，建立私有公司是不被接受的。

然而，包括各级政府官员在内的许多人，意识到有必要鼓励个人创业以促进经济增长和创造就业机会，特别是在农村地区。

从个体企业主的角度来讲，当时实现创办企业的"最优"方式是成立一个在自己管理下的集体所有制企业，而不是民营企业。通过这种方式，它们能得到地方政府的支持和合作，并且不用为监管、融资、财政、立法和政治或"社会规范"等障碍付出巨大的成本。

结果就是，大多数实际由农村个体企业家创办的乡镇企业注册为集体所有制。对于这样的"集体所有制"乡镇企业，政府可以干预；个人，包括经理在内，不享有给予个人的工资和奖金以外的利润分配（当然，作为企业实际创办和经营者的经理可能另外从对现金的控制权中得到某些好处），企业利润扣除工资和奖金后的"剩余"（利润）全部归集体社区所有。但是，经理拥有企业运作和资源分配的实际控制权，这同先前的公社相比是一个明显进步。总之，20 世纪 80 年代早期典型的乡镇企业由私人创办并处于私人的实际控制之下，然而却的确是由地方社区获得"剩余"（利润）的集体所有制。这种乡镇企业以江苏省为典型，也就是所说的"江苏模式"（乡镇企业）。

阶段 2：1984—1998 年——民营的乡镇企业

乡镇企业的迅速成长，使它们很快成为推动农村工业化和经济增长的重要力量。加上经济领域内非公有制企业（主要是港台和大陆的合资企业）的良好业绩，政府的政策开始在各个方面对非公有或私有经济友善起来，开始在政策上鼓励多种形式所有制的发展。1984 年，中国政府提出要"建立有计划的商品经济"的目标。1987 年再次提出要鼓励乡镇企业的发展。同年，"政府调节市场，市场调节企业"的改革目标也被提出，意味着政府在管理企业事务方面的作用在逐渐减少。由于得到了政府的认可，乡镇企业更大胆地发展起来。更多的个体企业出现了（尤其是在广东和浙江省）。一些从前的集体所有制企业开始向更具有民营化本质的股份制企业转变。从 1984 年至 1986 年，个体乡镇企业在全部乡镇企业个数中的比例从 54% 增长到 81%。

在这个阶段，"私有的乡镇企业"虽然实际上是被个人控制的，但因为它们以"集体所有"的名义登记注册，仍然不是真正的民营企业。如此看来，它们似乎和真正的"集体所有的"乡镇企业没什么不同。然而，二者在筹资和利润分配上确实不一样：就真正的"集体所有的"乡镇企业而言，地方社区得到"剩余利润"；但"私有乡镇企业"则是由企业管理者按照规定或者与地方社区事先签好合同，在缴纳一次性"管理费用"之后，获得全部"剩余"。或许是由于这种财务上的安排，私有乡镇企业也较少受到政府的直接干预。

福建省和浙江省是私有乡镇企业普遍存在的地区，这也正是"浙江模式"的含义。

阶段 3：1989—1991 年——保护民营企业的一种方式："红帽子"

随着各种类型乡镇企业的发展，大量的民营企业涌现出来。这些企业能够享有完整的私有产权，包括对利润的各种权利和独立的经营权。这样的私有经济虽然总体规模上还很小，但在一些沿海地区却十分活跃，成为地方发展的支柱。

然而，1989年之后，中央政府对改革政策"再调整"，对"私有成分"的态度开始严厉起来。民营企业受到了最严重的负面影响，面临着被清除出市场的可能性。民营企业的数量停止了上升并开始有所下降。

但是，企业希望生存，而地方政府也希望挽救当地依靠民营企业成长而发展的经济。特别是像浙江、广东和福建等东南沿海各省，情况尤其如此。在新的政策条件下，他们应该怎样做才能避免民营企业倒闭这种最坏的情况发生呢？由此，人们发明了所谓的"红帽子"来解决这个问题。也就是，原来的民营企业以"集体"企业的名义登记注册，向地方政府缴纳行政管理费，并向地方集体交纳一定的资金。

虽然承担了较高的成本，但民营企业得以继续生存和发展。根据我们的观察，民营企业的增长速度虽有所下降，但是其工业总产值在1989—1990年这段时期仍然持续增长（乡镇企业年鉴），同时在全国工业总产值中的份额也在增加。这也许部分地归功于民营企业和讲求实效的地方官员所达成的"最佳折中方案"。

所谓"红帽子"的民营企业与真正的民营企业具有同样的特征，因为它们虽然以集体企业的名义登记注册，但在经营和资金上却是私人控制。这也正是有些人并不对二者加以区分的原因。然而，我们却以它们最初和新增的不同特征来区分二者：就民营企业而言，它们最初就是以集体企业的名义登记注册的。但"红帽子"的民营企业却是随着政策环境（外部条件）的变化而改变，它们最初是民营企业，然后重新以集体企业的名义登记注册，以后再变为民营企业。通过戴上"红帽子"，民营企业以较小的成本，在不利于企业发展的环境中保持了发展。

阶段4：1992—1998年——员工持股企业

乡镇企业的持续增长与国有企业的不良业绩形成了鲜明的对比，表明了乡镇企业对整个国民经济持续增长的不可或缺的重要作用。这促使中央政府在1992年以一种更加官方的方式重新确立了对非公有制经济的支持。邓小平"南方谈话"之后，中央领导层颁布了一些新的政策，阐明了非公有制经济将继续成为公有制经济的重要补充，无论是国有、集体企业还是个体、私营和外资企业以及它们之间的自发重组和合作，都应该长期发展。于是，在1994年，中央政府公布了制度转型时期新的改革目标："社会主义市场经济"，既包括公有制经济，又包括乡镇企业和私营经济等非公有制经济。实际上，集体所有制和私有制经济因为政治上的考虑，被含糊地统称为"民营经济"。

在这种新型的更宽松的环境下，乡镇企业发展得更为迅速，实际产出增长率在1992年和1993年破纪录地分别达到45%和62%。乡镇企业在工业总产出中的比重从1992年的38%增长到1999年的60%。

在新的条件下，出现了两种情况。第一种情况，原来那些"红帽子"乡镇企业开始想办法摘掉"红帽子"。许多地方的政府开始进行一系列工作重新划分企业类型，将民营企业的"红帽子"摘掉。

第二种情况从制度变迁的角度来讲具有更大的意义。公有制和私有制之间的一种新的过渡性"中间品种"被广泛应用，特别是在以前的集体所有制乡镇企业中。它叫作"股份合作制"。这种类型的企业把企业财产的一部分重新界定，划分成股份，然后把这些股份在员工之间大致相等地重新分配。个人可以增加资本投资但不能控股。不同于普通的股份制企业，一小部分人拥有了绝大部分股权后就拥有了决定权，在员工持股企业中无论一个人拥有多少股权，在决策时只有一票的权利。后者实际上保证了作为一个整体的集体，是企业的决策者。这种类型的企业被称为典型的早期员工持股企业。

但是事实上，在员工持股企业的实际制度安排上有着重大的变化。有一些员工持股企业实际上就是普通的股份制企业，这些企业由在该企业工作的少数个人所有并进行投资，但他们仍然把企业注册为员工持股企业，使企业以集体所有制企业或者至少是以非民营企业的身份存在。实际上，员工持股企业在某种程度上正是受到早期"红帽子"乡镇企业实践的启发。少数村民以员工持股企业而不是以民营企业的名义注册企业，但这些企业比传统的集体所有制企业有着更清晰的产权界定和更好的经济产出。于是，人们意识到同样的制度安排也适用于改革集体所有的乡镇企业而不会带来更多的政治和经济方面的麻烦。

最有趣的是，政府不但接受了员工持股企业的实践形式，并且正式确认它是不同于"集体"企业和"私有"企业的一种特殊形式的法人企业。这意味着，在员工持股企业的实践中，人们可以宣称企业不是集体所有的，因为集体所有制导致产权界定的不清晰；也不是私有的，因为民营企业的招牌还是会给企业带来负面影响。

从经济理论的定义看，员工持股企业是一种民营企业，其财产权界定的比传统的乡镇企业更为清晰。但是，员工持股企业的股份不能交易和流通；这些股份起初被平均分配，而员工的决策权不是由其拥有的股份所决定而是由其在企业中的地位所决定。这些事实表明员工持股企业的私有权是不完整的，其公司治理结构也不同于完全的民营企业。这些复杂的情况表明，员工持股企业仍然是在某些限制条件下的"过渡性杂种"。

阶段5：1998—2003年——进一步民营化

任何"过渡性杂种"在绩效方面始终是"次优"的，始终是不完美的，这使得人们寻求进一步的改进。员工持股企业就是这样的例子。从根本上说，员工持股企业在很多方面还是一个劳动者所有的企业。由于它是股份制的，员工们会对资本和利润有一个更好的理解，但是劳动（工资）和资本（利润）之间的冲突仍会导致各种"短期行为"，因为在这种制度安排下（没有主要的股东，每人一票表决权），企业的长远发展比如资本积累，会受影响。这种劳动者所有权也为企业的管理带来了困难，此时的经理人员也许会处于一种弱势地位，因为他们所管理的人都是企业的"所有者"。所以，乡镇企业并没有像早期阶段那样茁壮成长，反而倒闭的数量却增加了。在1996年，亏损的乡镇企业达到197万，占全部乡镇企业总数的8.4%。乡镇企业员工数量从1996年的13500万人减少到12500万人，减少了7%。乡镇企业的价值增加速度从1995年的33.6%，减少到1998年的17.5%（樊纲，陈瑜，2002）。正是这些问题激励着人们进行下一个阶段的转型——进一步的民营化。

新的阶段仅以一件事为特征：管理层持有大部分的股份或者买下企业的全部产权，这导致了员工持股企业的股权的集中。这种情况发生在一些员工持股企业，这些企业遇到了运作上的困难需要进一步重组。在这种情况下，卖掉员工持有的股份是一个较好的选择，否则可能破产和失业，后果更糟。在市场竞争条件下，伴随着企业改革所产生的困难，人们开始意识到正是企业的投资者（在这个例子中是管理层）在承担企业的风险，也应该得到利润的回报。这有助于减少"意识形态领域的约束"，因而也加速了由企业管理层买下企业全部产权的民营化进程。随着更多成功的例子，这种私人买断企业变得更易为大家所接受，地方政府甚至开始制定政策来鼓励这种行为。例如，江苏省政府发布了一个政令，要求省内的所有乡镇企业在两年之内完成这种管理层收购的企业重组。

在创立员工持股企业的过程中，地方集体可能还会保留少量股份，作为其对企业"历史性贡献"的一种形式的认可。但是在许多情况下，这些少量的股份最终也卖给了企业。当出现上述情况时，我们可以肯定地说，作为一种"过渡性杂种"的乡镇企业已经完成了整个过渡过程并达到了最终"目标"。

而乡镇企业的民营化同整个制度和政策环境息息相关。1999年《宪法修正案》提出了私有制应该被平等对待和保护。许多国有企业也变形为各种形式的股份公司（包括股份合作制）。2001年中央提出了欢迎民营企业家加入中国共产党。2004年的《宪法修正案》明确宣布"给予私有权充分的保障和平等的权利"。这些变化很大程度上是由民营企业家们推动的,他们要求支持民营经济发展的制度变迁,而且因为民营经济表现越来越好,他们的要求也越来越显得合理和可行。

然而,整体上来讲中国的制度变迁还远没有完成。这是指当前民营经济所处的制度和政策环境与真正的市场经济体制的要求还差得很远。因此,新生的民营企业的行为仍可能不同于教科书式的民营企业。但是我们相信其各种类型的"杂种"会继续进化,将来都会完成其过渡过程。

本文以乡镇企业为例,试图分析一种特定制度的转型过程,展示了乡镇企业是如何通过不同的阶段完成从集体制公社到教科书式的民营企业的转变。

可以说,中国经济的所有其他方面或者中国经济的总体,都是一定程度上的"过渡期杂种"。乡镇企业所发生的转变将来也会发生在它们身上。这就是为什么作为第一个完成过渡的乡镇企业这种制度,能够用来说明其他制度的转型过程和转型理论。

当然,我们并不能假定其他制度都能像乡镇企业一样顺利完成过渡。由于其他领域存在不同的问题、风险、困难及冲突,改革可能被中止,过渡可能在某个阶段陷入僵局。但我们庆幸至少有乡镇企业这个完成过渡的例子给了人们希望:那些看上去不那么完美的东西,其实是最优的体制转轨形式。

参考文献

蔡昉:《乡镇企业产权制度改革的逻辑与成功的条件——兼与国有企业改革比较》,《经济研究》1995 年第 10 期。

陈剑波:《乡镇企业的产权制度与资源配置效率》,《经济研究》1996 年第 4 期。

陈剑波:《制度变迁与乡村非正规制度——中国乡镇企业的财产形成与控制》,《经济研究》2000 年第 1 期。

范从来:《苏南模式的发展与乡镇企业的产权改革》,《管理世界》1995 年第

4期。

樊纲：《50%的突破：非国有经济的新发展与产权改革的新要求》，载《中国改革与发展报告 1992—1993：新的突破与新的挑战》，中国财政经济出版社 1994 年版。

樊纲：《渐进与激进：制度变革的若干理论问题》，《经济学动态》1994 年第 9 期。

樊纲：《中国渐进改革的政治经济学》，上海远东出版社 1996 年版。

樊纲：《论国家综合负债——兼论如何处理银行不良资产》，《经济研究》1999 年第 5 期。

樊纲：《论体制转轨的动态过程——非国有部门的成长与国有部门的改革》，《经济研究》2000 年第 1 期。

韩俊、谭秋成：《集体所有制乡镇企业存量资产折股量化问题研究》，《经济研究》1997 年第 8 期。

胡永泰、海闻、金毅彪：《中国企业改革究竟获得了多大成功》，《经济研究》1994 年第 6 期。

洪银兴、袁国良：《乡镇企业高效率的产权解释——与国有企业的比较研究》，《管理世界》1997 年第 4 期。

姜长云：《乡镇企业资金来源与融资结构的动态变化：分析与思考》，《经济研究》2000 年第 2 期。

姜长云：《乡镇企业产权改革的逻辑》，《经济研究》2000 年第 10 期。

李稻葵：《转型经济中的模糊产权理论》，《经济研究》1995 年第 4 期。

林青松：《改革以来中国工业部门的效率变化及其影响因素分析》，《经济研究》1995 年第 10 期。

刘小玄：《国有企业与非国有企业的产权结构及其对效率的影响》，《经济研究》1995 年第 7 期。

刘小玄：《中国工业企业的所有制结构对效率差异的影响——1995 年全国工业企业普查数据的实证分析》，《经济研究》2000 年第 2 期。

谭秋成：《乡镇集体企业中经营者持大股：特征及解释》，《经济研究》1999 年第 4 期。

田国强：《中国乡镇企业的产权结构及其改革》，《经济研究》1995 年第 3 期。

田国强：《内生产权所有制理论与经济体制的平稳转轨》，《经济研究》1996 年第

11期。

田国强:《一个关于转型经济中最优所有权安排的理论》,《经济学季刊》2001年第1期。

王红领:《委托人"政府化"与"非政府化"对企业治理结构的影响——关于中国乡镇企业转制的实证分析》,《经济研究》2000年第7期。

姚洋、支兆华:《政府角色定位与企业改制的成败》,《经济研究》2000年第1期。

张军、冯曲:《集体所有制乡镇企业改制的一个分析框架》,《经济研究》2000年第8期。

支兆华:《乡镇企业改制的另一种解释》,《经济研究》2001年第3期。

裴小林:《集体土地制:中国乡村工业发展和渐进转轨的根源》,《经济研究》1999年第6期。

王晓鲁:《对乡镇企业增长的重新估计——制度变革对增长的影响》,《经济研究》1997年第1期。

谢千里、罗斯基、郑玉歆:《改革以来中国工业生产率变动趋势的估计及其可靠性分析》,《经济研究》1995年第12期。

姚洋:《非国有经济成分对我国工业企业技术效率的影响》,《经济研究》1998年第12期。

郑红亮:《我国乡镇企业的行为目标和行为方式研究》,《管理世界》1996年第6期。

邹宜民等:《苏南乡镇企业改制的思考》,《经济研究》1999年第3期。

Bai, Chongen, DavidD. Li, and Yijiang Wang: "Thriving in a Tilted Playing Field: An Analysis of Chinese Non - State Sector." In Nicholas Hope, Dennis Tao Yang, and Mu Yang Li (eds): *How Far Across the River? China's Policy Reform at the Millennium*. pp. 97 – 121. Stanford University Press, Palo Alto, CA. 2003.

Barry Naughton, 1994, "Chinese Institutional Innovation and Privatization from Below", *American Economic Review*, May, 84 (2), 266 – 270.

Bowles, Paul and Xiao – Yuan Dong. "Enterprise Ownership, Enterprise Organisation, and Worker Attitudes in Chinese Rural Industry: Some New Evidence." *Cambridge Journal of Economics*. Vol. 23, No. 1, pp. 1 – 20, 1999.

Brandt Loren, Hongbin Li, and Joanne Roberts, 2001, "Why do Governments Privatize?", William Davidson Working Paper, December, 429.

Chang Chun and Yijiang Wang, 1994, "The Nature of the Township – Village Enterprise", *Journal of Comparative Economics*, 19, 434 – 452.

Chao Yuanzheng, Yingyi Qian, and Barry R. Weingast, 1997, "From Federalism, China Style to Privatization, China Style".

Che Jiahua and Yingyi Qian, 1998, "Institution Environment, Community Government, and Corporate Governance: Understanding China's Township – Village Enterprises", Journal of Law, Economics and Organization, April, 14 (1), 1 – 23.

Che Jiahua and Yingyi Qian, 1998, "Institution Environment, Community Government, and Corporate Governance: Understanding China's Township – Village Enterprises", Journal of Law, Economics and Organization, April, 14 (1), 1 – 23.

Che Jiahua and Yingyi Qian, 1998a, "Insecure Property Rights and Government Ownership of Firms", *Quarterly Journal of Economics*, May, 113 (2), 467 – 496.

Che Jiahua, 2002, "Rent Seeking and Government Ownership of Firms: An Application to China's Township – Village Enterprises", William Davidson Working Paper, September, 497.

Cheng Hsiao, Jeffery Nugent and Isalbelle Perrigre and Jicheng Qiu, 1998: "Shares Versus Residual Claiment Contracts: The Case of Chinese TVEs", *Journal of Comparative Economics*, 26, 317 – 337.

Dong Xiao – Yuan, Paul Bowles, and Samuel P. S. Ho, 2002, "Share Ownership and Emloyee Attitudes: Some Evidence from China's Postprivatization Rural Industry", *Journal of Comparative Economics*, 30, 812 – 815.

Fan, Gang (1994), "Incremental changes and dual – track transition: understanding the case of China", *Economic Policy*, Great Britain, December.

Fan, Gang, 2002, "The Dynamics of Transition in Ownership Structure", *Dilemmas of China's Growth in the Twenty – First Century*, Edited by Song Ligang, 2002.

Fan, Gang, 2003, "The Dual – Transformation of China: Past 20 Years and 50 Years Ahead ", *Emerging Market Economies*, Edited by GRZEGORZ W. KOLODKO, May 2003.

Fan, Gang, and Chen Yu, 2002 "Growth of the Non – State Sector", in *China's Integration with the World Economy: Repercussions of China's Accession to the WTO*,

Edited by Kyung Tae Lee, Justin Yifu Lin, Si Joong Kim, 2002.

Fan, Gang, and Wing T. Woo, 1996, "State Enterprise Reform as a Source of Macroeconomic Instability: The Case of China," *Asian Economic Journal*, Vol 10 No. 3. November 1996, pp. 207 – 224.

Jin Hehui and Yingyi Qian, 1998, "Public versus Private Ownership of Firms: Evidence from Rural China," *Quarterly Journal of Economics*, August, 113, 773 – 808.

Li, David D. 1996, "A Theory of Ambiguous Property Rights in Transition Economies: The Case of the Chinese Non – state Sector", *Journal of Comparative Economics*, 23 (1), August, 1 – 19.

Li, David D.: "A Theory of Ambiguous Property Rights in Transition Economies: the Case of the Chinese Non – state Sector." *Journal of Comparative Economics*. Vol. 23, No. 1, pp. 1 – 23, 1996.

Liu, Y. – L., 1992, "Reform From Below: The Private Economy and Local Politics in the Rural Industrialization of Wenzhou", *China Quarterly*, 130, June, 293 – 316.

Lo, Vai – Io; Xiaowen Tian, 2002: "Property Rights, Productivity Gains and Economic Growth: The Chinese Experience." *Post Communist Economies*. 14 (2): 245 – 58.

Murrell, P., 1995, "The Transition According to Cambridge, Mass.", *Journal of Economic Literature*, 33 (1), March, 164 – 178.

Nee Victor, 1992, "Organizational Dynamics of Market: Hybrid Forms, Property Rights, and Mixed Economy in China," *Administrative Science Quarterly*, March, 37 (1), 1 – 27.

North, D. C. (1990), *Institutions, Institutional Change and Economic Performance*, Cambridge: Cambridge University Press.

Oi Jean, 1992, "Fiscal Reform and the Economic Foundations of Local State Corporatism in China", *World Politics*, October, 45 (1), 99 – 126.

Putterman Louis, 1997, "On the Past and Future of China's TVEs", *World Development*, 25 (10): 1639 – 1655.

Qian Yingyi and Chenggang Xu, 1993, "Why China Economic Reform Differ: The M – Form Hierarchy and Entry/Expansion of the Non – State Sector", *Economics of Transition*, June, 1 (2), 135 – 170.

Rozelle Scott and Richard Boisvert, 1994: "Quantifying Chinese Village leaders' Multiple Objectives", *Journal of Comparative Economics*, 18, 25 – 45.

Walder Andrew G., 1995, "Local Governments as Industrial Firms: An Organizational Analysis of China's Transitional Economy", *American Journal of Sociology*, September, 101 (2), 263 – 301.

Wang Yijiang and Chun Chang, 1998: "Economic Transition Under a Semifederalist Government: The Experience of China", *China Economic Review*, 9 (1), 1 – 23.

Weitzman Martin and Chenggang Xu, 1994, "Chinese Township – Village Enterprises as Vaguely Defined Cooperatives", *Journal of Comparative Economics*, 18, 121 – 145.

Young, Susan: "The Chinese Private Sector in Two Decades of Reform," *Journal of the Asia Pacific Economy.* V. 3, N. 1, 1998.

Zhu Tian, 1998: "A Theory of Contract and Ownership Choice in Public Enterprises Under Reformed Socialism: The Case of China's TVEs", *China Economic Review*, 9 (1), 51 – 71.

（原载《经济学（季刊）》2005 年第 4 期）

中国经济的内外均衡与财税改革*

近几年，在全球经济失衡、美元泛滥、美国贸易逆差扩大、美元高估需要贬值（表现为人民币相对美元低估从而面临升值压力）的大背景下，我国国民经济结构出现了外部不平衡。1994年以来，我国国际收支持续出现大规模顺差。2007年，经常项目顺差（以外贸顺差为主要部分）占GDP的比率达到10.3%，加上资本项目顺差，2007年我国国际收支顺差与GDP的比率为12.3%（见图1）。如此高的"双顺差"无论在世界经济历史上还是当前全球经济中都是比较少见的。这个问题以及如何解决这个问题，自然引起

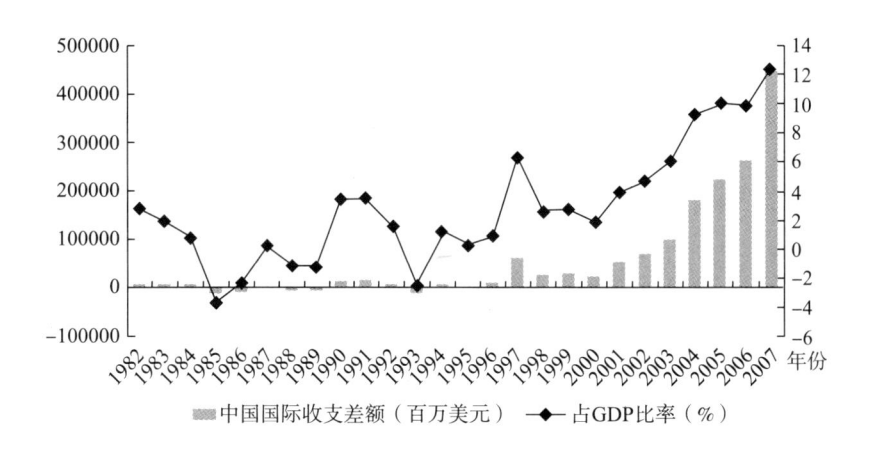

图1 中国的国际收支差额

---

* 本研究获得了中国经济改革研究基金会和商务部的资助与支持。合作者：魏强、刘鹏。

了各方面的关注。本文是在已有的一些研究的基础上，进一步论证了企业未分配收入过大是中国经济内外失衡的一个重要的原因，从而论证了财税体制改革是解决这一问题的一个重要手段。

一 引致我国外部失衡的多种可能的原因

1. 多种原因分析

一个国家有这么大的经常项目顺差，肯定不是由单一的或简单的原因引起的，而可能是多个原因引起的。根据我们自己和国内外其他学者的一些研究结果，引致我国外部失衡可能的原因包括以下几种。

（1）我国体制改革、技术进步，导致劳动生产率和全要素生产率的不断提高，导致国际竞争力提高，出口增长，并因进口替代效应导致进口相对增长较慢。

（2）我国在经济发展水平很低的阶段就开始大规模引进外资，借助外资发展自己（而在国内购买力相对较小发展阶段上，外资主要以生产出口商品为主）的特殊增长模式，本身决定了我国长期存在贸易顺差（而且伴随资本流入，形成"双顺差"）。

（3）发达国家对我国的出口限制和贸易禁运政策抑制了我国的进口。

（4）美元的"本位"地位导致国际流动性过剩，美国消费需求过大，储蓄过低，债务过高，导致美元币值高估，并具有贬值的趋势。

（5）我国汇率制度改革滞后，人民币汇率一段时间内低估，并导致对人民币升值的投机。

（6）我国在一定时期内存在价格扭曲，出现了能源成本和环境成本过低，导致出口竞争力虚高。

（7）国内经济失衡，储蓄过高，消费过低，导致总储蓄过大和"国民净储蓄"（即经常账户顺差）过大。

这些原因都可能或多或少地对我国的外部失衡有所贡献。其中特别是美元流动性过剩（包括美元贬值）以及发达国家对中国实行的高技术产品禁运，是决定"全球失衡"的最重要原因。如果说全球需要调整，美国首先要承担调整的责任与成本。不应把发展中国家的进步（如生产率提高等）和贫困（劳动成本较低），说成是不平衡的原因。但是，就我国自身经济的发展而言，价格扭曲和储蓄率过高则是导致我国经济内部失衡与外部失衡的重要原因。如果说中国也应分担调整责任的话，为了我国经济长期的持续发展，消除价格扭曲和改善储蓄—消费比例关系，是我们努力要实现的改革目标。由于能源价格体制已经开始进行调整，本研究着重分析储蓄—消费比例关系的调整问题，这个问题也是我们认为导致外部失衡的最重要的内部原因。

2. 可消除的因素与不可消除的因素

我们可以再进一步将以上的各种可能的贡献因素按照"我们可消除与否"的标准加以分类，可以发现以下三种情况。

（1）中国经济发展的积极因素，是不应消除的因素，主要包括改革发展导致效率提高和借助外资发展自己这两个因素。由此产生的部分顺差，对一个发展中国家而言是好事而不是坏事。而这种顺差，会随着发展水平的提高而逐步缩小。

（2）我们所控制不了、无法消除的因素，这就是美元流动性过剩和技术禁运。国际货币体系一天不改变，美国继续扩大债务发行，西方国家不解除对我们的高技术产品出口限制，国际不平衡就会继续存在，这是我们无法通过努力所能改变的事情（以汇率调整为例，我们的货币由于我们生产率的提高需要一定程度的升值，这是我们可以逐步随着经济的发展而做到的事情；但是美国那边不调整，美元总要贬值，就总要压制我们升值，这是由汇率的"另一边"决定的，不是我们可以解决的问题，美国国会要求的那种大幅度的不断升值，也不是我们应该做的事情）。

（3）属于我们体制和结构上的问题，我们加以努力可以减少或消除的因素。这主要是指我们存在的价格扭曲和储蓄—消费失衡。我们从2005年起已经开始调整汇率，从2008年开始已经调整了能源和部分资源的价格，也正在加大整治环境、实行节能减排的力度，当然还需要继续努力，逐步消除这些因素的作用。而储蓄—消费比例失衡，为了我们自己的持续发展，也要尽快提上日程加以解决，这属于我们应该努力解决的问题（正因如此，它构成本文所重点研究的问题）。

3．"合理顺差"、不可消除顺差与可消除顺差

以上这一分类，就可以使我们对于是否存在"合理顺差"或"无法消除的顺差"的问题有一新的认识。由我国积极发展、效率改进所导致的顺差，可以说是现阶段还应该存在的"合理顺差"（从理论上说这部分本身不会太大，因为竞争力的提高不是突变式的）；而由其他国家拒不调整我们又无能为力的那些因素所导致的顺差，可以称为我们"无法消除的顺差"。以上两部分加到一起可以称作"一时无法消除的顺差"。根据我们在本研究中进行的估计，这部分可能占到我们总顺差的60%左右（樊纲等，2009）。这一规模的顺差在一定时期伴随着我们的经济发展，难以避免。而由我们国内体制上的问题导致的价格扭曲与内部比例失衡所导致的顺差，则可以称为"可消除顺差"。我们不应消除不该消除的顺差，这些顺差不是由我们造成的或者短期内不能消除，但是我们要及时加以努力，消除那些可以消除的顺差，以使我们的经济发展更为平衡，而且是更加内外平衡，以实现更加平稳持续的发展。

本研究的目的，就是从体制原因上分析我们内部失衡的一个主要问题即消费—储蓄比例失衡，力求通过消除这种失衡，尽可能地消除"可消除的顺差"。

二 储蓄—消费比例失衡,是造成我国国民经济外部失衡的主要内部原因

我国经济结构内部比例失衡具体表现在,国民总储蓄占 GDP 的比例在 2007 年达到"破纪录"(可能是世界纪录)的 51.2%,而消费只有 48.8%,其中扣除政府消费 14% 之后,居民消费占 GDP 的比率只有 34.8%,可能在世界上是最低的,在我国发展的历史上也是最低的。国内消费需求降到如此低的比例,可以十分确定地说明我们自己的结构出现了严重失调。

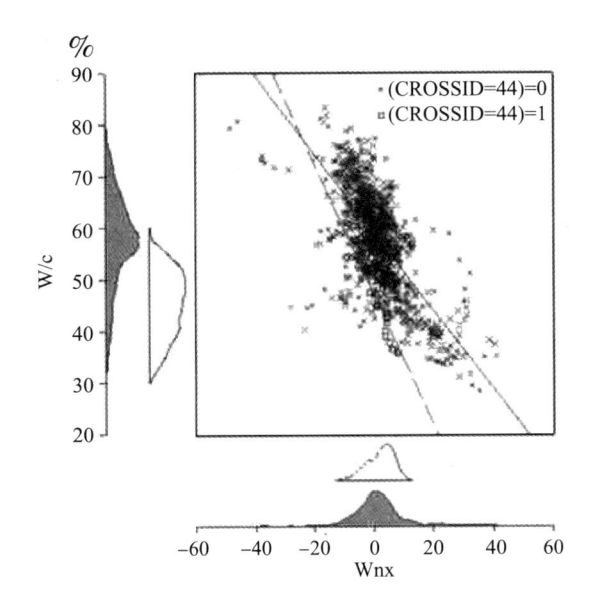

图 2 1998—2008 年 44 个国家和地区的平均消费倾向与贸易平衡

资料来源：IMF 的国际金融统计,其中 2008 年的数据是该组织估计的结果。回归线中,实线是 44 个国家和地区的回归结果,而虚线是中国的回归线,44 是中国在样本数据中的序号。横轴和纵轴中给出了消费倾向和贸易顺差的核密度分布,其中十字叉点代表 44 个国家和地区,空心方块代表中国的分布情况。轴边的密度分布,空心的代表中国,实心的代表 44 个国家和地区的分布情况。

根据经济学的基本原理，内部失衡和外部失衡是相互联系的，问题必须相互联系地加以解决。在一个开放的经济体中，假定政府自身收支平衡，GDP从需求方可以写成：

$$Y = C + I + X$$

其中Y代表国内的总产出，也就是GDP，C代表消费，I代表投资，G代表政府支出，X代表出口（国外对我们的需求）。

GDP从供给方可以写成：

$$Y = C + S + M$$

其中S代表储蓄，M代表进口（国外对我们的供给）。

总供求的事后平衡（衡等，不是均衡）取决于：

$$I + X = S + M$$

即

$$S - I = X - M$$

即

国民净储蓄 = 外贸顺差

由此可见，一国的外贸顺差和国民净储蓄之间存在对应关系。但就因果关系而言，在学界存在一定的争议。在本文中，我们使用的假说是国民净储蓄对外部顺差存在着正向的因果关系，或者说，净储蓄过大是外部顺差的解释因素之一。

这一点可以从实证角度得到一定程度的验证。世界各国的经验表明，平均消费倾向越低（储蓄相对较高）的国家，出现贸易顺差的可能性越大；平均消费倾向越高（储蓄相对较低）的国家，出现贸易逆差的可能性越大。图2表明，我国消费率核密度分布的均值在45%左右，而44个国家和地区消费率核密度分布的均值在58%左右；同时，我国贸易顺差占比核密度分布的均值在2.8%左右，44个国家和地区贸易顺差占GDP比重的核密度分布均值在0左右。也就是说，同世界上40多个主要国家（既包括发达国家也包括发展中国家）相比，在同样的贸易平衡幅度下，我国的平均消费率要低于其他国家的平均水平。因此，用高储蓄率来解释高顺差,这样一种因果关系是可以由统计关系来加以论证的。

我国的长期数据也证明了高储蓄导致贸易顺差。由于变量的非稳定性,我们采用 Johanson 检验来判断消费—储蓄失衡和贸易失衡之间是否存在长期协整关系。

$$LNNX = 0.23 + 0.78LNSI①$$
$$(1.85) \quad (4.69)$$

$$R^2 = 0.65 \quad DW = 1.58 \quad F = 22.1$$

表 1 给出了协整检验的结果,可以看出二者之间存在一个协整关系。从协整方程来看,储蓄投资比提高 1% 会带来出口与进口比提高 0.78% 左右。这从侧面说明了 1981—2008 年,我国储蓄—投资缺口的变化和宏观经济态势的相应转变,与经常项目顺差的形成显然有着紧密的关联和一致性。

表 1 我国净储蓄率和贸易顺差的协整性检验

零假设	特征值	似然比检验	5%临界值	1%临界值	协整个数
$rk(\prod)=0$	0.515675	17.186693	15.41	20.04	None
$rk(\prod)=1$	0.032925	0.870461	3.76	6.65	At most 1

资料来源:樊纲等(2009)。

借助格兰杰(Granger)检验的方法,② 我们采用 1981—2008 年我国的储蓄、投资、经常项目余额的年度数据,从实证的角度来进一步说明储蓄—投资失衡和贸易顺差之间的共生性。从表 2 可以

---

① LNNX 代表出口与进口比的对数;LNSI 代表储蓄与投资比的对数;具体的估计过程和估计方法可以参见国民经济研究所樊纲等(2009)工作论文。

② 格兰杰因果关系检验基本依据是:将来不能预测过去,如果 Y 的变化是由 X 引起的,则 X 的变化应该发生在 Y 的变化之前。具体来讲,如果两个经济变量 X、Y 在包含过去信息的条件下对 Y 的预测效果要好于单独由 Y 的过去信息对 Y 的预测,称 X 为 Y 的格兰杰原因。格兰杰判断变量 X 的变化是否是变量 Y 变化的原因,是在回归方程中加入 X 的滞后值之后,X 对 Y 的解释程度是否获得了提高。如果 X 与 Y 的相关系数在统计上是显著的,或者 X 对 Y 的预测有所帮助,就可以认为 Y 是由 X 格兰杰原因引起的。

看出,当确定5%的显著性水平,滞后期数是1—2时,净储蓄不是贸易顺差的格兰杰原因;在滞后期数是3时,勉强是格兰杰原因;在滞后期数是4时,净储蓄是贸易顺差的格兰杰原因;而贸易顺差在滞后期数为1—4时都不是净储蓄变动的格兰杰原因。因此,研究结果表明,我国的国民净储蓄是导致我国外贸长期顺差的格兰杰原因。

表2　　　我国净储蓄率和贸易顺差的Granger因果性检验

零假设	滞后期	F – Statistic	Probability
LNSI does not Granger cause LNNX	1	5.64839	0.02673
LNNX does not Granger cause LNSI	1	4.25718	0.03637
LNSI does not Granger cause LNNX	2	4.5179	0.04021
LNNX does not Granger cause LNSI	2	4.7849	0.04675
LNSI does not Granger cause LNNX	3	1.8509	0.06896
LNNX does not Granger cause LNSI	3	3.3509	0.08294
LNSI does not Granger cause LNNX	4	0.8757	0.50143
LNNX does not Granger cause LNSI	4	2.6886	0.06107

资料来源:同表1。

国民净储蓄是由总储蓄减去总投资的差。在我国,GDP中的资本形成占比为42%,应该说这样的总投资规模是不小的,所以净储蓄大的原因不是投资太小,而是总储蓄太大。

三　导致我国总储蓄太大的原因,不是居民储蓄的增长,而是企业储蓄的提高

通常人们一说到储蓄过高,马上就会认为是居民消费太少从而储蓄倾向过大,但是1992年以来居民的储蓄倾向并未发生大的变化,不能通过居民储蓄倾向来解释我国持续的总储蓄变化和贸易顺差的变化。从图3可以看出,1992—2007年,我国居民的储蓄倾

向基本上在 30% 左右波动，1998—2003 年降到了 28% 以下，尤其是 2001 年最低时仅仅只有 25.3%。那种认为我国居民储蓄率过高导致投资过热、贸易顺差，因此建议降低利率、对银行储蓄征税的观点是站不住脚的。

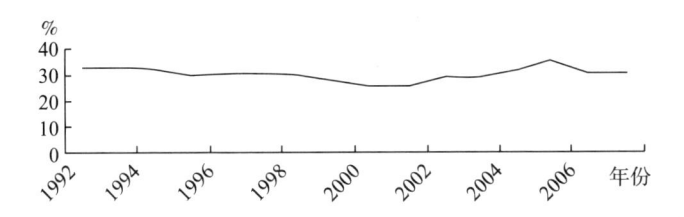

图 3　居民储蓄倾向

从储蓄结构上来看，我国储蓄率的大幅度提高主要原因就是企业储蓄的提高，居民储蓄的相对比重实际上是下降的，政府储蓄变动不大。[①] 图 4 表明，居民储蓄占总储蓄的比重，从 1992 年的 56% 一路下滑到 2007 年的 32%；而企业储蓄占总储蓄的比重，从 1992 年的 28.7% 上升到 2007 的 48.7%；政府储蓄占总储蓄的比重在 16% 上下徘徊，最高时 2003 年达到过 21.7%，最低时 2004 年仅占 13%。因此，居民储蓄比重的下降和企业储蓄比重的上升是导致我国储蓄率过高、净储蓄过大的主要原因。

而引起储蓄结构变化的根本原因是收入结构的变化。居民可支配收入在总收入中的比重下降，而企业收入在国民收入中的比重不断上升，这才是导致我国投资过热、持续贸易顺差的根本原因。从图 5 可以看出，1992 年，居民可支配收入与企业和政府可支配收入的比重是 2.27，此后一路下滑，到 2007 年时，这一比重已经下降到了 1.36，下降了一半左右。这意味着居民收入的下降限制了国民经济的内部需求提高，而企业收入的上升拉动了国民储蓄率的上升。

---

① 李扬、殷剑峰（2007）对中国储蓄—消费比例问题进行的研究的结论是：中国储蓄过大的主要原因是政府储蓄过高。而我们的研究没有发现政府储蓄的大幅度上涨，即进一步验证了企业储蓄的大幅度上涨。

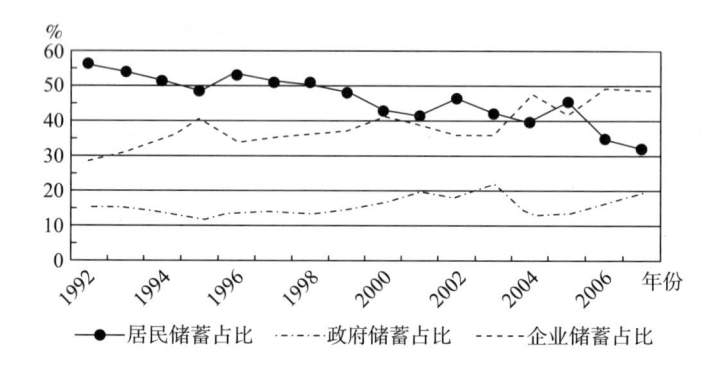

图 4　居民、企业和政府储蓄占国民总储蓄的比例

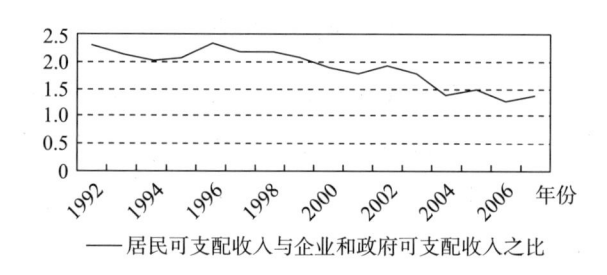

图 5　居民可支配收入与企业和政府可支配收入的比重下滑

四　企业未分配收入大幅增长的重要原因：资源价格上涨、垄断利润提高与国企不分红

企业因为改革开放、技术进步，生产效率有了提高，使得我国企业在国际市场上的产品竞争力上升。从1982年到2007年期间，除了1991年外，劳动生产率的增长率和全要素生产率的增长率一直保持平稳上升趋势，由此导致我国产品的国际竞争力迅速提高，对外出口总额大幅度上升。从图6可以看出，自1992年以来，我国的全要素生产率的增长率在5.5%左右波动，劳动生产率在9%左右徘徊，受此影响，我国的进出口均呈现持续上升的趋势，其中，出口的平均增长率是25.3%，进口的平均增长率是22%，因

此，净出口的平均增长率在3.3%左右。

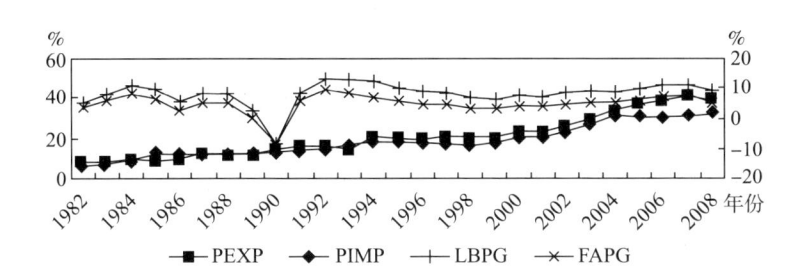

图6 劳动生产率和全要素生产率增长率与进出口增长率

注：PEXP代表出口的增长率；PIMP代表进口的增长率；LBPG代表劳动生产率的增长率；FAPG代表全要素生产率的增长率。左边纵轴表示进出口的增长率；右边纵轴表示劳动生产率、全要素生产率增长率。

但是，由于我国仍处在发展初期，处在所谓的"刘易斯拐点"之前的状态，过剩劳动力大量存在，劳动力市场上的竞争导致工资上升速度缓慢，慢于劳动生产率的提高速度，从而导致单位产值中的工资比率下降，企业收入增长幅度快于工资收入增长，使得企业储蓄能力较强。图7表明自1995年以来，劳动者报酬在GDP中的比重呈现下降趋势，从1996年的53.4%，下降到了2007年的39.7%，特别是2003年之后大幅度下降，四年中下降了10个百分点。

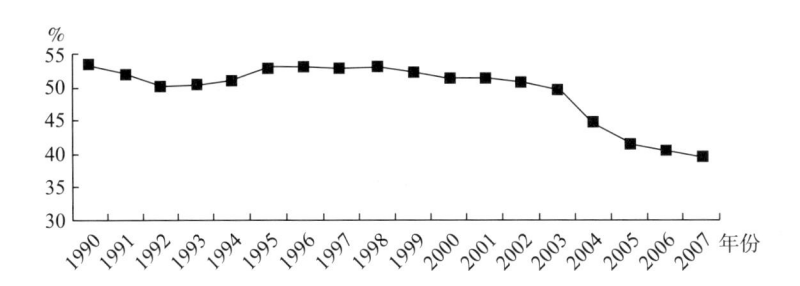

图7 劳动者报酬在收入法GDP中的占比

前些年能源、资源性产品价格的上涨造成企业利润猛增。2000

年之后，各种资源和能源的价格在世界范围内大幅度上涨，我国的一些传统产业，比如采矿、石油冶炼、钢铁等，行业利润上升非常快，单纯从生产率的提高并不能完全解释这些行业的利润增长。图8表明，从近年来的数据看，我国企业营业盈余占GDP的比重与国际商品价格指数（CRB）呈明显的正向变动关系，相关系数高达0.87。特别是2000年之后，随着国际大宗商品价格的上升，企业盈余所占的比重上升的幅度基本相同。

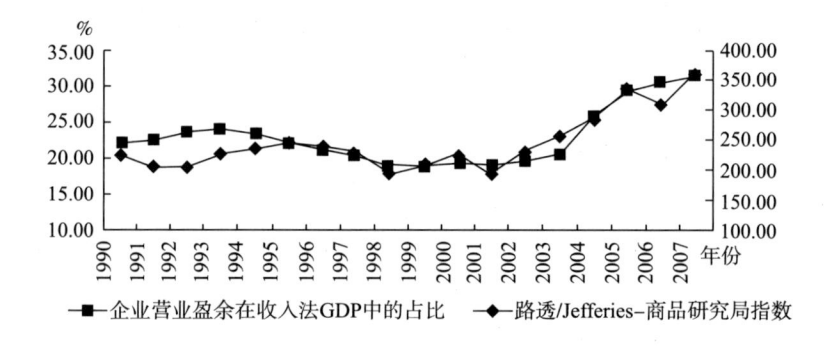

图8　收入法GDP中企业营业盈余与国际大宗商品价格指数关系

实证研究也证明了以上各种因素对企业利润增长的影响。动态分布滞后模型的回归分析说明，企业生产效率的上升和能源价格的上涨都会提升企业的利润，而劳动成本的上升会导致企业利润的下降。

$$FPVIP = -0.45 - 0.009\ CLB(-2) - 0.015\ CLB(-3) + 0.11\ LNAL$$
$$(-1.40)\quad (-3.62)\quad (-5.19)\quad (6.82)$$
$$+ 0.12\ LNRP + 0.93\ FPVIP(-1)$$
$$(2.12)\quad (14.65)①$$
$$R^2 = 0.93\quad DW = 2.18\quad F = 98$$

---

① LNRP代表能源价格的对数；LNAL代表企业利润的对数；CLB代表劳动成本变动率。

在影响企业利润增长的这三个因素中,其中有两个是与我国经济发展的进程相关的。一个是企业效率的提高,这是我国改革与开放的结果;另一个是工资上涨幅度低于劳动生产率增长幅度导致工资收入在国民收入中的比率下降。

但是能源价格上涨导致的企业利润提高,则是一个体制的问题。一国的资源收益原则应该属于国家或全民所有,资源价格上涨导致的收益增加原则上不应表现为资源企业利润的上升。正因如此,世界各国都通过各种财税机制,如资源企业上缴的"资源开采特许权费"或累进资源税,将应属资源收益的部分,收归国库。特别是在资源价格上涨的时候,由涨价而导致的收入大部分都会收缴国家财政。而我国对于资源行业长期以来采取的管理制度一直都没有改变。企业既不缴纳开采资源的特许权费用,也不和国家分享资源溢价收入的状况(2007年后开始略有改变)。而且,目前这些企业上缴的资源租也存在许多问题,如资源税费关系混淆,资源收益分配不合理,资源收益征收不及时,资源租金比率低等,使得资源税的实际征收不足。这些因素实际上导致了在2004年以后世界资源价格飞涨时期企业利润的"虚增",即本该不归属于企业而上缴国家的那部分资源溢价收益,被当作企业的利润留存下来,结果就是2004年以后我国企业储蓄大幅增长。

五 国有企业利润"不分红"是导致企业储蓄在国民收入中比重大幅提高的另一个要素

企业储蓄的定义是企业的未分配利润收入。因此,企业的利润可以增长,即使本来属于全民的资源租变成了企业利润,但只要利润是分红的,国有资产的利润像其他国家那样,都通过利润分红上缴国家财政所有,仍然不会有企业储蓄即"企业未分配利润"快速增长的问题。

但是，从20世纪80年代中期实行利改税以来，制度上就规定国有企业利润不上缴，我国数目庞大的国有工业企业，包括一些处于垄断行业拥有高额利润的企业，从那时开始基本未向财政部、国资委还有其他任何中央政府部门分过红，类似于无偿使用国有资产。从行业属性看，我国工业企业利润明显朝少数垄断行业领域集中，国防军工、石油石化、电力、电信、民航、航运、矿产资源开发等垄断行业的国有企业利润这几年上涨最快（2008年改革①之后，国有企业只向国家缴纳利润的5%—9%）。超额的利润给企业留下了大量的可支配资金，形成了巨大的企业储蓄。

以上分析表明，两个方面的重大问题造成我国企业高储蓄：一是企业利润率"虚高"，二是巨额企业利润"不分红"。也就是说，只有从体制上解决这两大问题，才能使企业储蓄降低到适当的水平，从而消除我国过大的贸易顺差、解决内外经济比例失衡问题。

六　政策建议：收租、分红、减税

根据以上的分析，我们的政策建议就是通过财税体制的改革，将企业应分未分的一部分收入转移到居民部门，实现提高居民消费和降低国民储蓄率的目的。

这方面的财税改革需要从以下几个角度入手：

（1）将本来应属于全民所有的，但现在以资源企业利润形式存在的"资源租"，以各种适当的方式，如特许权费、资源税、级差租等形式，收归国有，上缴财政，使资源企业在长期内也只获得与投资相适应的合理的平均利润。

---

① 2007年5月30日，国务院审议批准了财政部会同国资委上报的请示，决定从2007年开始试行国有资本经营预算，其核心是国有企业向国家分配利润，俗称"分红"。根据国资委《国务院关于试行国有资本经营预算的意见》，中央本级国有资本经营预算从2008年开始实施，2008年收取实施范围内企业2007年实现的国有资本收益。2007年进行国有资本经营预算试点，收取部分企业2006年实现的国有资本收益。

（2）将国有企业利润，特别是自然行政垄断行业的利润，按照合理的比率进行"分红"，上缴国家财政（一般国家的分红比例是垄断行业2/3，一般行业1/3）。

（3）在国家通过以上两个途径获得了更多收入的前提下，首先可以提高社会保障支出和对最低收入人群的财政转移支付；同时，降低个人所得税税率的"斜率"，特别是对越来越多的中等收入阶层的工薪族降低个人所得税税率（对这部分居民的个人所得税税率可以降到与香港人才市场具有同等竞争力的15%左右），以提高居民可支配收入，扩大居民消费，并由此提高消费的收入弹性。

如果实现了以上的财税体制改革，将从企业按合理比例收上来的"资源租"和"国资分红"，通过财政转移支付和降低中等收入阶层个人所得税率的方法转化为居民可支配收入，按照2007年的GDP数据估算，我们有可能使我们的国民收入储蓄率降低4个百分点[1]到47%，外部顺差降到6%，而总消费率可以上升到53%。如果再加上其他方面的改革与调整措施，在国民经济发展的动态过程中，我们就可以在不长的时间内从根本上解决我国经济内外比例严重失衡的问题。

七 体制改革与当前经济危机

当前世界面临经济危机，中国经济也在下滑。尽管由于其他因素的作用（特别是外部因素的作用），中国的外贸顺差有的时候还有所增加，但本文所分析的引起我国外部失衡的主要原因即储蓄过大的问题，可能在短期内有所缓解，因为：

（1）由于各种资源产品的价格下跌，表现为资源企业利润的"资源租"会有所减少。

（2）由于经济总体下滑，国有企业的超额垄断利润相应地也

---

[1] 相对于2007年的数据来讲。

会减少（但这个因素需要具体分析，在经济下滑时期，垄断利润下降的速度可能慢于其他收入部分，比如工资可能下降得更多，导致企业储蓄在总收入中的比重反而上升）。

这当然会降低有关财税改革的紧迫性，甚至使人们看不到问题所在。但是，问题只是暂时缓解，并没有解决。相反，在企业收入下降时进行体制改革，企业当时需要上缴的东西不多，既得利益的阻力可能会小一些，其实正是改革的大好时机。

从另一方面说，外部消费品市场缩小，正需要我们扩大居民消费，减税的紧迫性加大，也正可以推进财税改革。

综合考虑短期与长期的因素，及时进行财税体制改革，消除内部失衡与外部失衡的一个重要原因，我们才能更均衡地实现经济的长期稳定增长。

参考文献

国家发展改革委投资研究所课题组：《我国长期贸易顺差的原因及调整对策》，《经济学动态》2007年第6期。

樊纲等：《中国经济的内外均衡与财税改革》，国民经济研究所工作论文，2009年。

郭树清：《中国经济的内部平衡和外部平衡问题》，《经济研究》2007年第12期。

胡兵、乔晶：《对外贸易、全要素生产率与中国经济增长——基于LA-VAR模型的实证分析》，《财经问题研究》2006年第5期。

李扬、殷剑峰：《中国高储蓄率问题探究》，《经济研究》2007年第6期。

刘华：《我国国际收支失衡的贸易根源及其对策》，《广西金融研究》2006年第9期。

吴献金、黄飞、付晓燕：《我国出口贸易与能源消费关系的实证检验》，《统计与决策》2008年第16期。

沈国兵：《美中贸易逆差与人民币汇率：实证研究》，《南开经济研究》2004年第6期。

许培源、胡日东：《中美贸易不平衡及其与美国对华投资相关性研究》，《亚太经济》2008年第1期。

余永定、覃东海:《中国的双顺差:性质、根源和解决办法》,《世界经济》2006年第3期。

张友国:《中国贸易增长的能源环境代价》,《数量经济技术经济研究》2009年第1期。

Bernanke, Ben, 2005, "The Global Saving Glut and the U. S. Current Account Deficit", Updatges Speech Given on 10 March 2005 at the Sandridge Lecture, Virginia Association of Economics, Richmond, Virginia.

Dooley, Michael P., David Folkerts – Landau, and Peter Garber, 2003, "An Essay on the Revived Bretton Woods System", NBER Working Paper 9971, September 2003.

Goldstein and Lardy, 2005, "China's Role in the Revived Bretton Woods System: A Case of Mistaken Identity", Institute for International Economics, Number W05 – 2, www.iie.com.

Jianhuai Shi, 2006, "Adjustment of Global Imbalances and Its Impact on China's Economy", *China & World Economy*, Vol. 14, No. 3, pp. 71 – 85.

Obstfeld, Maurice and Kenneth Rogoff, 2004, "The Unsustainable US Current Account Position Revisited", NBER Working Paper 10869, November 2004.

Qing Zhang and Bruce Felmingham, 2001, "The Relationship between Inward Direct Foreign Investment and China's Provincial Export Trade", *China Economic Review*, Vol. 12, Issue 1, pp. 82 – 99.

Ronald, McKinnon, 2005, "Exchange Rate or Wage Changes in International Adjustment?" *International Economics and Economic Policy*, Vol. 2, Issue. 2 – 3, pp. 261 – 274.

Swenson D L, 2005, "Overseas Assembly and Country Sourcing Choices", *Journal of International Economics*, 107 – 130.

Wing Thye Woo, 2005, "The Structural Nature of Internal and External Imbalances in China", Economics Department University of California, Working Paper, 29.

(原载《经济研究》2009年第8期)

中国市场化进程对经济增长的贡献[*]

一 引言

从 1978 年开始,中国从计划经济体制向市场经济体制转轨的改革已经进行了 30 余年。在此期间,中国经济实现了年均近 10% 的高速增长。2010 年,中国经济总量已经超越日本,成为仅次于美国的世界第二大经济体。中国经济的高速增长也使得数以亿计的人口从温饱线以下逐步走向小康生活。这些事实说明,以市场化为取向的改革在推动中国经济增长中扮演着非常关键的角色。

关于市场化进程对于生产率提高和经济增长的贡献,迄今还缺乏比较系统的实证研究。这在很大程度上源于缺乏对市场化进程客观、系统的评价指标。市场化作为一种从计划经济向市场经济过渡的体制改革,不是简单的几项规章制度的变化,而是一系列经济、社会、法律制度的变革(樊纲等,2003),或者说是一系列的大规模制度变迁。过去这方面的实证研究文献中,由于有关市场化的信息不充分,通常仅仅使用一个或几个代理变量(例如非国有经济的发展、对外开放度等)来反映市场化改革。这些研究是有意义的,然而是不全面的,因为它们无法反映市场化转型对经济增长影响的全貌。因此要从实证上定量考察市场化改革对经济增长的影

---

* 合作者:王小鲁、马光荣。

响，必须要有一套系统的度量市场化进程的指标体系。

本文利用中国经济改革研究基金会国民经济研究所编制的中国分省市场化进程指数（以下简称市场化指数），定量考察了市场化进程对各省份经济增长的影响。结果表明，1997年到2007年，市场化改革的推进对经济增长的贡献达到年均1.45个百分点。市场化进程显著地改善了资源配置的效率，它对全要素生产率提高的贡献度达到39%。

本文以下部分的结构安排如下：第二部分回顾市场化和经济增长方面的文献；第三部分是计量模型和数据说明，并回顾了1997年到2007年中国各省份（包括自治区和直辖市，下同）市场化进程；第四部分是回归结果与分析，并通过增长核算不同因素对经济增长的贡献进行分解；第五部分总结全文。

二 文献回顾

经济增长理论以及跨国经济增长的实证研究都认为，各个国家经济增长率和收入水平差异很大程度上源于全要素生产率（TFP）的差异（例如，Caselli and Gennaioli，2005；Hsieh and Klenow，2010）。而全要素生产率的提高最主要来源于两个方面，一方面是企业由研发投入或技术引进带来的微观生产技术的进步，另一方面则是改善资源配置（即生产要素由生产率低的企业、部门或地区流向生产率高的企业、部门或地区）带来的效率提高。因此，如果政策性或制度性的因素导致资源无法由生产率低的企业配置到生产率高的企业，就会带来资源配置上的损失，从而降低全社会的生产率。

例如，Hsieh和Klenow（2009）的研究认为，抛开企业技术水平的差异，如果中国的资源配置效率能够达到美国的水平，中国的TFP会提高30%—50%。对于已经具有完善的市场机制的经济体来说，由于资源的配置已经基本实现了优化，全要素生产率的提高主要来源于企业的微观技术进步,但对于中国和其他一些刚刚经历过,或者仍然继续经历着从计划经济向市场经济转轨的国家,市场化改革的每个方面都会推动资源配置效率的进一步提高。举例来说,一些国有企业的改革重组,使投入要素流向一些生产率更高的民营和外资企业,就会提高全要素生产率从而推动经济增长。除此之外,市场化也会通过改善企业的激励机制,带来微观生产效率的提高。

对于市场化改革如何影响经济增长,是20世纪90年代初以来,转型经济学最为关心的问题之一(Roland,2000)。自从柏林墙倒塌,东欧和苏联纷纷开始经济转型之后,国外经济学家就开始关注转型国家的改革政策如何影响经济增长,并对此做了大量的研究。另外,由于转型国家发生着剧烈而且快速的制度变迁,经济转型某种程度上构成了诺斯(1990)所言的"断裂性制度变迁",因此研究这场规模浩大的人类社会的制度实验对经济增长的影响,也受到制度和经济增长领域的关注。

在定量分析市场化改革对转型国家经济增长的文献中,最关键的是寻找衡量各个国家转型进程的一个系统指标。其中国外较为常用的指标是,欧洲复兴开发银行(EBRD)在其每年一度的《转型报告》(Transition Report)中对27个转型国家在各方面的改革(价格自由化、企业改革、私有化、外汇和外贸自由化、竞争性政策、金融机构改革等)进行打分所形成的转型指标。[①] 但由于市场化衡量指标的选择、样本选择、模型设定和计量方法选择等方面的差异,加上各国转轨路径的差异,这些研究并没有形成较为一致的结论(Babetskii and Campos,2007)。在较早期的研究中,Havrylyshyn等(1998)利用转型早期的EBRD转型指标,发现市场化改革对经济增长有显著的解释力。De Melo等(1997)利用他们在内

---

① 这27个转型国家全部位于东欧和苏联地区。EBRD对各项领域的改革打分时,从1到4。数值越大代表改革进行得越彻底,1代表该领域完全没有改革,4代表完全的市场化。

部市场、外部市场和私有化三个方面构造的转型指标,发现转型对经济增长有正向关系。但是后来的一些研究结果并没有进一步证实这些结论。Falccetti 等(2002)的实证结果显示,随着样本国家的选择和起始时间的不同,转型对经济增长的作用并不稳健。Fidrmuc(2001)也发现,1995 年之前经济转型对经济增长有正向作用,但是 1996 年到 2000 年这一效果并不显著。

在样本方面,以上研究的对象均是苏联和东欧转型国家,虽然中国作为转型国家的重要一员,但在转型对经济增长实证研究的国外文献中却很难找到中国的踪影。这是国际经济学界有关经济增长与转型研究中的一个重大缺憾。事实上在相当长时期内,国外"主流"经济学界都没有对中国与苏联和东欧国家显著不同的经济转轨道路给予充分的重视,直到近十来年中国的经济增长成就,连带其转轨经验,才逐渐引起了国际经济学界的关注,但系统研究中国市场化与经济增长关系的文献仍然罕见。

在国内,已经有不少文献对中国经济增长与市场化的关系做过一定程度的研究。但在实证研究上,由于缺乏市场化改革的系统衡量指标,因而难以定量分析体制性改革对于 TFP 和经济增长的贡献。早期的研究即使关注到市场化改革会推动资源配置效率的提高,也通常由于数据方面的限制,仅考察了市场化改革的某些方面。如 Jefferson 等(1992)发现改革中非国有工业部门的发展显著提高了工业生产率;蔡昉、王德文(1999)发现改革中劳动市场的发育促进了劳动力在部门之间的再配置,这在很大程度上推动了全要素生产率的提高;王小鲁(1999,2000)发现主要由市场化推动的劳动力要素在部门和城乡间的再配置是改革时期增长和生产率提高的重要源泉,而且这进一步导致资本等要素的再配置,从而放大了这一效应。在一项较近的研究中,王小鲁等(2009)通过对半个多世纪中国经济增长的时间序列分析,发现市场化对改革期间的经济增长有显著贡献;但由于缺乏长时间跨度的综合性指标,仍然采用了非国有企业在经济中的比重作为市场化的代理变量。

在关于中国地区经济增长的已有文献中，一些既有的研究考察了人力资本（姚先国、张海峰，2008）、技术研发（吴延兵，2008）、金融发展（沈坤荣、张成，2004；林毅夫、孙希芳，2008）、地方政府激励（张晏、龚六堂，2005；徐现祥，2007）、基础设施（刘勇，2010）等因素对增长的贡献。这些研究多数将市场化转型作为一个控制变量，不过通常也只用一两个单项指标来代表市场化转型，例如，使用国有单位职工占就业人数的比重、国有固定资产投资的比重或者国有工业企业产值占工业总产值的比重来控制市场化改革的影响。

这些代理变量实际上只衡量了市场化改革中某一重要方面，无法涵盖市场化转型进程的全貌。例如，非国有企业的比例扩大，并不必然代表政府对市场干预的减少，也不代表产品市场、要素市场和市场中介组织的发育等市场化进程的其他方面。

在本项研究中，我们使用国民经济研究所历年公布的分省市场化指数（樊纲、王小鲁，2001；樊纲等，2003；樊纲、王小鲁、朱恒鹏，2003，2004，2007，2010），作为一个代表市场化进程的综合性指标，来研究市场化对经济增长的贡献。中国作为一个大国，拥有31个颇具规模的省级行政区域，这些省份的人口和经济规模一般不亚于通常规模的国家，而且各省份间的市场化进程存在很大差异，这为研究市场化改革对经济增长的作用提供了便利条件。在前面提到的国外对转轨经济的跨国研究中，可能因各国在转型过程中存在诸多难以度量的差异如政治制度、地缘环境、政策以及转轨路径的差异等，影响了回归结果的稳健性（Babetskii and Campos，2007）。而中国的各个省份由于有基本一致的宏观环境和政治制度，因此为定量识别市场化转型对增长的贡献提供了方便。

在研究框架方面，国外的转轨研究主要侧重于经济自由化程度的测度，而对市场体系的建设重视不够。在我们已有的研究中，把市场体系各个方面的建设看作一个系统发育和逐步完善的过程，因此从政府与市场的关系、非国有经济的发展、产品市场的发育程度、要素市场的发育程度、市场中介组织发育和法律制度环境等方面衡量市场化的进展。这样的视角提供了更加丰富的市场化内涵，也更有利于解释市场化进程与经济增长之间的内在联系。这也是我们的研究有别于国外一些转轨研究的地方。

迄今，我们的分省市场化指数已经连续 11 年从上述这五个方面，对全国各省份的市场化相对进程进行跟踪和综合评价。这套指数体系不仅对各省份的市场化进程进行横向比较，而且也做到了沿时间序列基本可比，从而提供了一套比较完整的测度市场化进程的分省、分不同方面的面板数据（樊纲、王小鲁、朱恒鹏，2010）。这为我们研究市场化对中国经济增长的贡献提供了有利条件，也为今后学术界继续进行这方面的研究提供了一个有用的工具。本文末尾的附表提供了 31 个省、自治区、直辖市 11 年的市场化总指数（数据已转换为跨年度可比）。

三　模型和数据

（一）计量模型的设定

在经济增长的实证文献中，柯布—道格拉斯函数仍然是最常用的生产函数形式。根据 Lucas（1998），人力资本被定义为有效劳动力数量，是决定经济增长的重要生产要素。它的大小不仅取决于劳动力数量的多少，还取决于劳动力的受教育水平。因此我们在传统的两要素生产函数中加入人均受教育水平，即：

$$Y_{it} = A_{it} K_{it}^{\alpha} L_{it}^{\beta} E_{it}^{\tau} \tag{1}$$

Y_{it}、K_{it}、L_{it} 和 E_{it} 分别代表第 i 省第 t 年的产出、物质资本投入、劳动力数量和人均受教育水平。后两者反映了人力资本的数量和质量两个方面。α、β 和 γ 分别代表物质资本、劳动力数量和人均教育水平的产出弹性。A_{it} 代表全要素生产率（TFP），它是扣除了物质和人力资本对经济增长的贡献之后的其他因素。在中国的现实条件下，TFP 最主要来源于两个方面，一是企业生产技术的进步，二是市场化改革带来的资源配置效率的改善，以及通过激励机制改变导致的微观效率提高。我们先前的研究发现，除科技进步和市场化改革之外，城市化、对外开放、人力资本的溢出效应以及良好的基础设施条件都对生产率的提高有正面影响，此外还有一些因素被发现对生产率有负面影响（王小鲁等，2009）。但上述这些效应大部分是全国性的，在使用分省数据进行分析时，难以充分反映出来。① 而基础设施的改善则能够对省级经济发生显著影响。因此在当前的研究中，我们将全要素生产率定义为：

$$A_{it} = Ae^{(\rho MI_{it} + \delta \ln Tech_{it} + \theta Tran_{it} + \lambda_i + u_{it})} \quad (2)$$

其中 MI_{it} 代表第 i 个省第 t 年的市场化进程指数，$\ln Tech_{it}$ 是各省由研发投入积累而成的科技资本存量（取对数），它反映的是企业由知识和技术的积累而带来微观生产率的进步。$Tran_{it}$ 代表各省的基础设施，我们用标准道路里程与人口的比率来衡量。λ_i 代表各省的固定效应，用于捕捉每个省所特有的不随时间变化的影响生产率的因素，② ε_{it} 是随机扰动项。

将式（2）代入式（1），并对等式两边取对数，我们得到如下计量回归模型：

$$\ln Y_{it} = \ln A + \alpha \ln K_{it} + \beta \ln L_{it} + \gamma \ln E_{it} + \\ \rho M_{it} + \delta \ln Tech_{it} + \theta Tran_{it} + \lambda_i + \varepsilon_{it} \quad (3)$$

（二）市场化指数的构造

为了对我国各省、自治区、直辖市的相对市场化进程进行度量，我们于 2001 年起陆续编制发表了中国逐年分省份的市场化指数（樊纲、王小鲁、朱恒鹏，2003、2004、2007、2010）。到目前为止，市场化指数的时间跨度已经涵盖了从 1997 年到 2007 年共 11 年。利用时间跨度较长的分省市场化指数，既可以从更长的时间跨度考察中国市场化进程的地区差异，又为利用面板数据考察市场化

---

① 在本文的生产函数设置中，人力资本的溢出效应和教育对增长的直接贡献都包括在人均教育水平作为要素投入的贡献中了，因此前者不再单独为全要素生产率的一部分。
② Hausman 检验也支持固定效应而不是随机效应模型。

对经济增长的贡献提供了可能。

由于市场化改革是一系列经济、社会、法律体制的变革，涉及体制的方方面面。市场化指数是由多方面、多个指标所构成的体系所支撑、所构成。我们从政府与市场的关系、非国有经济的发展、产品市场的发育程度、要素市场的发育程度、市场中介组织发育和法律制度环境五个方面反映市场化的进展。每个"方面指数"反映市场化的一个特定方面，每个方面指数又由几个"分项指数"组成，有的分项指数下面还有二级分项指数。我们称最下面一级的分项指数为基础指数。形成该指数体系的基础指标目前共有23项，[①] 它们都来自客观的统计数据或调查数据。

关于指数的计算，我们将各正向基础指标在基期年份的分省最大值和最小值分别定义为10分和0分（负向指标则分别为0分和10分），根据每个省份基期年份的指标值与最大和最小指标值的相对位置确定它们的得分，从而形成与该指标对应的基础指数。若干基础指数合成上一级分项指数或方面指数，五个方面指数合成市场化总指数。这样形成的市场化指数，反映的是不同省份以基期年份为标准的市场化相对进程。早期的市场化指数采用主成分分析法确定分项指数和方面指数的权重。为了避免因为改变指标的权重而导致不同年份数据不可比，最新的历年市场化指数采用算术平均法计算各分项指数和方面指数的权重，从而保持了跨年度数据的可比性。更详细的计算方法可参见《中国市场化指数——各地区市场化相对进程2009年报告》（樊纲、王小鲁、朱恒鹏，2010）。

市场化指数是一个相对的而不是绝对的表示各地区市场化水平的指标，它并不是表明各地区本身"离纯粹的市场经济还有多远"。迄今，经济学理论和实践并没有给出一个百分之百市场化的模式和范例，想以一个"纯粹的"市场经济为参照系来衡量市场

[①] 1997年、1998年两年的市场化指数只有16个基础指标，但是它们与之后年份的市场化指数依旧是大体上跨年度可比的。

化的绝对程度也是不现实的。这套指数的设计主要目的在于,将各地的市场化程度进行横向比较,同时也反映各省沿时间顺序的市场化程度变化,对它们的进步或退步做出评价。正因为我们的市场化指数是横向和纵向可比的,因此用来考察市场化对各省经济增长的影响,是可行的。

总的来说,我们的市场化指数有如下几个特点:第一,从不同方面对各省市自治区的市场化进程进行全面的比较;第二,使用基本保持一致的指标体系对各地的市场化进程进行持续的测度,从而提供了一个反映制度变革的稳定的观测框架;第三,采用客观指标衡量各省份市场化改革的深度和广度,避免了某些国外研究中出现的根据主观评价或印象打分而导致的偏颇;个别需要企业做出评价的指标,是基于大范围的样本调查,最大限度地避免了随机误差的影响;第四,基本上概括了市场化的各个主要方面,但同时又避免了把反映发展程度的变量同制度变量相混淆。

(三) 变量描述

从 1997 年到 2007 年,各个省份的市场化进程都取得了明显的进展。1997 年,全国各省份的平均(算术平均,未按 GDP 规模或人口规模加权)市场化指数为 4.01,到 2007 年已经增长到 7.50(见图 1)。从时间段来看,1997—2001 年的市场化进程较为缓慢,五年间年均市场化指数仅提高 0.15 分。2002—2007 年,市场化进程明显加快,六年间年均增加 0.48 分。

不同省份的市场化进程也存在巨大差异。1997 年,市场化指数最高的广东、浙江和福建三省分别为 6.29、6.17 和 5.43,而市场化程度最低的青海、宁夏和新疆分别为 1.29、1.69 和 1.77。2007 年市场化指数最高的三个省市上海、浙江和广东分别为 11.71、11.39 和 11.04,而最低的三个省份西藏、青海和甘肃依次为 4.25、4.64 和 5.31。这说明市场化程度较高的省份和较低的省份在此期间都有明显的进步。

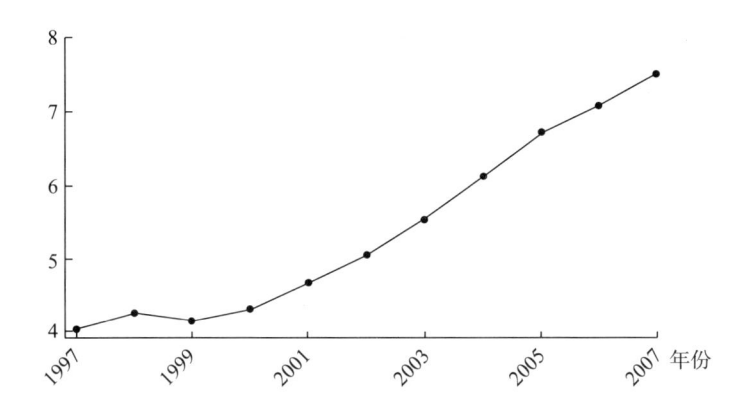

图1 历年各省平均市场化指数（1997—2007年）

但图2也显示，1999年之后各省份市场指数的标准差在不断扩大，省际的市场化进程差异并没有缩小，甚至有扩大的迹象。从1997年到2007年，市场化指数提高最快的上海、江苏和天津分别提高6.71、5.30和5.23个百分点，而提高最慢的河北、广西和海南三省仅分别提高2.13、2.15和2.28个百分点。

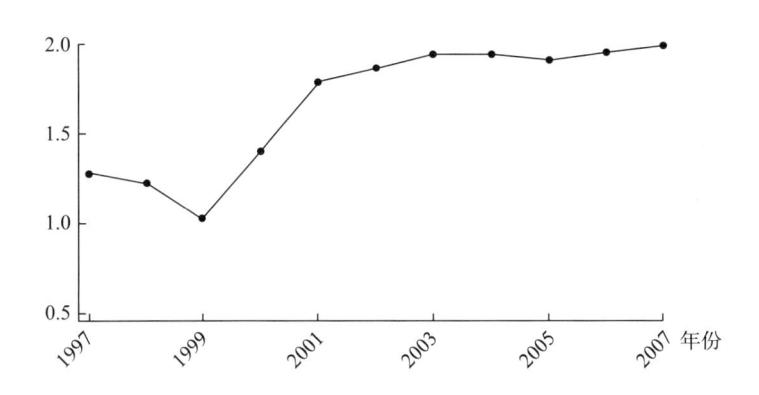

图2 历年各省市场化指数的标准差（1997—2007年）

在市场化的五个方面，2007年都比1997年有明显进展（见图3）。按评分的变动来看，进步较快的是非国有经济的发展、市场中介组织发育和制度环境、产品市场发育这三个方面,分别提高了 4.78 分、4.00 分和 3.85 分。而要素市场发育程度以及政府和市场的关系这两方面的进展相对缓慢,分别只提高了 2.95 分和 2.39 分。尤其是在政府和市场关系方面,最近几年进展明显减缓。这反映了我国在要素市场改革方面的滞后,以及政府规模不断扩大、政府干预仍然过多的现状。

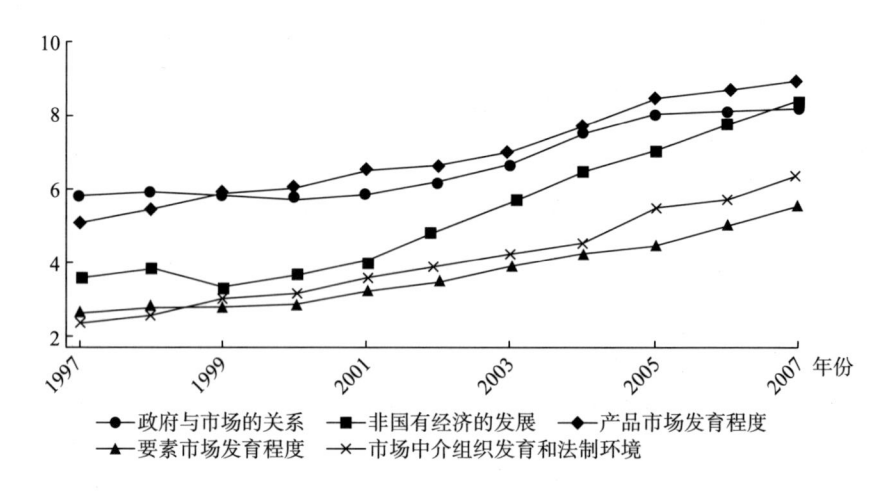

图 3　市场化五个方面指数的进展（1997—2007 年）

各个省份历年的 GDP 数据来自历年《中国统计年鉴》,我们根据各省的 GDP 平减指数将历年 GDP 折算为以 2000 年不变价计的 GDP。从 1997 年到 2007 年,剔除价格因素后,各省平均（简单平均）的 GDP 年增长率为 11.54%。① 这一时期,各省 GDP 增长率之间也存在很大差别,内蒙古的 GDP 年均增长率最高,为 14.98%;而云南省的 GDP 年均增长率最低,为 9.14%,图 4 显示,各省份的 GDP 增长率与市场化指数之间存在明显的正向关系。

---

① 需要注意的是,《中国统计年鉴》上全国的 GDP 数据并不等于各省 GDP 数据之和,这一时期全国 GDP 剔除价格因素后年均增长 9.53%。

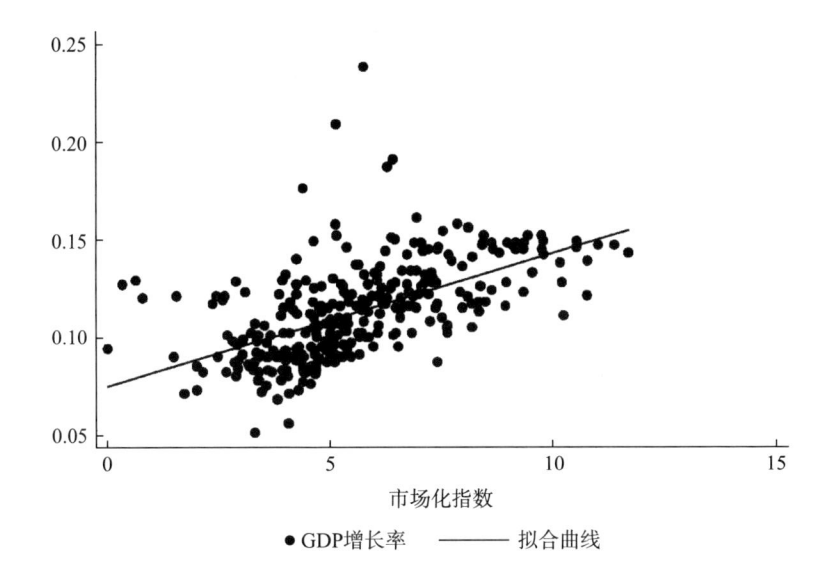

图4 各省历年年均GDP增长率与市场化指数（1997—2007年）

各省历年的人力资本存量是各省劳动力数量和人均受教育年限的乘积。其中各省劳动力数量来自《新中国六十年统计资料汇编》。对于人均受教育年限的计算，我们使用历年《中国统计年鉴》中的人口受教育结构数据。具体计算方法是，将每一种受教育程度按一定的教育年限进行折算，然后乘以该教育水平的人数，加总之和再除以相应的总人口，便得到人均受教育水平。对于年限的处理如下：大专及以上教育以16年计，高中、初中、小学和文盲分别以12年、9年、6年和0年计。1997年到2007年，劳动力数量变化比较缓慢，全国劳动力总数仅从6.98亿增长到7.70亿，仅增长了10.3%。与之相比，各省的人均受教育年限增长幅度更大，从6.98年增长到8.18年，增长了17.2%。

对于各省的物质资本存量，虽然使用的时间段是1997年到2007年。但是由于物质资本的计算必须采用永续盘存法，我们以1952年为基期，根据国家统计局过去近六十年的全社会固定资产投资数据计算得到。1952年基期的物质资本存量采用与Young

(2000)相同的方法,即用基期1952年的固定资产投资除以10%作为初始物质资本存量。折旧率的处理与王小鲁、樊纲、刘鹏(2009)相同,1952年到1977年期间的折旧率按5%计算,并假设改革期间(1978—2007年)资本折旧平滑加速,最终达到8%。对于固定资产投资的价格平减指数,因为国家统计局1991年之后才公布这一数据,因此1991年之前我们采用商品零售价格指数来替代,最后统一换算为以2000年价格计的物质资本存量。高资本形成率被认为是过去支撑中国经济增长的最主要因素之一。1997年到2007年,全国的固定资本存量年均增长率达到14%,显著高出GDP增长率。

技术创新和进步可以直接提高企业的微观生产率,从而为经济增长提供源源不断的推动力。技术进步是通过自主研究开发或者技术引进,来创造和积累知识。因此,我们利用各省科技资本存量来衡量技术进步。科技资本存量等于自主研究与开发、国外技术引进和国内技术引进三个方面的积累。各省的自主研究和开发经费支出、国外技术引进经费支出和国内技术引进经费支出数据均来自历年的《中国科技统计年鉴》。但由于《中国科技统计年鉴》自1996年起才开始对中国各省市区工业企业的国外技术引进经费和购买国内技术经费进行统计。我们使用与吴延兵(2008)相同的方法,以1996年为基期,使用永续盘存法计算各省历年的科技资本存量。参考已有文献,我们将科技资本的折旧率设为15%。基期科技资本存量设定为基期科技研发经费支出的5.25倍。1997年到2007年,各省的科技资本存量平均增长了3.48倍,显示出企业较快的微观技术进步。但各省之间的科技资本存量增长率也存在较大差异。11年间,云南和甘肃两省的科技资本存量仅分别增长了18.49%和26.34%,而海南和福建两省则分别增长了5.88倍和5.35倍。

基础设施涉及的种类很多,但有的类别缺乏数据,有的类别不便于衡量或加总。其中重要程度很高同时又比较便于衡量的是公路和铁路里程。为使数据可比,根据运输能力把不同等级的公路里程分别折算为相当于二级公路的标准公路里程,并以 14.7 的换算系数将铁路里程与标准公路里程合并为标准道路里程,然后计算了后者与人口的比率。从 1997 年到 2007 年,全国每万人的标准道路里程从 9.73 公里增加到 17.19 公里,翻了近一倍。各省份之间的道路里程数量增长也差别巨大。其中,北京、上海和天津是大都市而且非市区的辖区面积很有限,而西藏地广人稀;它们与其他省份之间都缺乏可比性。除去这些不可比的省市区之外,1997 年到 2007 年,吉林省十年间的人均道路里程数仅增长了 26.37%,而重庆市则增长了 270.94%。

四 回归结果与分析

(一) 市场化指数与经济增长

我们利用式 (3) 的回归结果报告在表 1 当中。由于缺乏西藏自治区的科技资本存量,因此回归中使用的是 1997 年到 2007 年内地除西藏之外 30 个省(市、自治区)的数据。

表 1 中国省际的市场化进程与经济增长

解释变量	被解释变量:LnY (各省 GDP 的对数)				
	(1)	(2)	(3)	(4)	(5)
时间段	1997—2007	1997—2007	1999—2007	1999—2002	2003—2007
LnK	0.513***	0.548***	0.499***	0.639***	0.481***
	(23.49)	(25.11)	(20.28)	(14.24)	(17.52)
LnL	0.272***	0.399***	0.357***	-0.0607	0.349***
	(4.358)	(13.52)	(5.755)	(-0.497)	(4.865)
LnE	0.405***	0.420***	0.314***	0.0668	0.312***
	(5.556)	(5.826)	(3.723)	(0.843)	(3.554)
MI	0.0416***	0.0356***	0.0404***	0.0232***	0.0610***
	(8.334)	(7.606)	(7.508)	(4.544)	(7.096)

续表

解释变量	被解释变量：LnY（各省 GDP 的对数）				
	（1）	（2）	（3）	（4）	（5）
Lntech	0.0861***	0.0792***	0.0840***	0.0932***	0.0575***
	(4.941)	(4.661)	(4.333)	(2.917)	(2.754)
Tran	0.00481***	0.00197*	0.00574***	0.00410**	0.00202*
	(3.546)	(1.665)	(4.205)	(2.503)	(1.734)
常数项	-0.910**	-2.023***	-1.210***	1.164	-0.662
	(-2.088)	(-8.967)	(-2.699)	(1.416)	(-1.261)
模型	固定效应	随机效应	固定效应	固定效应	固定效应
观察值	330	330	270	120	150
R^2	0.984		0.985	0.970	0.988

注：除第 2 列外，其余列均是固定效应模型的结果。*、**、***分别代表在 10%、5% 和 1% 水平下显著。

表 1 第 1 列和第 2 列分别是使用全部样本的固定效应和随机效应回归结果，hausman 检验拒绝了原假设（随机效应），因此我们主要依赖固定效应的回归结果。由第 1 列的估计系数可知，物质资本、劳动力和教育水平的产出弹性分别为 0.51、0.27 和 0.41。市场化指数 MI 的系数是 0.042，这代表在保持物质和人力资本、科技水平以及基础设施不变的情况下，市场化指数每提高 1 分，GDP 会增长 4.2%。

表 2 是根据表 1 第 1 列的回归结果，用增长核算的方法对 1997 年到 2007 年省际经济增长因素进行分解的结果。从中可知，物质资本、劳动力数量、教育水平和 TFP 对经济增长的贡献分别为 6.83、0.37、0.64 和 3.70 个百分点。可见，资本对经济增长仍然扮演着最重要的作用。在决定 TFP 的因素当中，市场化、科技进步和基础设施对经济增长的贡献分别为 1.45、1.08 和 0.40 个百分点，剩余的不可观测因素贡献经济增长 0.77 个百分点。这说明，市场化改革仍然是 TFP 增长的最重要因素，它贡献了 TFP 增长中

的39.23%。技术进步对经济增长的贡献虽然比市场化改革小，但也不可小觑，它贡献了TFP增长中的29.15%。[①]

表2　　　　　　1997—2007年省际经济增长核算

地区	贡献水平	贡献度（%）
GDP增长率	11.54	100
要素贡献	7.84	67.92
TFP贡献	3.70	32.08
贡献因素分解		
物质资本	6.83	59.22
劳动力数量	0.37	3.17
教育水平	0.64	5.53
市场化进程	1.45	12.58
科技进步	1.08	9.35
基础设施	0.40	3.44
不可观测因素	0.77	6.70

由于1997年、1998年两年的市场化指数与之后年份的市场化指数相比，缺少部分分项指标。而1999年之后的市场化指数中各分项指标是一致的，因此更具有可比性。表1第3列是用1999—2007年样本的固定效应回归结果，市场化指数对经济增长的系数为0.0404，与第1列相比几乎没变。

表1第4、第5列中，我们还比较了1999—2002年和2003—2007年前后两个时间段内市场化进程对经济增长影响的差异。根据上一部分的统计描述，前一时间段内市场化的进展速度要慢于后

[①] 这些结果与我们过去使用全国时间序列数据得到的增长核算结果（王小鲁、樊纲、刘鹏，2009）在方向上是一致的，但在各变量的贡献大小上有差异。主要有几个原因：(1) 分省GDP增长率和全国GDP增长率统计存在不一致；(2) 过去的时间序列模型中，由于缺乏长时期的市场化变量，因而采用了代理变量，这不够全面；(3) 模型设置的差异，包括某些在时间序列模型中使用过的变量，因无法获得分省数据而不能在面板数据模型中应用。由于第二个原因，我们相信这里对市场化贡献的估计结果更加可信。至于如何看待其他原因导致的差异，有待以后进一步分析。

一阶段。回归结果显示,前一时间段内市场化对经济增长作用较小,系数为0.023,而后一时间段内市场化指数对经济增长的作用显著加大,系数为0.061。这也表明,随着市场化进程的推进,市场化对经济增长的作用并没有减小,反而还在加大。①

(二) 五方面市场化指数与经济增长

为了考察市场化各个方面对经济增长的作用是否存在差异,我们在式(3)的回归模型中用五个市场化方面指数来替代市场化总指数,回归结果见表3。第1列使用1997年到2007年的全部样本进行回归,五个市场化的方面指数中除要素市场发育程度之外,其余四个分指标都对经济增长有显著作用,从系数大小来看政府与市场的关系对经济增长的作用最大。在其他投入要素和其他市场方面指数不变的前提下,政府与市场关系的方面指数每增加1分,GDP会提高2.03%。市场中介组织发育和法制环境、产品市场发育对经济增长的作用也很大,这两个方面指数每增加1分,GDP分别会提高1.23%和1.07%。非国有经济的发展这一系数也是显著的,但是每增加1分对GDP的贡献仅为0.64%,作用相对较小。

由于1997年、1998年两年的方面指数下的分项指标构成与1999年之后存在一些差异,我们在表3第2列中去掉了1997年和1998年的样本,仅对1999—2007年的样本进行了回归。结果依然发现,政府与市场关系、市场中介组织发育和法制环境对经济增长的贡献更大。非国有经济发展和要素市场发育对经济增长的作用系数则较小。

要素市场发育程度对经济增长作用不显著,可能跟这一时期要素市场的改革较为滞后有关。表2的第3、第4列对1999—2002年和2002—2007年前后两个时间段分别进行回归,以考察这些市场化分指标对经济增长是否存在跨时差异。结果显示,虽然要素市场

---

① 前一时间段有个别变量结果不显著或反常,可能与这一时期经济波动的暂时影响有关。

发育的系数在前一时间段内不显著，后一时间段却非常显著，在其他条件不变的情况下，其分值每提高 1 分，会带动经济增长 1.33%。这可能与要素市场改革在前期更为滞后、后期推进更快有很大关系。要素市场发育方面指数在 1999 年到 2002 年仅提高 0.74 分，而在 2002 年到 2007 年则提高了 2.04 分。产品市场的发育程度、市场中介组织发育和法制环境后一时间段对经济增长的贡献也较大，其系数分别达到 1.61% 和 1.43%。非国有经济的发展以及政府与市场关系这两个方面在 1999—2002 年这一时间段内，相比于 2003—2007 年，系数更大且更为显著。其原因可能也与国有企业改革的大规模推进发生在前一段时期，而后一段时期广义的宏观税负逐年上升（代表政府在资源分配中所占比重上升）、政府规模仍在膨胀有关，这些因素导致政府与市场关系的方面指数近年来增长缓慢。

表3　　　　　　　　中国省际市场化进程与经济增长

解释变量	被解释变量：LnY（各省 GDP 的对数）			
	(1)	(2)	(3)	(4)
时间段	1997—2007	1999—2007	1999—2002	2003—2007
LnK	0.502***	0.507***	0.666***	0.499***
	(22.39)	(20.74)	(14.61)	(16.33)
LnL	0.261***	0.318***	−0.132	0.341***
	(4.229)	(5.276)	(−1.055)	(4.556)
LnE	0.417***	0.381***	0.0790	0.312***
	(5.780)	(4.627)	(1.000)	(3.413)
MI−1（政府与市场的关系）	0.0203***	0.0271***	0.0131**	0.00733
	(5.269)	(6.032)	(2.115)	(1.329)
MI−2（非国有经济的发展）	0.00636*	0.00376	0.0106**	0.00673
	(1.912)	(1.128)	(2.078)	(1.480)
MI−3（产品市场发育程度）	0.0107***	0.00827**	0.00158	0.0161***
	(2.903)	(2.377)	(0.382)	(4.256)

续表

解释变量	被解释变量：LnY（各省 GDP 的对数）			
	(1)	(2)	(3)	(4)
MI-4 （要素市场发育程度）	-0.000518 (-0.148)	-0.000180 (-0.0461)	-0.00588 (-1.111)	0.0133*** (2.966)
MI-5（市场中介组织 发育程度和法制环境）	0.0123*** (4.540)	0.0122*** (4.177)	0.00806* (1.788)	0.0143*** (4.244)
Lntech	0.0792*** (4.474)	0.0620*** (3.214)	0.0779** (2.366)	0.0553*** (2.624)
Tran	0.00421*** (3.037)	0.00433*** (3.198)	0.00191 (0.995)	0.00175 (1.459)
常数项	-0.718 (-1.607)	-0.884** (-1.975)	1.645* (1.961)	-0.696 (-1.293)
模型	固定效应	固定效应	固定效应	固定效应
观察值	330	270	120	150
R^2	0.985	0.987	0.973	0.988

注：所有列都使用固定效应模型。*、**、*** 分别代表在 10%、5% 和 1% 水平下显著。

五 结论

本文利用中国各省份的市场化指数，定量考察了市场化改革对 TFP 提高和经济增长的作用。结果显示，从 1997 年到 2007 年，市场化指数对经济增长的贡献达到年均 1.45 个百分点。市场化改革进程的推进改善了资源配置效率和微观经济效率，这一时期全要素生产率增长的 39.23% 是由市场化改革贡献的。市场化的实际贡献还可能更大，因为改革期间要素投入和科技进步的加速，以及基础设施条件的改善，也都与市场化有密切的关系。这告诉我们，我国摆脱过去的计划经济模式，向市场经济转轨的基本改革方向是正确的。改革时期的经济增长加速和全要素生产率提高，首要的贡献因素是市场化。

虽然市场化改革取得了举世瞩目的成就,但中国的市场化改革进程还远远没有完成。市场化改革进程在地区之间存在着巨大的不平衡,在一些东部沿海省市,市场化已经取得了决定性的进展,而在另外一些省份,经济中非市场的因素还占有重要的地位。就改革的不同方面而言,产品市场的发育程度相对较高,而要素市场的发育相对较低,主要是土地市场、资本市场等市场发育不足和缺乏有效监管、存在制度缺失,在劳动力市场方面又缺乏对弱势参与者的必要保护。城乡之间的户籍管制,仍然在一定程度上限制了劳动力的自由流动。在自然资源的定价方面,政府仍然存在很多管制,要实现市场化定价仍然要有很长的一段路要走。就产业部门而言,制造业、建筑业、商业等竞争性部门的市场化程度较高,而资源性产业和涉及资源的产业(如石油、天然气、矿业和房地产开发)、具有天然垄断属性的产业(例如电力、电信、铁路等部门)、有公共品属性的产业(例如医疗、教育、文化和传媒等)的市场化程度较低。很多产业的进入成本过高,或对国有企业提供不适当的特殊优惠,或对非国有企业存在歧视性限制措施,这都妨碍了市场竞争,助长了国有部门的垄断。就政府与市场的关系而言,近年来宏观税负不断提高,2009年广义的宏观税负率已经达到30%(满燕云、郑新业,2010),政府掌握的社会资源比例在逐年增加。行政管理体制改革不到位,政府规模有增无减,"国家机关、党政机关和社会团体工作人员"从1997年的1093万人增加到2007年的1260万人,占总人口的比重从0.88%增加到0.95%。

因此,今后的市场化改革应该着重推进以下方面:

首先,就市场发育而言,应该继续推进要素市场的改革,健全资本市场、土地市场和矿产资源管理的制度规范,提高要素市场交易的公开透明度,对资源类产品实现市场化定价,实行户籍制度改革促进劳动力的自由流动和人口的城乡转移、定居;其次,减少垄断,减少垄断性行业的进入管制、引进市场竞争机制,以促进效率提高,加强对垄断性行业的公众监管,并继续推进资源税和国有企业红利分配制度的改革;再次,减少政府对经济的过度干预,消除在信贷投放、利率、市场进入等方面的差别待遇;最后,推进政治体制改革来促进政府廉洁和提高政府效率,制止行政管理成本、政府消费和财政供养人口的过度膨胀,改善公共服务水平。

附表　各省份的市场化进程相对指数(总指数)

省份	1997	1998	1999	2000	2001	2002	2003	2004	2005	2006	2007
北京	5.15	4.89	3.95	4.64	6.17	6.92	7.50	8.19	8.48	8.96	9.55
天津	4.53	4.92	4.71	5.36	6.59	6.73	7.03	7.86	8.41	9.18	9.76
河北	4.98	5.21	4.66	4.81	4.93	5.29	5.59	6.05	6.61	6.93	7.11
山西	3.34	3.61	3.32	3.39	3.40	3.93	4.63	5.13	5.28	5.84	6.23
内蒙古	2.55	2.93	3.41	3.59	3.53	4.00	4.39	5.12	5.74	6.28	6.40
辽宁	4.58	4.64	4.47	4.76	5.47	6.06	6.61	7.36	7.92	8.18	8.66
吉林	3.51	3.57	3.97	3.96	4.00	4.58	4.69	5.49	6.06	6.44	6.93
黑龙江	2.73	3.31	3.57	3.70	3.73	4.09	4.45	5.05	5.69	5.93	6.27
上海	5.00	5.04	4.70	5.75	7.62	8.34	9.35	9.81	10.25	10.79	11.71
江苏	5.25	5.38	5.73	6.08	6.83	7.40	7.97	8.63	9.35	9.80	10.55
浙江	6.17	6.41	5.87	6.57	7.64	8.37	9.10	9.77	10.22	10.80	11.39
安徽	4.42	4.39	4.67	4.70	4.75	4.95	5.37	5.99	6.84	7.29	7.73
福建	5.43	5.70	5.79	6.53	7.39	7.63	7.97	8.33	8.94	9.17	9.45
江西	3.93	4.41	3.90	4.04	4.00	4.63	5.06	5.76	6.45	6.77	7.29
山东	4.80	5.19	5.15	5.30	5.66	6.23	6.81	7.52	8.44	8.42	8.81
河南	4.82	5.09	4.05	4.24	4.14	4.30	4.89	5.64	6.73	7.07	7.42
湖北	4.24	4.69	4.01	3.99	4.25	4.65	5.47	6.11	6.86	7.12	7.40
湖南	4.73	5.09	3.98	3.86	3.94	4.41	5.03	6.11	6.75	6.98	7.19
广东	6.29	6.47	5.96	7.23	8.18	8.63	8.99	9.36	10.18	10.55	11.04
广西	4.22	4.29	4.39	4.29	3.93	4.75	5.00	5.42	6.04	6.12	6.37
海南	4.60	4.51	4.70	4.75	5.66	5.09	5.03	5.41	5.63	6.35	6.88
重庆	4.28	4.39	4.57	4.59	5.20	5.71	6.47	7.20	7.35	8.09	8.10
四川	4.24	4.37	4.07	4.41	5.00	5.35	5.85	6.38	7.04	7.26	7.66

续表

省份	1997	1998	1999	2000	2001	2002	2003	2004	2005	2006	2007
贵　州	2.89	3.20	3.29	3.31	2.95	3.04	3.67	4.17	4.80	5.22	5.57
云　南	2.70	2.89	3.47	4.08	3.82	3.80	4.23	4.81	5.27	5.72	6.15
西　藏	NA	NA	NA	0.00	0.33	0.63	0.79	1.55	2.64	2.89	4.25
陕　西	3.03	3.45	2.94	3.41	3.37	3.90	4.11	4.46	4.81	5.11	5.36
甘　肃	3.01	3.36	3.61	3.31	3.04	3.05	3.32	3.95	4.62	4.95	5.31
青　海	1.29	1.49	2.15	2.49	2.37	2.45	2.60	3.10	3.86	4.24	4.64
宁　夏	1.69	2.01	2.86	2.82	2.70	3.24	4.24	4.56	5.01	5.24	5.85
新　疆	1.77	2.00	1.72	2.67	3.18	3.41	4.26	4.76	5.23	5.19	5.36
全国平均	4.01	4.23	4.12	4.28	4.64	5.02	5.50	6.10	6.69	7.06	7.50

注：由于篇幅所限，本表只列出了历年市场化总指数。希望得到这些年份的市场化方面指数和分项指数的读者，请见樊纲等《中国市场化指数———各地区市场化相对进程2009年报告》，经济科学出版社2010年版。

参考文献

蔡昉、王德文：《中国经济增长：劳动力、人力资本和就业结构》，载王小鲁、樊纲《中国经济增长的可持续性：跨世纪的回顾与展望》，经济科学出版社1999年版。

樊纲、王小鲁：《中国市场化指数———各地区市场化相对进程报告（2000年）》，经济科学出版社2001年版。

樊纲、王小鲁、朱恒鹏：《中国市场化指数———各地区市场化相对进程报告》，经济科学出版社2003、2004、2007、2010年版。

樊纲、王小鲁、张立文、朱恒鹏：《中国各地区市场化相对进程报告》，《经济研究》2003年第3期。

李富强、董直庆、王林辉：《制度主导、要素贡献和我国经济增长动力的分类经验》，《经济研究》2008年第4期。

林毅夫、孙希芳：《银行业结构与经济增长》，《经济研究》2008年第9期。

刘瑞明、石磊：《国有企业的双重效率损失与经济增长》，《经济研究》2010年第1期。

刘勇：《交通基础设施投资、区域经济增长及空间溢出作用》，《中国工业经济》

2010年第12期。

满燕云、郑新业：《该不该减税，该减什么税》，《第一财经日报》2010年11月29日。

沈坤荣：《金融发展与中国经济增长——基于跨地区动态数据的实证研究》，《管理世界》2004年第7期。

汪锋、张宗益、康继军：《企业市场化、对外开放与中国经济增长条件收敛》，《世界经济》2008年第6期。

王小鲁：《农村工业化与经济增长》，《改革》1999年第5期。

王小鲁：《中国经济增长的可持续性与制度变革》，《经济研究》2000年第7期。

王小鲁、樊纲、刘鹏：《中国经济增长转化与增长可持续性》，《经济研究》2009年第1期。

吴延兵：《自主研发、技术引进与生产率》，《经济研究》2008年第8期。

徐现祥、王贤彬、舒元：《地方官员与经济增长》，《经济研究》2007年第9期。

姚先国、张海峰：《教育、人力资本与地区经济差异》，《经济研究》2008年第5期。

张晏、龚六堂：《分税制改革、财政分权与中国经济增长》，《经济学（季刊）》2005年第5卷第1期。

Babetskii, I. and N. Campos, 2007, "Does Reform Work? An Econometric Examination of the Reform – growth Puzzle", University of Michigan Working Paper.

Caselli, F. and N. Gennaioli, 2003, "Dynastic Management.", NBER Working Paper No. 9442.

De Melo, M., C. Denizer, A. Gelb and S. Tenev, 2001, "Circumstance and Choice: The Role of Initial Conditions and Policies in Transition Economies." *The World Bank Economic Review*, 15 (1), 1 – 31.

Falcetti, Elisabetta, Raiser, Martin and Sanfey, Peter, 2002, "Defying the Odds: Initial Conditions, Reforms and Growth in the First Decade of Transition.", *Journal of Comparative Economics*, 30, 229 – 250.

Fidrmuc, J., 2001, "Forecasting Growth in Transition Economies: A Reassessment.", Mimeo.

Havrylyshyn, O., R. VanRooden and I. Izvorski, 1998, "Recovery and Growth in Transition Economies: A Stylized Regression Analysis", IMF Working Paper,

WP/98/141.

Hsieh, C. and P. J. Klenow, 2009, "Misallocation and Manufacturing TFP in China and India.", *Quarterly Journal of Economics*, 124 (4), 1403 – 1448.

Hsieh, C. and P. J. Klenow, 2010, "Development Accounting.", *American Economic Journal: Macroeconomics*, 2 (1), 207 – 223. Jefferson, G. H., T. G. Rawski and Y. Zheng, 1992, "Growth, Efficiency and Convergence in China's State and Collective

Industry", *Economic Development and Cultural Change*, 2, 239 – 266.

Lucas, R. E., 1988, "On the Mechanics of Economic Development", *Journal of Monetary Economics*, 22, 3 – 42.

North, D., 1990, *Institutions, Institutional Change and Economic Performance*, Cambridge University Press.

Roland, 2000, *Transition and Economics: Politics, Markets and Firms*, MIT press.

（原载《经济研究》2011 年第 9 期）

中国经验与理论创新

《经济研究》创刊 60 年！作为一名曾经就职于《经济研究》编辑部的经济学者，对这份 60 年来不断发展，不断自我调整、从而一直保持中国经济学界首屈一指的权威地位的学术期刊，表示由衷的祝贺！《经济研究》的历史，其实也就是中国经济理论研究发展的历史。所以今天在庆祝《经济研究》创刊 60 周年的时候，我们应该思考的，也正是中国的经济理论如何进一步地发展、创新，有新的、更大的进步。

今天的经济理论，看起来高度抽象，高度数学化、模型化，但实际上，这些理论模型如果真的有意义，还是在于它们能对现实中的一类经济现象、经济行为、经济规律，进行了一般性的描述与概括，从而为经济政策的制定，提供了思维的构架和思考的方向。因此，理论的创新，说到底，在于我们是否能基于新现象，发现人们基于过去的现象没有发现的关系与规律，并以此为假说，进行新的论证与概括。而且，这种创新不是编出一个新的概念或"说法"来解释以前人们用另一个概念已经解释了的问题，而是要不仅解释新的、尚未被解释的现象，同时也能够解释过去人们已经解释了的现象。只有这样，才是"理论创新"，不是名词创新和说法创新，才可以被称为具有一般意义的新的理论。

因此，当我们思考理论创新时，首先要确认什么是理论，什么是"提法"；什么是理论本身，什么是理论的应用；什么是理论研究，什么是政策研究。理论是对某一特定经济关系的概括和描述，如果只是换了一个提法或说法，描述的还是同一种关系，同一个事物，就没有什么理论创新，而只是"提法创新"。理论本身是把复杂的现实中的某一个方面的关系抽象出来进行的分析，而理论的应用则是要用某种方式把理论"还原"到复杂的现实的分析当中去。从这个意义上说，理论只是一种假说，当我们要观察现实中这种假说的关系是如何存在的时候（也就是"检验"这一假说的时候），我们要尽可能地"隔离"或"剔除"其他关系、其他因素的影响。理论研究是要尽可能地抽象出一种关系，以说明"纯粹"的因素，而政策研究则要考虑现实中的多种因素，因为现实不是抽象的，一个政策要想起到作用，就必须分析到其他各种因素（包括各种非经济的因素）的作用和反作用。同时，政策创新可能就是发现了一个解决问题的"新点子"，而理论创新是要建立一种可以被不同事例反复证明的具有普遍意义的经济变量之间的关系。

第二，当我们思考理论创新的时候，必须先掌握和熟悉"旧理论"，知道迄今人类社会已经有了哪些经济思想，我们的前人都提出了哪些理论。不然我们洋洋自得自以为自己创造发明了新的理论，但其实别人早已提出和论证了这些理论，或者，自己只是提出了一个不同的说法，理论内容早已被别人论证过了。所谓"无知者无畏"，说的就是不知道前人理论的人，往往经常宣称自己有了理论创新。即使前人只是对某一种经济关系有了一些直觉的描述而没有形成完整的理论论证，我们这些后人在理论创新的时候也要"引证"到他们那些具有理论萌芽性质的早期论述。

第三，要想实现理论创新，我们其实需要认真观察现实，看看在现实中有哪些新的现象，有哪些过去没有发生过并且没有被解释过的新现象、新故事？它们必须是新的现象，而不是老现象的新翻版；它们必须是还没有被已经存在的理论所涵盖、所解释过的关系，而不是已经被解释了的现象。一个后发国家中出现的一些现象，对于后发国家中的人来说，是新现象，但是对人类来说，它们已经不新了，因为可能在100年前就在其他国家中出现过，并被当时那里的经济学家论证了。如果一个假说在 20 年前已经被当时的数据证实过，你再用 20 年后另一个国家的另一组数据论证一遍，就没有发生理论创新。比如你今天论证一个发展中国家通过发挥比较优势搞劳动密集型产业实现了最初阶段的发展，不是理论创新，因为别人早已提出并通过别的国家历史上的事例论证了比较优势理论。从这个意义上说，我们还要熟悉世界范围的经济历史，熟悉别的国家在历史上发生了哪些事情。

从以上三方面来看，理论创新是一件很不容易的事。我们要掌握理论抽象的基本思维方法，要学习掌握人类有史以来在经济学理论中的已有的各种建树，要熟悉大量新鲜的事例，要在现实中发现新的问题，或者说，要有发现新问题的能力。我们是后发国家，我们所发现的一些新关系、新现象、新问题，可能在别的国家早已发生过，并已经为理论所论证。我们今天纠结的许多问题，我们正以很高的兴奋点来讨论的事情，可能在很多年以前在先发国家里已经发生过，已经被那时的理论家思想家们讨论了许多。就经济学理论而言，亚当·斯密的《国富论》从 1776 年发表至今，已有了二百四十年的历史，这当中那么多的经济学家从方方面面对人的经济行为和各个时期、各个国家的经济现象进行了大量的理论研究，经济学大厦已经是高楼万丈、纷繁复杂，再想创新，谈何容易！想到别人在历史上已经说了那么多，该辩论的都辩论过了，你会觉得再说点什么已经了无新意。

那么，我们理论创新的机会在哪里？

我想我们的机会可能就在于中国这几十年的新鲜历史！在掌握理论抽象方法和认真学习掌握人类一切经济学知识和经济历史的基础上，充分挖掘我们中国这几十年来制度转轨、经济发展的特殊的经济实践和历史过程，找出那些真正新的经济现象，从中发现那些别人还没有分析过的特殊问题，也许正是我们理论创新的机会。

中国发展过程特殊在什么地方？首先，我们是两个转型过程同时发生的国家，一方面，从落后的经济为起点实现了经济起飞和持续增长；另一方面，这种经济增长是在从公有制一统天下的计划经济向多元化市场机制转轨的过程中发生的，这是发达国家和其他发展中国家都不曾有过的经历，即使与苏联和东欧国家相比，它们是已经工业化之后才进行了体制转轨，没有落后国家发展过程中的各种特殊问题；同时，它们的体制转轨是一种激进的过程，而我们采取了渐进式的改革。这是一种十分独特的经历。迄今，我们的经济体制仍然有着大量的国有企业和政府规制，形成了一个世界上十分独特的制度结构，而我们的经济增长正是在这样的独特制度结构中不断向前推进，既有许多特殊的劣势又有许多特殊的优势，可以说就是形成了一种与其他国家不同的独特的"发展模式"。其次，我们是世界人口最多的国家，印度还没有实现真正的发展，我们所面临的许多问题他们还没有遇到。这么多的人口从一个农业社会向工业化现代化转型，有那么多的劳动力需要转移，其转移过程一定十分漫长，当中一定会有许多别的国家当年没有通见的与人口规模相关的特殊问题发生。再次，尽管当年"四小龙"也是通过出口导向、通过开放和利用国际市场实现了发展，但中国可以说是第一个大规模吸引外资、对外资高度开放以实现长期经济增长的国家，这一定有利有弊，但本身是一种与众不同的增长模式，也为其他落后国家的发展提供了新的经验。还有，中国与其他地域大国相比，海岸线很短而有纵深的内陆，地区差距巨大，实现区域均等的挑战是别的国家从来没有的，等等。所有这些独特之处，都可能是我们有待发掘的"金矿"！

有独特的发展经历，不等于我们就能创造出新的理论，但是毕竟，我们正在经历最新的历史，身在其中，可以观察到一些外人所不能观察到的"细节"，这就为我们的理论研究提供了别人没有的机遇。只要我们认真学习，努力钻研，只要在经济发展收入提高的大环境下有越来越多的青年学子致力于学术理论研究，我们就有理由相信，经过几代中国经济学家的不懈努力，在中国的土壤上可以结出丰硕的经济理论创新之果！

（原载《经济研究》2015 年第 12 期）

编选者手记

1978年是改革开放的历史起点，樊纲教授正式步入经济学领域，随后进入中国社会科学院经济研究所学习和工作，成为影响改革开放进程的知名经济学家。樊纲教授年少成名，在市场化、制度变革、双轨制和经济学研究方法等领域均有建树，其主要研究成果集中在宏观经济学和过渡经济学领域，分别于1990年和2004年两次获孙冶方经济学优秀论文奖，并且在2015年荣获中国经济理论界的最高奖——中国经济理论创新奖，这充分证明了樊纲教授在过渡经济学领域做出的重大贡献。为尽可能全面地反映樊纲教授多年来在过渡经济学领域的研究成果，本文集将相关领域的主要成果按照发表时间先后顺序进行汇编整理，形成学术论文集。

樊纲教授的经济学研究历程与改革开放同行，其研究成果很好地反映了中国改革开放的进程，同时中国改革开放是一个动态的过程，这一点樊纲教授也在相关成果中进行了论述，以呈现樊纲教授在中国经济社会体制改革过程中的独特见解。

孙三百
2018年10月

《经济所人文库》第一辑总目(40种)

(按作者出生年月排序)

《陶孟和集》	《戴园晨集》
《陈翰笙集》	《董辅礽集》
《巫宝三集》	《吴敬琏集》
《许涤新集》	《孙尚清集》
《梁方仲集》	《黄范章集》
《骆耕漠集》	《乌家培集》
《孙冶方集》	《经君健集》
《严中平集》	《于祖尧集》
《李文治集》	《陈廷煊集》
《狄超白集》	《赵人伟集》
《杨坚白集》	《张卓元集》
《朱绍文集》	《桂世镛集》
《顾 准集》	《冒天启集》
《吴承明集》	《董志凯集》
《汪敬虞集》	《刘树成集》
《聂宝璋集》	《吴太昌集》
《刘国光集》	《朱 玲集》
《宓汝成集》	《樊 纲集》
《项启源集》	《裴长洪集》
《何建章集》	《高培勇集》